전남문화
찾아가기

전국 방방곡곡을 돌아다니면서 문화유산과 만난다.

진기한 이야기를 듣고 좋은 시를 읊으면서 마음을 깨우친다.

놀라운 유형문화재를 차근차근 구경하면서 안목을 새롭게 한다.

기대 이상으로 진기한 맛집에서 입을 즐겁게 한다.

전남문화 찾아가기

조동일 · 허 균 · 이은숙

푸른사상
PRUNSASANG

전라남도로 오라

전라남도는 마한의 중심지였다가 백제에 병합되었다. 왕도(王都)가 들어선 적이 없는 변방이지만, 모든 것이 풍족하다. 땅이 넓고 경치가 빼어나며 문화 전통이 자랑스럽다. 시인, 화가, 명창이 이어져 나왔다.

영광 굴비, 목포 낙지, 흑산도 홍어를 특히 자랑하는 맛의 고장이다. 비옥한 토지에서 소출이 많아 나와 나라 살림을 지탱한 것은 다행이지만, 수탈자가 안에서 횡포를 부리고 밖에서도 밀어닥쳤다. 그러다가 망국의 위기에 빠지면, 분연히 일어나는 의병이나 지사가 적지 않았다.

일제의 침략과 수탈이 시작된 1902년에, 광양 출신의 우국 시인 매천(梅泉) 황현(黃炫)이 전라남도를 가로지르는 기행시를 지었다. 「발학포지당산진」(發鶴浦至糖山津, 학포에서 출발해 당산포에 이른다)이라고 하는 것이다. 괴이한 변화가 통탄스럽다고 하면서도, 곳곳의 경물을 잘 그려내 뛰어난 그림이다.

철선이 공중에 늘어져 우렛소리 웅웅대고,	鐵線橫空吼暗雷
금성의 서쪽으로 빠른 길이 열렸다.	錦城西去快程開
배마다 해산물 싣고 영산포에 이르며,	船船魚藿靈山至

말마다 모직물 운반하며 목포에서 온다.　　　　馬馬氈絨木浦來

학포 다리 남쪽 들판은 비옥해지고,　　　　鶴浦橋南野似油
충정 지닌 옛적 백성 서쪽 둔덕에나.　　　　古民忠愛見西疇
나라에서 농사 돕는다고 말로만 하고,　　　　助耕尙寓公田意
백 이랑 임금 농장에는 추수가 가득하네.　　　　百頃皇莊最有秋

바다 봉쇄 풀 때 이미 나라가 어리석어,　　　　海禁開時國已愚
관세를 자세하게 따진단 말 공연한 소리이다.　　　　空聞關稅較錙銖
옻칠 상자 도자 그릇은 어디에 쓰려는가?　　　　漆箱磁盌知安用
동남의 만곡 구슬 다 던져버리는구나.　　　　擲盡東南萬斛珠

고래는 물결 일으키며 바닷바람 길고,　　　　鯨魚鼓浪海風長
가을 기운 음산하게 대지에 이어졌네.　　　　秋氣陰森接大荒
한 줄기 연기 먹물처럼 하늘로 뿜으면서　　　　一直貫天烟似墨
증기선은 칠산 바다를 날듯이 건너가네.　　　　火輪飛渡七山洋

물굽이 백사장마다 어촌이 있으며,　　　　黃塵撲面捲西風
기운 삿갓 살짝 붉은 낙조를 가린다.　　　　欹笠輕遮落照紅
종일토록 청산을 삼십 리 갔으나,　　　　終日靑山三十里
나그네는 아직도 두 다리 동쪽에 있네.　　　　行人猶在兩橋東

물굽이 백사장마다 어촌이 있으며,　　　　灣灣漁戶白沙汀
울돌목 산세 내달리다 잠시 멈추네.　　　　熨斗山馳勢暫停
양쪽 언덕 가을빛 경치가 별나며,　　　　兩岸秋光看自別
갈대꽃은 눈이고 다시 난 벼 푸르네　　　　蘆花如雪稻孫靑

자색 게는 뒤뚱뒤뚱, 흰 풀은 말랐으며,　　　紫蟹蹣跚白艸乾

오래된 두 봉화대 솔숲 사이에 누웠네.　　　年深雙堠臥松間

나는 모르는 사이 끝까지 이르렀는가,　　　我行不覺窮天末

푸르고 푸른 지도산이 눈을 찌르네,　　　　刺眼靑蒼智島山

전라남도로 오라. 이 시를 마음에 간직하고, 황현이 간 길을 다시 가
보자.

2022년 10월

저자 대표　조동일

장성

영광

광주

함평

무안

나주

신안

목포

영암

강

해남

진도

완도

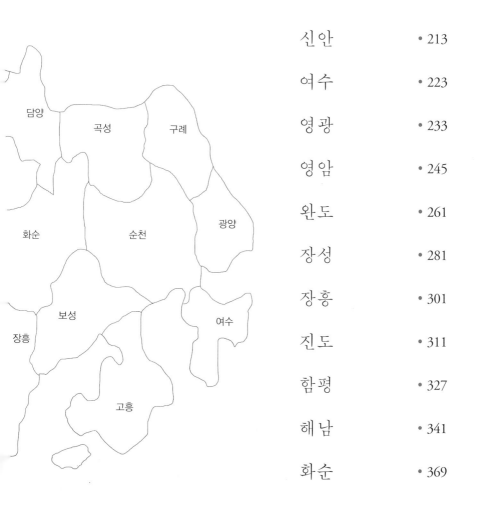

강진

康津

월출산 ▲

● 무위사

옴천면

● 전라병영성지

작천면
병영면

성전면

● 수암서원

● 영랑 생가

군동면

강진읍

백련사
●

● 다산초당

칠량면

도암면

대구면

신전면

마량면

다산초당 연지석가산

　전남 남쪽에 있다. 영암과 경계를 이루는 월출산(月出山)이 명산이고, 백련사(白蓮寺), 무위사(無爲寺) 등의 고찰이 있는 곳이다. 남쪽은 강진만(康津灣)이다. 정약용(丁若鏞)이 오랫동안 귀양살이를 한 유적 다산초당(茶山草堂)이 있다. 청자의 명산지여서 청자축제를 한다.

강진 알기

아전의 횡포를 누른 연지

강진읍의 지형과 관련된 연지(蓮池) 전설이 있다. 약 3백 년 전 강진에 부임한 역대 현감들은 아전의 횡포로 소신 있는 행정을 펼 수 없어서, 때로는 현감 자리가 비어 있을 정도였다. 1653년(효종 4) 신유(申瀏)가 현감으로 부임해, 아전의 횡포가 강진의 지세 때문이라는 것을 알았다. 강진의 지세는 황소가 누워 있는 형국, 즉 와우형(臥牛形)이었다.

신유는 "황소는 코뚜레를 꿰어야 말을 듣는다"는 점에 착안해 코뚜레 자리에 연못을 파서 연지를 만들고 지세를 누르니, 아전들의 횡포가 사라지고 덕치를 할 수 있었다고 한다. 지금의 어린이공원 주변이 연지가 있었던 곳이다.

● 기개 있는 무장이 지방 수령이 되어 아전을 누른 이야기이다. 신유는 그 뒤 광해군 때 중국의 요청을 받고 출병해 만주 흑룡강변에서 러시아 침략군을 섬멸시켰다.

장군바위가 점지한 도둑

강진읍 영파리에 장군바위의 전설이 있다. 옛날 늦도록 자식을 가지지 못했던 여인이 있었다. 하루는 장군이 마차를 타고 하늘에서 동네 뒤 큰 바위에 내려오는 꿈을 꾸고 이튿날 그 바위에 가보았더니, 과연 마차바퀴 흔적이 선연했다. 괴이하게 생각하던 중 임신을 하고 옥동자를 낳았는데, 아이가 이틀 뒤에 걸어 다녔다.

어느 날 이웃 여인이 들여다보다가 갓난아이가 방 안을 날아다니고 있어 엉겁결에 "도둑이야" 하고 외쳤는데, 장성해 큰 도둑이 되었고 끝내는 잡혀 죽고 말았다. 후일 노승이 찾아와 방정맞게 도둑이라고 해서 도둑이 되었다는 이야기도 있다.

● 아기장수 이야기가 예사롭지 않다. 태몽이 있는 것이 특이하다. 아기 장수가 어려서 죽지 않고 장성해 큰 도둑이 되었다고 한다. "도둑이야"라고 한 것이 화근이었다고 한다.

신비로운 여우구슬

군동면에 살고 있던 김인선(金仁善)이라는 소년이 묘령의 처녀에게 유혹을 받아 서로 사귀게 되면서 점차 몸이 쇠약해졌다. 서당 훈장이 처녀를 만나면 입을 맞추되, 입속의 구슬을 빼앗아 삼키고 신발로 처녀의 뒤통수를 힘껏 치라고 했다. 훈장의 말대로 했더니 처녀가 죽었는데 백여우였다. 김인선은 삼킨 구슬 덕분에 유명한 지관이 되었다.

● 여우구슬 이야기를 흔히 있는 대로 하고, 사람 이름을 댔다.

정약용의 농사철 노래

강진에서 귀양살이를 하던 정약용(丁若鏞, 1762~1836)은 그릇된 세상을 비판하고 개조하려는 큰 포부를 가지고 문학이 해야 할 일에 대해서도 심각하게 생각했다. 생활의 어려움을 하소연하는 노동요의 사설을 가져와 한시가 현실을 외면하고 있는 풍조를 혁신하려고 했다. 시가 잘못된 사회를 규탄해야 마땅하다고 하면서 그 방식을 여러모로 시험하다가 마침내 민요시라야 조선시라는 것을 깨달았다.

처음 귀양살이를 하던 경상도 장기에서 그곳 농가(農歌)를 본뜬 「장기농가(長鬐農歌)」를 지었다. 전라도 강진 일명 탐진으로 귀양처가 옮겨진 다음에는 그 작업을 더욱 확대해서 「탐진농가(耽津農歌)」・「탐진어가(耽津漁歌)」・「탐진촌요(耽津村謠)」 연작을 마련했다. 민요의 원천이 상이해 이름을 다르게 붙였다. 어렵게 사는 하층민들의 심각한 하소연을 토로하면서, 시골 인심을 나타내는 말을 그대로 써서 실감을 돋우었다. 민요의 정취가 느껴지도록 하려고 익살맞은 말을 곁들이기도 했다.

모내기철 품팔이에 집집마다 아낙네들 바빠 　　　　　秧雇家家婦女狂
보리 베는 반상 일을 돕지 못하네. 　　　　　　　　不曾刈麥助盤床
이 서방네 약속 어기고 장 서방네로 가나니, 　　　輕違李約趨張召
밥모보다 돈모가 낫다는 것이로구나. 　　　　　　自是錢秧勝飯秧

「탐진농가」에 이런 것이 있다. 모노래를 그대로 옮겼다고 하기는 어렵겠으나, 모내기철에 농촌에서 벌어지고 있는 일을 아주 인상 깊게 그려 세

정약용의 강진 유배 생활을 보여주는 다산초당

태의 변화를 가늠할 수 있게 한다. 알기 어려운 말에는 작자 자신이 주를 붙였다. '반상'은 귀양살이를 하고 있던 고장에서 남편을 일컫는 말이라고 했다. '밥모'는 밥이나 얻어먹고 심는 모이고, '돈모'는 돈을 받고 심는 모라고 했다. 집집마다 아낙네들이 모를 심으면서 돈을 벌어야 할 형편이라 남편이 하는 일은 도울 수 없고, 밥모를 심겠다고 한 약속은 쉽게 어길 수밖에 없는 세태를 그렸다.

새로 짠 무명이 눈같이 고왔는데	棉布新治雪樣鮮
이방 줄 돈이라고 황두가 앗아갔네.	黃頭來搏吏房錢
누전에도 세금 독촉 성화같이 급하구나.	漏田督稅如星火
삼월 중순이면 배를 보낸다네.	三月中旬道發船

「탐진촌요」에 들어 있는 노래이다. 새로 짠 무명이 눈같이 고운 것을 보고 애쓴 보람을 느꼈다. 그런데 이방의 하수인이 빼앗아갔다. 삼월 중순에 조정으로 세미(稅米) 실은 배를 보낸다면서, 장부에 누락되어 있는 누전의 세금도 독촉을 성화같이 하니 견딜 수 없는 지경이라고 했다.

● 부당한 이유로 멀리서 귀양살이를 한 불행이 상층 지식인을 개조해, 하층 민중의 수난에 동참하도록 하고 민요에 근접한 한시의 명편을 남겨 두고두고 칭송을 받는 행운을 가져왔다.

시로써 항거한 선비 김영근

전라도 강진 선비 김영근(金永根)은 적극적 항쟁의 문학으로 나아가는 방향 전환을 자기 나름대로 모색했다. 기정진(奇正鎭), 김평묵(金平默) 등에게서 척사위정파의 학통을 물려받고, 나서서 싸울 기회는 얻지 못한 대신에 항일의 의지를 시작에다 쏟아놓았다. 「설경(舌耕)」이라는 시에서 술회했듯이, 신학문 때문에 몰리기 시작한 구학문의 접장 노릇으로 생계를 유지하면서 항일시를 계속 썼다.

「억이충무공(憶李忠武公)」이라는 이순신 같은 영웅이 다시 나와 적을 쓸어버려야 한다고 했다. 「보검편(寶劍篇)」을 지어 왜적을 처단하겠다는 결의를 다지고자 했다. 밭을 갈다 주운 옛날 보검이 무지개처럼 빛나고 용호의 절규를 한다 하고, 그 칼을 들고 춤을 추는 광경을 다음과 같이 그렸다.

칼이여, 칼이여! 깊이 숨어 있지 말아라.	劍乎劍乎毋深藏
천지를 지휘하고 팔황을 안정시켜야 한다.	天地指揮定八荒
오랑캐 자식들 다 죽이고 소굴을 뒤집어엎고,	殺盡胡雛傾巢穴
옛 시대의 의상을 오래오래 보존하리라.	百年長保舊衣裳
말을 마치고 일어나 다시 춤을 추니	言終起立更一舞
슬픈 바람 서늘하게 하늘에서 일어나네.	悲風瑟瑟天外揚
맑고 슬픈 곡조 한 가닥 사이사이 들려와	淸商一曲當間發
사람 마음 다시 울려 슬픔으로 상심하게 하네.	令人心緒轉悲傷
사방을 경영하는 것이 대장부의 일이겠는데.	經營四方丈夫事
하물며 우리 유학이 존망에 걸려 있지 않나,	況復斯道係存亡
한밤중에 칼을 어루만지며 잠 못 이루는	按劍中夜不成眠
노인의 이 뜻을 어찌 잊을 수 있으리.	老人此意安能忘

칼을 들고 추는 춤은 투지의 표현이다. 적을 물리치고 조상 전래의 자랑스러운 문화를 지키겠다고 했다. 그러나 춤추는 사람은 노인이다. 한밤중에 남 몰래 춤을 출 따름이다. 슬픔이 앞을 가린다고 하기나 하고 승리에 대한 기대는 가지지 못했다.

자기 고장을 떠나 1906년(광무 10)에 석 달 동안 함경도 유람을 한 것이 고립감에서 벗어날 수 있는 계기였다. 그때의 견문기 「원유일기(遠游日記)」에 수록된 시편에서 일제의 침략을 받아 신음하는 사람들의 모습을 생동하게 그렸다. 원산을 차지하고 들어선 일본인들 때문에 조상 전래의 생업을 잃은 이들이 온갖 노역에 시달리며 등줄기에 채찍을 맞아야 하는 아픔을 울부짖는 심정으로 그렸다. 망국의 한이 글하는 선비보다 노동하는 민중에게서 월등하게 심각하다는 것을 절실하게 깨달았다. 남쪽에서 간 시인이 북쪽의 노동자들과 한마음이 되어 다시금 칼을 잡겠다고 했다.

> 그곳 주민이 눈물 흘리며 마음속을 털어놓는다.   居民垂淚道深衷
> 말을 마치지 못하고 가슴이 막히고 마네.   未及言終氣塡胸
> 머리를 들어 하늘에 물어도 하늘은 말이 없으니,   矯首問天天不語
> 긴 칼을 잡고서 험한 산을 의지하겠노라.   欲提長劍倚崆峒

여행을 마치고 고향에 돌아가서 굶주린 농민의 처지를 재인식했다. 「화전괴석가(花田怪石歌)」를 지어 굶다 못해 집을 버리고 떠나는 사람들의 모습을 그리면서 사람을 멸종시키려 하는가 하고 탄식했다. 「타맥행(打麥行)」이라는 긴 노래에서는 보리타작을 하느라고 애를 써도 살길이 없는 형편을 자세하게 그려냈다. 「도달가(忉怛歌)」라고 한 근심의 노래에서 술회한 사연은 더욱 처절하다.

하늘과 땅에 요사스러운 기운이 가득하고 굶주린 백성이 뒹굴고 있는

데 성현의 학문이 무슨 소용이 있는가 묻고, 막막한 심정으로 신세타령을
했다. 부모는 입지도 먹지도 못하면서 장래를 생각해 글을 배우게 하고,
자기는 고명한 스승을 찾아 유학의 도리를 전수받느라고 애썼는데, 이제
외롭게 배회하는 쓸모없는 인간이 되었으니 죽어서 부모와 스승을 대할
면목이 없다고 했다. 그래도 모진 목숨을 이어가면서 시를 지어 항거하는
자세를 늦추지 않았으며 1915년에는 북간도로 망명의 길을 떠났다.

강진을 읊은 시편

저녁에 강진을 지나며(暮過康津)　　　　　　　　　　황현(黃玹)

먼 포구는 가을 풍경을 담고,	浦遠涵秋色
황량한 성터 전쟁 흔적 씻겼다.	城荒掃戰塵
석양 매미는 말을 따르며 울고,	暮蟬隨去馬
푸른 나무를 띠고 사람이 돌아온다.	碧樹帶歸人
낯익지 않은 산이 모두 좋아,	生面山皆好
놀란 마음에 달이 또한 새롭다.	驚心月又新
명량으로 가는 길 삼백 리,	鳴梁三百里
머리 긁으며 자주 길을 묻는다.	搔首問程頻

● 느낌이 산뜻해 동행하고 싶다.

강진 보기

불국토를 체험하게 해주는 무위사

무위사는 전라남도 강진군 성전면 월하리 월출산 남쪽에 위치한 사찰로, 대한불교조계종 제22교구 본사인 대흥사의 말사이다. 신라 시대에 원효대사가 창건한 것으로 알려져 있으며, 신라 말 왕건이 나주 지역을 장악하기 위해 이곳에 왔을 때 주석하던 형미스님이 그의 스승이 되고부터 중흥 불사가 가속화되었다.

절 이름 '무위(無爲)'는 '유위(有爲)'의 반대 개념이다. 아무 행위가 없는 것이 아니라 새가 하늘을 날고 물고기가 물에서 헤엄치듯 일체 행위에 걸림이 없음을 뜻한다. 불교 관점에서 보면 무위는 진여·법성과 통하는 개념이다. 그러나 이런 형이상적인 사명과 달리 조선 초기에 세종의 형 효령대군이 극락보전을 짓고 수륙재를 거행한 것은 무위사가 참선 수행처라기보다는 자복사(資福寺, 왕실의 행운을 비는 원찰) 또는 수륙사(水陸寺, 수륙재를 베풀 목적으로 지정된 사찰)로서의 기능에 충실했던 사찰이었음을 말해준다. 극락보전 건물과 내부의 아미타삼존불상, 아미타삼존 벽화, 백의관음 벽화 등은 뛰어난 불교 미술품으로 평가받고 있다. 이들 역시 조성 목적은

아미타삼존불좌상(보물 제1312호)   극락보전(국보 제13호)

구병, 전염병 방지, 왕실의 번영과 왕족의 행복 등 현세 기복적 신앙에 집
중돼 있었다.

조선 왕실의 구복사상과 극락보전 아미타삼존불상

무위사 극락전은 세종 12년(1430)에 건립되었다. 단정하고 절제된 건축
의장(意匠) 속에 불교적 울림이 응축돼 있어 조선의 불전 건축의 백미로 꼽
힌다. 아미타불을 봉안한 전각을 '미타전' 혹은 '무량수전'이라고 하는데,
무위사는 '극락보전'을 택했다. 불전 이름에 '보(寶)' 자를 추가한 것은 불
전의 격을 높이기 위함이다.

아미타삼존 형식은 아미타여래를 중심으로 관세음보살과 대세지보살
을 좌우 협시로 하는 것이 원칙이다. 아미타불에게는 자비와 지혜의 두
문이 있는데, 관세음보살은 자비문을, 대세지보살은 지혜문을 나타낸다.
본존불의 지혜와 권능을 이 두 보살이 대변하는 것이다. 그런데 무위사
극락보전 아미타삼존불의 경우는 지장보살이 대세지보살을 대신하고 있

다. 지옥 중생을 구제하는 지장보살을 아미타불의 보처보살로 봉안한 것은 삼존상의 조성 목적이 현세 구복에 있었음을 선명하게 보여주는 예라 할 것이다.

극락보전은 흔히 서방 극락정토를 향해 가는 반야용선(般若龍船)의 선실에 비유된다. 그리고 불전 내의 불상과 불화, 천장의 꽃장식을 비롯한 다양한 장식들은 법당을 증강현실로 전환하는 장치이기도 하다. 불전의 모든 시각적 요소들이 불자들로 하여금 불국토를 직접 경험하지 않고서도 마치 그 환상적인 환경에 속해 있는 것처럼 느끼게 해주기 때문이다.

아미타삼존 벽화와 관세음보살의 눈

극락보전 수미단 아미타삼존불상 뒷벽에 그려진 이 벽화는 그 앞의 아미타삼존불 좌상과 마찬가지로 아미타불을 중심으로 관세음보살과 지장보살을 좌우에 배치한 형식을 취하고 있다. 후불 벽화(혹은 탱화)는 불단에 봉안된 불·보살상만으로 표현하기 어려운 불교의 신앙 체계나 불국토의 세세한 내용을 설명하기 위해 그려진다. 그런데 이 삼존불 벽화는 세부 내용은 생략하고 아미타삼존 중심으로 불·보살을 그렸다. 이 후불 벽화는 억불정책이 강력히 추진되었던 성종 연간에 제작된 것이다. 그런 상황에서 벽화 제작 불사가 가능했던 것은 왕실에 기복적 아미타신앙과 지장신앙이 살아 있었고, 그 연장 선상에서 무위사를 자복사, 수륙사로서의 역할과 위상을 높이려는 왕실의 의지가 강했기 때문이다.

극락보전의 아미타삼존벽화는 조선 초기 불화의 유례가 적은 상황에서 불교 회화사적 가치가 높이 평가되고 있다. 그런데 자세히 살펴보면 관세음보살의 눈동자가 미완의 상태가 아니면 훼손된 것처럼 보인다. 정확한 이유는 알 길이 없으나, 이와 관련된 설화가 있어 관심을 끈다. 그 내용을

아미타삼존불좌상(보물 제1312호)　　　아미타삼존벽화(관세음보살 얼굴 부분)

요약하면 대강 이러하다.

어떤 화공이 백 일을 기약하고 관세음보살을 그리기 시작했다. 그동안 여자와 만나서는 안 된다는 엄한 지시가 있었는데 그림을 그린 지 백 일 되는 즈음에 화공의 약혼녀가 몰래 법당을 찾아온 것이다. 그림은 거의 완성되어 마지막 눈동자만을 찍으면 되는 상태였는데, 그만 여자 때문에 부정을 타 화공은 그림을 완성하지 못하고 파랑새가 되어 어디론가 날아갔다고 한다.

이런 내용도 있다. 극락전이 완성된 후 얼마 뒤에 무위사를 찾아온 거사가 백의관음보살을 그릴 테니 49일 동안 누구도 극락전 안을 들여다보지 말라고 했다. 49일째가 되는 날 주지가 궁금해서 문에 구멍을 뚫고 안을 들여다보니, 파랑새 한 마리가 입에 붓을 물고 관세음보살의 눈동자를 그리려다 순간 인기척을 느꼈는지 붓을 입에 문 채 어디론가 날아가버렸다. 이것이 관음보살의 눈이 이상하게 된 이유라는 것이다.

불상 조성 의례와 절차 중에서 가장 중요한 것이 점안식(點眼式)이다. 새로 조성한 불상과 불화는 눈동자를 그려 넣는 점안식을 거쳐야 비로소 생명력을 얻고 신앙 대상이 될 수 있다. 그만큼 불상이나 불화 제작에서 점안이 중요한 것이다. 실상이 이러한데 눈을 미완의 상태로 남겨둔다는 것은 있을 수 없는 일이다. 그러므로 이 불화의 관세음보살의 눈은 미완의 상태로 보기보다는 훼손된 것으로 보는 것이 타당할 것이다. '파랑새 설화'는 후대 사람들이 격조 높은 이 불화가 가진 결점을 영험의 상징으로 미화하기 위해 꾸민 이야기가 아닌가 생각된다.

〈백의관음도〉와 내벽의 사면 벽화

〈백의관음도〉는 불단 후불 벽 뒷면에 그려져 있다. 흰옷을 입은 관음세음보살이 연잎을 타고 합장 기도하는 노비구를 향해 다가가는 장면을 포착해 그렸다. 연잎은 물, 혹은 바다를 상징하는 모티프이며 보살의 몸 전체를 감싼 큰 원은 만월을 상징한다.

관음보살은 아미타불의 좌보처보살이기도 하지만, "고통에 허덕이는 중생이 일심으로 그 이름을 부르기만 하면 즉시 그 음성을 관하고 해탈시켜준다"(『법화경』)는 믿음 때문에 불자들 사이에서 독립적 신앙 대상으로 인기가 높다. 그림에 나타난 노비구는 관세음보살을 친견하여 극락왕생하기를 기원하는 발원자일 것이다. 화면 한 모퉁이에 적어놓은 게송 중, "단지 원하는 것은 푸른 바다 위에서 보름달 같은 얼굴 친히 뵙기를"이라는 구절에 노비구로 상징화된 불자, 왕족, 토호들의 관세음보살에

백의관음도(보물 제1314호)

대한 기원이 담겨 있다.

극락보전에는 〈백의관음도〉 외에도 많은 벽화가 존재한다. 동벽에 〈아미타삼존도〉, 서벽에 〈아미타내영도〉 등 29점의 벽화가 있는데, 진본은 영구 보존을 위해 현재 보존각으로 옮겨놓았다. 이들 벽화는 불자들이 법당에 들어왔을 때 극락세계에 온 것 같은 위안과 희망을 주기에 충분할 정도로 환상적이다.

차 향기 풍기는 정약용 유적지

강진 정약용 유적은 전라남도 강진군 도암면 만덕리 산103-2번지 일대에 위치한다. 사적 제107호. 유적지의 기와집은 강진 다산유적보존회가 1958년에 신축한 것으로, '茶山草堂(다산초당)' 편액이 걸려 있지만 원래 모습과는 거리가 멀다. 다산 정약용(1762~1836)이 이곳에서 유배 생활을 할 때 가깝게 지냈던 초의선사가 1812년에 그린 〈다산초당도〉에서 볼 수 있듯이 원래는 초막이었다. 지금 유적지에 남아 있는 정석(丁石) · 약천(藥泉) · 다조(茶竈) · 채포(菜圃) 자리 · 연못 석가산 등은 다산이 이곳에서 어떤 심정으로 어떻게 살았는가를 무언으로 말해주고 있다.

다산은 강진에 처음 유배 왔을 때 동문 밖 보수주인(保授主人, 거주할 곳으로 제공하고 죄인을 감호하는 책임을 진 사람)의 도움으로 사의재(四宜齋)에서 일시 생활했다. 그 후 고성사 보은산방, 제자 이학래 집 등을 전전하다가 1808년 봄에 이곳 윤박(尹博)의 초당에 정착하게 된다. 윤박은 다산의 외증조부 윤두서의 손자이다. 다산은 이 초당에서 유배가 풀리는 1818년 9월까지 10여 년간 생활하였다. 주변에 차나무가 많아 다산으로 불렸던 곳인데, 정약용의 호 '다산'은 이와 관련이 있다.

초의, 〈다산초당도〉,
실학박물관 특별전

다산이 강진에 유배 오게 된 것은 정조 때의 권력투쟁과 관련이 있다. 진주목사를 지낸 정재원(1730~1792)의 넷째 아들로 태어난 다산은 28세에 문과에 급제하여 예문관검열, 형조참의 등 요직을 거치면서 개혁군주 정조의 신임을 얻었다. 그러나 1801년 집권층의 권력투쟁에서 비롯된 신유사옥으로 경상도 장기로 유배되었다가 황사영 백서사건(천주교 신자 황사영이 신앙의 자유를 강구하기 위해 북경 주재 주교에게 보내려 했던 청원서)에 연루되어 다시 강진에 유배되기에 이른 것이다.

우울한 마음을 달래준 다산에서의 차 생활

다산 유적지의 약천과 다조(반석)는 정약용이 유배 생활 중에 차를 즐겨 마신 흔적들이다. 찻물을 길어 쓴 샘이 약천이고, 차탁 대신 사용한 것이 바위 다조이다. 그에게 차 생활은 특별한 의미가 있었다. 차는 단순한 기호품이 아니라 쇠약해진 심신을 치유하고 정신적 안정을 얻기 위한 하나의 방편이었다. 그는 고산사 보은산방에 거처하고 있을 때 백련사 혜장에

약천(위)과 다조(아래)　　　　　　　　　　　　　　　　초당과 방지 석가산

게 차를 보내줄 것을 청하는 「걸명소(乞茗疏)」를 썼다. 내용 중에, '산에 나무하러도 못 가는 쇠약한 몸이라 차를 얻고자 한다', '차를 약을 겸해 마신다', '돌 샘물 길어다 뜰에서 차를 달인다'라는 내용이 있다. 다산은 고통을 준 시대적 모순에 대한 번민을 극복하고 무기력함과 외로움을 달래기 위해 차를 마신 것이었다.

　다산이 다성(茶聖)으로 불리는 초의선사(1786~1866)와 함께 유학을 논한 것은 잘 알려진 사실이다. 이들의 교유에는 풍류가 넘쳤고 마주 앉은 자리에는 언제나 찻물이 끓고 있었다. 정약용은 백련사 혜장에게서 먼저 다도를 배웠다. 그렇지만 다도의 경지에 깊이 빠져들게 된 것은 아무래도 초의와 함께 즐긴 끽다거(喫茶去) 풍류 때문일 것이다. 정약용과 초의선사의 차 생활은 다른 유학자들에게도 영향을 끼쳐 음다 풍속이 널리 퍼지게 되었다. 그러한 실상이 당시 다인(茶人)들이 남긴 시문에 잘 드러나 있다.

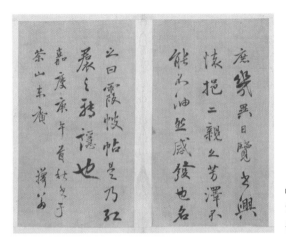

「하피첩」.
'茶山東菴(다산동암)'
문구가 보인다.

가족을 향한 애틋한 마음을 담은 「하피첩」과 〈매화쌍조도〉

「하피첩(霞被帖)」(보물 제1683-2호)과 〈매화쌍조도〉는 다산이 유배당하지 않았다면 탄생하지 못했을 서화이다. 그는 강진 유배지에서 항상 아버지와 함께하지 못하는 자식들이 수신과 학문을 게을리할까 근심했다. 같이 살 때는 그때그때 가르치고 타이르면 되었지만, 멀리 떨어져 있어 그렇게 못 하여 늘 안타까워했다. 그는 자식에게 편지를 쓸 때마다 학업에 정진하고 언행을 조심하며, 어머니를 잘 봉양하라는 당부를 잊지 않았다. 그것도 부족하다고 생각했는지 교훈 될 만한 말들을 엮은 서첩을 특별히 만들어 두 아들에게 주었다. 그것이 바로 1810년 다산이 동암(東菴)에서 쓴 「하피첩」이다. 이 이름을 붙인 것은 아내가 보내준 홍색 치마폭을 잘라 표지를 감싼 모습이 노을에 젖은 것처럼 붉었기 때문이다. 부인의 치마를 아름답게 표현한 것이다.

딸에게는 〈매화쌍조도〉(고려대학교 박물관 소장)를 그려 보냈다. 하피첩을 쓴 지 3년 만의 일이었다. 새 두 마리가 매화나무 가지에 앉은 모습을 묘

사하고 그 아래쪽에 제시와 발문을 추가했
다. 형제간의 우애와 가정 화락을 강조하는
내용이다.

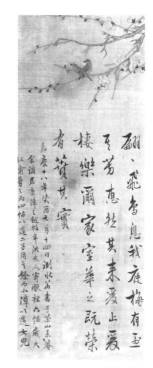

> 훨훨 날던 저 새가 내 뜰 매화나무에 쉬네
> 翩翩飛鳥 息我庭梅
> 향기 짙게 풍기니 꽃향기 사모하여 찾아왔네
> 有烈其芳 惠然其來
> 여기에 머물러 지내며 네 집안과 가족들을 즐
> 겁게 하렴　　　　爰止爰棲 樂爾家室
> 꽃이 이미 벌써 활짝 폈으니 열매가 주렁주렁
> 많으리　　　　華之旣榮 有蕡其實

매화쌍조도

멀고도 살기 힘든 땅, 강진

조선 시대 유배지 가운데서 빈도수가 가
장 높은 곳이 제주도 · 고금도 · 진도 · 흑산
도 · 추자도 · 신지도 등 섬이었고, 그다음이
강진 · 해남 · 흥양 · 광양 · 장흥 등 바다에 연한 군현이었다(김경옥, 「조선시
대 유배인의 현황과 문화자원의 활용 - 전남지역을 중심으로」, 『역사학연구』 40, 호남
사학회, 2010). 이처럼 강진은 한양 남쪽 끝 변두리에 있는 원악지(遠惡地)의
하나였다. 관직을 박탈하고 고향으로 추방하는 것으로 끝내는 귀양과 달
리 유배는 사형 다음으로 무거운 형벌이다. 그러나 다산에게 있어 강진 유
배는 가장 가혹한 절도안치(絶島安置)가 아닌 것만 해도 다행이었다. 정가
(政街) 인물과의 접촉이나 모든 정치적 행위가 엄격히 금지되는 등 행동에
제약이 많았지만, 관직에 매였을 때와 달리 시간적 여유와 지역 공동체 문
화와 현실을 체험하는 기회를 가질 수 있었기 때문이다. 실제로 그는 유배

생활 중에 어시장에 들르거나 직접 작은 거룻배를 타고 바다에 나가 어부
의 어려움을 몸소 겪으면서 현실과 괴리된 법의 맹점을 한탄하기도 했다.
이러한 생생한 현실 체험과 실학자로서의 탁월한 식견과 안목이『경세유
표』,『목민심서』,『흠흠신서』 등 경세(經世)에 관한 많은 명저(名著)를 탄생
시킨 것이다.

강진맛갯벌탕 짱뚱어탕

짱뚱어탕 전문인 맛집이다. 강진만이 깊숙히 도시를 갈라놓고 있는데, 이상하게 자동차용 다리가 없는 그곳 갯벌엔 짱뚱어가 지천이다. 짱뚱어를 갈아 만든 탕에 배추시래기가 좋다.

짱뚱어탕

전남 강진군 강진읍 동성로 16 구(동성리 199-5)
061-434-8288
주요음식 : 짱뚱어 요리

비교적 간단한 찬에 깔끔한 탕이 갓 지은 밥과 함께 나온다. 짱뚱어탕은 맛이 부드럽고, 간혹 가는 뼛가루가 씹힐 정도로 먹는 데 불편하지 않게 갈아 넣어 국물 맛으로 흡수했다. 배추시래기가 좋다. 짱뚱어를 통으로 넣으면 부담스러워하는 분들이 있어 갈아넣기 시작했다고 한다. 추어탕은

서울 추탕 외에는 대부분 갈아 나오는데, 짱뚱어탕도 갈아선지 추어탕 비슷한 분위기가 난다. 하지만 젠피를 넣지 않아도 맛이 부드럽고, 풍부한 느낌이 난다.

여행의 맛은 뭣보다도 그 지역의 토속음식을 맛볼 때 강하게 느껴진다. 전남 해안 출신이 아니라면 짱뚱어탕에서 이질적인 호사스러움을 느낄 것이다. 맛기행은 효율적인 문화여행이다. 남도의 맛을 제대로 느낄 수 있는 짱뚱어탕은 확실한 음식문화여행 상품이다. '갯벌의 소고기'라 보

양식으로도 좋다.

짱뚱어는 전국 갯벌의 42%를 차지하는 전남 지역에 많이 살아서 '남도 갯벌 지킴이'라고 한다. 전남 강진, 고흥, 보성, 신안, 순천 등등 남도 갯벌의 대표어종이어서 지역마다 짱뚱어와의 인연을 강조한다. 머리가 몸통보다 더 큰 짱뚱어는 피부호흡을 하므로 물이 빠진 갯벌을 기어다니며 산다. 짝동이, 짱동이, 장둥어, 철목어 등으로도 불리며 10월부터 이듬해 4월까지 긴 잠을 자서 '잠둥어'라고도 한다.

짱뚱어 맛집은 전남 어디서나 만날 수 있다. 신안 증도 짱뚱어해수욕장, 짱뚱어다리 인근에서도 맛있는 탕을 먹을 수 있다. 강진 이 집이 특별한 이유는 주인이 짱뚱어잡이 명인이기 때문이다. 이순임 씨가 바로 그분, 60년 가까이 강진 갯벌에서 뻘배를 타고 긴 낚시로 짱뚱어를 잡는다. 바람이 불거나 시끄러우면 뻘 구멍으로 숨어버리고, 추위를 타서 11월이면 들어가버리는 짱뚱어 생태를 누구보다 잘 안다. 어부가 직접 잡아 해주는 짱뚱어탕, 여행의 의미가 배가된다.

강진은 맛의 고장이어서 깔끔한 한정식도 좋다. 강진에서 개발한 쌀귀리가래떡, 차진 쌀에 귀리 식감이 좋은 수제떡이다. 호남 너른 평야의 풍요로움을 맛볼 수 있다.

쌀귀리가래떡

떡떡쿵덕쿵 떡카페 : 쌀귀리가래떡
전남 강진군 강진읍 오감길 9-1(동성리 184-4)
061-434-7478

고흥

高興

동강면

대서면

남양면

과역면

두원면

고흥갑재민속전시관   점암면

팔영산 ▲

영남면

고흥읍

용바위 ●

도덕면

포두면

도양읍

풍양면

쌍충사 ●   천둥산 ▲   마복산 ▲

도화면

충무사 ●

동일면

금산면

봉래면

고흥 앞바다에 펼쳐진 갯벌과
다도해

전남 동남쪽 남해의 반도에 있다. 동쪽에 팔영산(八影山), 중앙에 운람산(雲嵐山), 남서
쪽에 천등산(天燈山), 남쪽에 마복산(馬伏山) 등이 솟아 있는 산악지대이다. 작은 하천이
여럿 있으나, 유역 평야의 발달은 미약하다. 해안선이 아주 복잡하다. 나로도에 우주선
발사 기지가 있다. 유인도 16개, 무인도 154개가 있다.

고흥 알기

그림자가 한양까지 이른다는 팔영산

팔영산은 영남면 양사리에 있는 고흥의 진산이다. 한때 팔전산(八顚山)이라고 했다. 중국 위왕의 세숫대야에 팔봉이 비치니 신하들을 보내 찾아나서게 해 고흥반도에서 발견했다고 한다. 산봉우리 그림자가 한양까지 드리워졌다고도 한다. 이런 연유가 있어 팔영산이라고 고쳐 부르게 되었다.

● 이름이 별난 명산을 야단스럽게 자랑한다.

미륵불에 얽힌 장자못 전설

두원면 용당리 구룡마을에 있는 미륵불에 얽힌 이야기가 있다. 중이 시주를 받으러 왔는데 시어머니가 구박해 쫓아 보냈다. 이것을 본 며느리가 시어머니 몰래 지성으로 시주했다. 중이 사례하며 미구에 큰 장마가 닥칠 것이니 몸을 피하되 절대로 뒤를 돌아다보지 말라고 하였다. 며느리는 중의 예언대로 무사히 홍수의 재난을 피하기는 했으나 뒤를 돌아다보지 말라는 지시를 어긴 탓으로 미륵불이 되었다고 한다.

● 장자못 전설의 개요이다.

왜군을 쫓아 보낸 마복산

포두면 차동마을 주변에 마복산(馬伏山)이 있다. 이 산은 이름처럼 말이 도약을 위해 웅크리고 있는 명산 중의 명산이다. 임진왜란 때 왜선이 상포항으로 침범하여 육로로 북상하려 하였으나 동남으로 뻗어 있는 이 마복산의 산세가 마치 수천 마리의 군마가 매복해 있는 것처럼 보여 겁을 먹고 상륙을 꺼리며 퇴진했다고 한다.

● 모양이 특이해 명산이라고 한다.

용바위에 깃든 전설들

고흥의 명산인 팔영산에서 동북쪽으로 흘러내리는 개천물이 여자만으로 들어가는 지점에 두 마리 용이 여의주를 얻기 위하여 서로 다투고 싸웠다는 용추가 있다. 용추는 둘레가 사방으로 약 천 미터이며, 면적이 천오백 평 정도이다. 검푸르고 깊은 물이 가끔 노도를 일으킬 때마다 비가 내린다 해서, 사람들이 보고 일기를 점친다고 한다.

아득한 옛날 이곳 용추에 용 두 마리가 살고 있었다. 서로 다투면서 등천의 날을 기다리고 있었다. 그 무렵에 고흥 사는 유시인(柳時仁)이라는 사람이 용추골 간천마을에 들어와 터를 잡고 살고 있었다. 어릴 때부터 천성이 강직하고 지략이 비범하였는데, 특히 무예가 뛰어나 활쏘기 재주는 가히 신통할 정도였다. 어느 날 꿈에 백발노인이 나타나 말했다. "저 용추에 살고 있는 두 마리의 용이 등천의 때가 왔으므로 서로 제가 먼저 등천하려고 여의주를 얻고자 불을 뿜듯 싸울 것이니 그중 한 마리를 활로 쏘아 죽여라. 만약 실패하면 이곳 간천마을에서 살지 못하고 죽을 것이다."

꿈에서 깨어난 유씨는 그 꿈의 신기함을 깨닫고, 활을 메고 용추 부근에 있는 절벽 바위틈에 은신하여 화살을 뽑고 대기하고 있었다. 별안간 하늘에서 뇌성벽력을 치더니 노도가 일어나지 않는가. 용추의 깊은 물이 일시에 뒤집히면서 크나큰 용 두 마리가 서로 물고 뜯고 엎치락뒤치락하면서 무서운 싸움을 그칠 줄 몰랐다. 목숨을 걸고 나선 유씨는 때를 놓칠세라 온 힘을 다하여 활을 당겨 힘차게 쏘았다.

잠시 후에 물은 온통 피바다로 변하고, 한 마리의 용이 용암부락 남쪽에 있는 용바위를 발받침으로 삼아 유유히 등천했다. 수백 년이 지난 지금에 와서도 그 용이 바위를 기어오른 흔적이 역력히 남아 있다. 화살에 맞은 또 한 마리 성난 용은 등천을 못한 분노로 용추골 해변 일대를 큰 꼬리로 쳐서 일시에 돌 제방을 만들었다. 그 제방은 형태를 보면 인력으로는 도저히 쌓아올릴 수가 없는 것이다.

약 120미터 높이로 치닫는 용바위를 감싸고 있는 주위의 암반은 많은 사람이 앉아 놀 수 있는 평평한 모습이다. 용바위 양옆으로는 마치 병풍처럼 짜여 있는 절벽 우측으로 돌아서 촛불을 밝힐 수 있는 두 개의 촛대 바위가 우뚝 서 있다. 거기서 지금도 어민들이 풍어를 기원하는 제사를 지낸다. 그 부근에는 거북 형상의 바위가 있다. 우측으로 150미터 절벽 지점에는 사방 50여 평의 수중 용굴이 있어, 파도에 부딪치면 약 12킬로미터 떨어진 지역까지 울음소리가 들려 어민들은 그 울음소리로 날씨를 점친다고 한다. 궁중 어느 공주가 빨래하다가 놓친 옥 방망이가 서울에서 떠내려와 이 용굴에서 찾아냈다는 이야기도 있다.

● 용싸움에 끼어들어 죽여야 할 용을 죽여 혜택을 본 성공 사례는 많지 않다. 간단한 이야기를 자세하게 해서 실감을 키우고 흥미를 돋우었다.

여인의 원망

예전에 홍 총각이라는 사람이 정처 없이 다니다가 고흥 땅에 이르렀다. 수차에 걸쳐 과거를 보았지만, 불행히도 낙방만 하여 마음을 추스르기 위해 길을 나섰던 차였다. 한려수도란 말로만 들어온 아름다운 절경이었다. 작고 큰 포구들을 거쳐 마침내 풍남이라는 포구에 이르렀다. 그런데 난데 없이 소나기가 쏟아지기 시작했다. 원근을 둘러보니 대나무 숲이 우거진 저쪽 언덕에 조그마한 초가 한 채가 보였다. 홍 총각은 다 죽어가는 마당에 구세주라도 만난 것처럼 허둥지둥 무조건 그 집으로 뛰어들었다.

"주인양반, 이거 죄송하오나 길 가던 나그네가 돌연히 비를 만나 잠시 좀 피하려고 이렇게 무례하게 들렀습니다. 용서하십시오." 하고 인사치레를 하고는 마루에 걸터앉았다. 방 안에서 바느질을 하고 있던 여주인이 깜짝 놀라 맞이했다. "길 가는 행인이신 모양인데 걱정 마시고 비가 그칠 때까지 잠시 쉬어 가십시오." 하는 여인은 목소리까지도 몹시 고왔다.

홍 총각은 그 목소리를 듣고 가슴속에 이상한 충동이 뭉클거리는 것을 느꼈다. "식구들은 모두 어디 가셨습니까?" 하고 물으면서 속으로 얼굴을 붉혔다. 쓸데없는 말을 한 것같이 느꼈기 때문이다. 그 부인은 대답하기를 "이 집엔 다른 식구는 아무도 없고 오직 저 혼자 있사옵니다." 뜻밖에 여인은 이런 말을 하는 것이 아닌가.

홀로 있는 여인이라니, 어찌된 일이기에 이렇게 아름다운 여인이 홀로 살게 되었단 말인가. 고개를 숙이고 있던 여인은 자초지종을 말하기 시작했다. 여인은 성이 임이라고 했다. 어릴 적부터 마을에서는 물론 온 고을에서도 손꼽히는 미인이었다. 아무개 집 딸 하면 총각들이 모두 입맛을 다시고 장가들기를 원하지 않는 사람이 없었다. 남의 입에 미모로써 오르내리던 임씨였지만, 결혼을 하고 일 년 만에 남편이 세상을 떠나고 말았다.

청상과부가 된 임씨는 절세가인이라는 미모마저도 자랑스러운 것이 못된다고 생각하고 세상만사가 귀찮아지기만 했다. 그래서 외딴 대밭 가운데다 초가삼간을 짓고 그럭저럭 이렇게 살아간다는 것이었다. 홍 총각은 그 말을 듣고 앞길이 만리 같은 청춘에 참으로 안되었구나 하고 못내 안타깝다는 식으로 말하면서도 마음속으로는 이런 미인을 만나는 것이 결코 우연한 일이 아닌 천재일우의 호기라고 생각하고 싱글벙글해지기까지 했다.

그날 밤 소나기가 오더니 더욱 세차게 퍼부으며 좀처럼 그칠 것 같지가 않았다. 그리고 차차 어둠이 깔리기 시작했다. 홍 총각은 마음속으로는 일이 잘되어간다고 쾌재를 부르면서도 겉으로는 난처한 표정이었다. 체모를 잃어서는 안 된다. 어디까지나 의젓하게 보여야 한다고 하고 되뇌고 있었다. "어허, 이거 참 큰일 났는걸. 갈 길은 먼데 비는 그치지를 않으니 어쩌면 좋은가." 여인은 딱하지 않을 수 없었다. 비는 오고 날은 어두워졌으니 말이다. 그렇다고 어두워지는 빗속 길을 가라고 하는 것은 결코 사람의 도리가 아닐 것만 같았다. "누추하지만 여기서 하룻밤 주무시고 가시지요. 어서 방으로 올라오시지요." 하는 여인의 말을 듣고 홍 총각은 "예로부터 남녀가 유별한데 한 방에서 쉴 수도 없고, 그렇다고 길을 나설 수도 없으니 정말 난처합니다." 여인이 안방을 치우기 시작하면서 올라오라고 하는 그 마음씨나 언동까지가 모두 곱고 아름다웠다.

"염려 놓으십시오. 저는 부엌에서 하룻밤 지낼까 하오니 방으로 드십시오." 홍 총각은 펄쩍 뛰었다. 주인을 내쫓고 객이 방을 차지할 수가 없지 않느냐는 것이었다. 그리고 자기가 밖에서 자겠다면서 이렇게 신세를 끼쳐서 대단히 송구스럽다고 말끝마다 덧붙였다. 한참 동안 말이 오고 가다가 결국 한방에서 같이 자기로 했다. 홍 총각은 아랫목에서 임씨는 윗목에서 자기로 한 것이다. 막상 잠자리에 들었지만 홍 총각은 도무지 잠이 오지를 않았다. 밖에서는 세찬 빗소리가 한결같이 계속된다. 이리 뒤척 저리 뒤척, 그러나 생각은 자꾸 임씨에로만 가는 것이었다. 여인도 잠이 오질 않는 모양이다. 이따금 가냘픈 한숨 소리 같은 것이 흘러나오는 것을 보면 청상과부의 설움이 사무치는 모양이었다. 홍 총각의 가슴은 후들거렸다.

더운 피가 금방이라도 끓어오를 것 같았다. 욕정을 참을 수 없었다. 떨리는 손을 뻗었다. 임씨의 손목을 가만히 잡았다. 임씨는 깜짝 놀라면서 손을 뿌리치려 했다. "아이 망측해라. 왜 이러시는 거예요?" "부인, 나는 부인을 첫눈에 보고 설레는 가슴을 가눌 길이 없었소. 부인, 나와 혼인해 주시오. 우연히 이렇게 만나 신세를 지는 처지이지만 이것도 큰 인연인가 하오." 홍 총각의 목소리는 떨리고 가슴은 달 대로 달아올랐다. "네, 혼인을요? 그런 농담은 거두십시오. 어찌 총각의 몸인데 불행한 과부를 아내로 맞겠다는 것입니까?" 임씨의 목소리는 침착하기만 했다.

이런 판국에도 할 말을 다하는 것이 아닌가! "그게 무슨 상관이 있단 말이오. 총각은 꼭 처녀를 맞아 결혼해야 한다는 법도 없잖소." "아니 되오. 이 몸은 홀로 지내야 할 운명이오. 한 여자가 두 남편을 섬길 수 없다 함은 예로부터 도리가 아니었던가요. 물론 남편을 잃었다지만 홀로 수절하는 것이 이 몸의 굽힐 수 없는 결심이오." 임씨는 상냥하면서도 단호한 어조로 결심을 표명했다. 이렇게 되고 보니 홍 총각의 몸은 더욱 바짝 달아오를 수밖에 없었다. 대장부가 한번 뺐던 칼을 다시 집어넣을 수 있으랴. 이런 생각이 떠오르자 덥석 여인을 안았다.

그리고 간절한 말을 여인의 귓속에 대고 속삭였다. "하늘을 두고 나의 사랑을 맹세하오. 장부 일언은 중천금이라고 이 마음은 결코 변하지 않으리다." 임씨의 눈에서는 하염없는 눈물이 샘솟듯 흐르고 있었다. 슬픔과 기쁨의 엇갈림 속에서 솟아오르는 눈물이었다. 절개를 지키려는 몸부림이 슬픔이었다면 잃어버린 젊음을 되찾는 혼인의 기쁨일 수도 있었기 때문이다. 홍 총각은 자꾸 더운 입김으로 여인의 결심을 촉구하는 것이었다. 더 이상 뿌리칠 수 없는 사태였다. "분명 하늘을 두고 맹세하는 것이옵니까?" "거 무슨 소리요. 하늘이 무너져도 결코 변하지 않겠소." 여인은 눈물을 거두었다. 그리고 홍 총각의 우람한 가슴을 파고들었다. "만일 당신이 나를 버리면 이 몸은 구렁이가 되어 당신을 말려 죽일 것이요." 여인은 장난스런 목소리로 이렇게 속삭였다. "어허, 공연한 걱정을 다하는구려. 날이 새면 당장에 고향에 가서 혼인 차비를 해가지고 올 텐데." 밤은 깊어가고 한 몸이 된 홍 총각과 여인은 달콤한 꿈은 무르익었다.

이튿날 홍 총각은 고향 길을 향하여 떠났다. 비록 하룻밤의 사랑이었지만 여인은 몇십 년을 같이 산 남편을 떠나게 하는 기분이었다. 홍 총각도 마찬가지로 부모님께 잘 말씀드려 꽃가마를 가지고 모시러 오겠다고 했다. 홍 총각이 떠난 지 열흘이 되었다. 이제나 저제나 하고 기다리는 여인의 마음은 초조해지기 시작했다. 오늘내일하고 기다리는 동안 날이 가고 달이 가고 해가 바뀌었다. 홍 총각의 소식은 점점 아득하기만 했다. 뒷동산에 올라가 하염없이 흐르는 눈물을 삼키면서 먼 산과 바다를 바라보며 눈이 빠지게 기다렸지만 별수 없었다. 여인의 마음속에는 걷잡을 수 없는 증오의 불길이 일고 있으면서도 그러나 돌아오기만 하면 뛰어가서 안기고 싶은 심정이기도 했다.

여인은 기다리다가 지쳐서 그만 자리에 눕고 말았다. 식음을 전폐하고 있었던 처지라 그 꼴이 말이 아니었다. 의원들이 와서 보고는 누구나 고개를 흔들었다. 상사병이어서 백약이 무효라고 했다. 홍 총각과 만난 지 꼭 일 년이 되는 날 여인은 숨을 거두고 말았다.

한편 고향으로 돌아간 홍 총각은 여인과의 관계는 까맣게 잊어버리고 책만 열심히 읽고 있었다. 그러다가 운이 트였는지 그 이듬해에 과거에도 급제를 해서 함평현감으로 부임했다. 양가의 규수를 맞아 장가도 들고 팔자 좋게 거들거리며 살고 있었다.

어느 날 밤이었다. 현감은 술이 거나하게 취해서 잠자리에 들었다. 그런데 이날따라 이상한 소리가 잠을 깨우는 것이 아닌가. 스르륵. 그것은 커다란 구렁이가 방으로 기어드는 소리였다. "아니, 누구 없느냐? 빨리 저 구렁이를 때려잡아라." 아닌 밤중에 현감의 호령에 놀라 통인 놈이 사령들과 같이 뛰어들었다. 현감의 침실 방문을 열려고 했으나 문은 꼼짝도 하지 않았다. 현감의 황급한 호령에 몽둥이로 문을 부수고 들어가려 했으나, 이번에는 손에 모두 쥐가 내려 손을 움직일 수가 없었다. "이놈들, 무엇하고 있느냐. 빨리 구렁이를 때려잡지 못할까. 아악!" 현감이 말을 미처 마치지도 못하고 비명을 질렀다. 구렁이가 부들부들 떨고 있는 현감의 몸뚱이를 칭칭 감기 시작했던 것이다. 숨이 꽉꽉 막혀오는 것을 이기지 못하고 현감은 거의 정신을 잃고 있었다. 스산한 바람과 함께 징그러운 구렁이가 대가리를 추켜들고 혀를 날름거렸다. 현감은 마음속으로 관세음보살만을 찾으면서 꼼짝도 하지 못하고 있었다.

그런데 이상한 여인의 목소리가 구렁이의 입에서 흘러나오는 것이었다. "여보, 나를 모르겠소?" 괴이한 일이었다. 구렁이가 말을 하고 게다가 자기를 모르겠냐고 묻다니 "나는 당신의 언약을 믿고 기다리다가 상사병으로 죽은 여인이오. 맹세를 저버리면 구렁이가 되어 당신을 죽이겠다고 말한 그날 밤을 잊었구려. 기다리다 지쳐 죽어 나는 상사뱀이 되었소." 구렁이의 목소리는 바로 고흥 땅에서 하룻밤을 같이한 여인의 목소리였다. "아! 내가 지은 죄의 업보를 받다니." 현감은 총각 시절의 그 잘못을 뉘우치면서 탄식했다. 그날부터 밤이 깊어지면 이 상사뱀은 현감의 잠자리로 찾아왔다. 새벽녘이 되면 온데간데없이 구렁이는 자취를 감추었다. 밤마다 구렁이에게 몸을 칭칭 감긴 채 날을 새워야 하는 현감의 소름끼치는 생활은 형언할 수 없었다. 자연 병든 사람처럼 몸은 누렇게 메말라가고 만사가 징그럽고 끔찍하게만 생각되었다.

유명하다는 무당들을 불러 굿을 한다, 처방을 한다고 야단법석이었지만 구렁이는 밤마다 찾아왔다. 생각다 못해 어느 도승을 찾아 간곡히 사정을 고했다. 도승은 임씨가 살았던 초가집을 헐고 아담한 암자를 짓고 크게 위령제를 올리라고 했다. 도승의 가르침대로 현감은 암자를 짓고 위령제를 정성껏 모셨다. 그랬더니 그 뒤로는 구렁이가 나타나지 않았다. 그때 그 현감이 지은 암자가 고흥의 수도암이다.

● 원한이 사무친 여인이 구렁이가 되고서도 배신자를 징치해 죽이지 않고 물러났다. 착하고 가련하다고 하지 않을 수 없다. 이야기를 길고 자세하게 하면서 착하고 가련한 구렁이 여인을 혐오의 대상으로 삼기나 하고, 내심으로 들어가 말을 들으려고 하지 않았다. 전설에서는 하지 못하는 작업을 소설이라면 감당할 수 있을까?

고흥 즐기기

청정회관 생선구이

없는 것이 없는 식탁이 차려진다. 맛깔지고 세련된 음식, 여기 사람들은 이런 걸 먹고 사는구나. 절해고도에서 이렇게 근사한 식당을 만날 거라곤 예상 못 했다. 관광객을 위한 식당이 아니다. 식당 내 왁자한 소리가 모두 마을 사람들의 토속적인 전남 방언이다. 나로우주센터 바로 옆동네에서 이런 생활 체험을 하리라곤 예상 못 했다.

전남 고흥군 봉래면 나로도항길 55(봉래면 신금리 1089-33)
061-835-3538
주요음식 : 생선구이, 돼지고기 연탄구이

우선 깔끔한 상차림에 놀란다. 주인공 생선구이부터 예사로운 솜씨가 아니다. 두터운 삼치를 어떻게 이렇게 타지 않고 불맛 나게, 고소하게 구웠는지 놀랍다. 신선한 식재료가 모두 제맛을 내고 있다. 고즈

생선구이

넉하던 섬 저녁이 갑자기 음식으로 화려해진다.

생선은 세 종류, 갈치 대신 조기, 그리고 삼치와 서대다. 조기와 서대도 맛있지만, 삼치거리에서 만나는 고흥9미 삼치가 더 반갑다. 삼치는 얼마나 큰지 절반으로 나누어도 접시가 버겁다. 삼치는 고등어와 달리 담백한 생선이라 속살이 맹숭거리기 쉽다. 소금간은 진하지 않고, 양념장이 맛을 잘 살려준다. 껍질 부분은 불 맛이 잘 배어 고소한 맛이 청어 부럽지 않다.

고춧잎무침, 두릅초절임, 머위들깨조림, 모두 향토음식들이다. 진한 두릅 향, 진한

두릅초절임

들깨 맛에 담긴 머위대 맛이 향수를 불러 일으킨다. 연근유자절임, 연근을 유자에 절인 새로운 음식이다. 아마 서양 음식이라면 카나페라는 한입음식으로 유난스럽게 차려놓을 것이다. 사각사각 밭으로 갈듯 싱싱한 연근을 유자에 절여 상큼한 맛이 그만이다. 유자는 고흥의 특산, 가을이면 석류와 함께 축제를 벌이는 특산품이다. 유자나무 키워서 딸 시집보낸다는 동네에 와서 음식으로 유자를 만나니 밥상이 더 특별해 보인다.

맛깔나면서 진해 보이는 양념 품새와는 다르게 청렬한 맛을 내는 김치에 된장국과 밥도 일품이다. 된장국은 꽃게로 맛을 냈다. 요즘 남해는 꽃게가 오래만에 풍어기를 맞고 있다. 고슬고슬 솥에서 막 퍼낸 따듯한 밥이 쫀득거리며 생선구이 맛을 더 돋운다.

감동하며 먹은 음식을 기억하고자 명함을 찾으니 명함이 없단다. 동네 사람들이 주요 고객이니 명함이 필요없는 집인 거다. 이 코로나 와중에 식당 가득한 사람들에게서는 모두 동네 냄새가 풀풀 난다. 일

상의 밥을 위한 사람들이다. 동네 사람들을 위해 해물 외에 돼지고기연탄구이를 한다. 전라도 일상의 옹골찬 음식을 통해 시골구석까지 풍족한 식생활 문화를 만난다. 불경기 없는 식당이 되려면 우선 동네 사람의 마음을 얻어야 하는 것도 확인한다.

중앙식당 한정식

생선회 중심의 한정식, 싱싱한 회와 때깔나는 반찬이 때를 잘 맞춰 나와 모두 상급이다. 상이 떡 벌어질 정도로 호사스러운 밥상이 수라상 같다. 풍요로워진 세상과 이런 상을 차려낸 수많은 손들에게도 감사한다.

전남 고흥군 도화면 당오리 540-28
061-832-7757
주요음식 : 한정식

이렇게 떡 벌어진 한상을 보고 놀라지 않을 사람이 지구상에는 없을 거 같다. 거기다 깔끔하고 신선한 찬들이 휘황찬란한 색상과 외양보다 더 화려하고 깊은 맛을 담았으니, 볼 때보다 먹을 때 더 놀란다.

홍가오리, 전복, 윤기 흐르는 모습에서 감지되는 탄탄하고 오도독한 육질의 식감이 실제의 맛이다. 삶은 낙지, 문어, 꽃게, 대하도 싱싱한 식재료를 적당히 삶아 쫀득거린다. 조기, 이 푸진 상에서도 살점 하나

한정식

하나를 음미하게 될 정도로 윤택한 맛이다.

잡채 한입에 솜씨를 다 알아봤다. 꼬막과 함께 전라도 잔치에서 빠지지 않는 화려하면서도 익숙한 음식이었지만, 맛 내기 어려운 그 잡채가 제맛이다. 꼬막의 고장 벌교가 지천인 동네이다. 꼬막도 싱싱함과 맛이 벌교에 버금간다.

그러나 제일 감동을 주는 찬은 해물보다 열무물김치다. 디포리와 양파 등으로 육수를 내고, 풋고추를 양파, 배 등과 함께 갈아 넣었다. 녹색의 외양에서 느껴지는 특별한 풍취, 맵싸하면서도 상큼한 풋고추 맛이 사각거리는 열무에 다 담겨 있다. 하루쯤 상온에 살짝 익혀 냉장고에 넣어야 색과 맛이 보존된다. 고흥에서 많이 먹는 김치다. 남도음식을 찾는 이유가 있다.

오이무침. 오이가 새우와 들깻가루가 만났다. 오이는 살짝 볶아 쓴다. 감태무침. 매생이는 생으로 못 먹어도 감태는 생으로 먹는다. 남도 일대에서 상에 많이 오른다. 북어무침, 부드러우면서 쫄깃거리면서 고

소한 맛, 쉽지 않은 맛이다. 디포리 육수를 우려내 끓인 된장국은 너무 걸쭉하지 않으면서 건더기에 된장 맛이 잘 밴 소망의 맛이다.

한정식에서도 밥이 좋아야 한다. 밥은 찬의 맛을 살려내는 조연이면서, 모든 음식의 맛을 잡아주는 주연이다. 밥 없이 찬만 먹으면 찬의 풍미도 살아나지 않는다. 밥은 반찬 맛을 제대로 느끼게 도와주면서 반찬의 진한 기운을 누르는 역할도 한다. 그러면서 맨밥으로 먹어도 독립적으로 제맛이 나야 반찬의 파트너로서도 제몫을 한다. 이 밥이 그렇다.

사람들을 남도로 끄는 힘은 풍광이나 유물이 아닌 음식이라는 것을 확인한다. 전통 의식주 중 유일하게 남은 생활문화, 음식문화의 전통과 현재의 힘을 남도음식에서 본다.

곡성

谷城

옥과면
입면
곡성읍
기차마을
고달면
▲ 천마산

검면
도림사 ●

오곡면

오산면

삼기면

석곡면
죽곡면

봉두산 ▲
태안사 ●

목사동면
▲ 희아산

섬진강 풍경

　　전남도 북동쪽에 있다. 천마산(天馬山), 주부산(舟浮山), 봉두산(鳳頭山), 희아산(戱娥山) 등이 솟아 있는 산악지대이다. 동부의 섬진강 유역, 옥과천(玉果川) 유역에는 좁은 평야가 있다.

신숭겸의 용마

고려 건국에 공이 큰 신숭겸(申崇謙)은 목사동면 구룡리 뒷산 비래봉의 정기를 받아 태어났다. 신숭겸이 보성강의 용탄여울에서 목욕을 하는데 큰 바위굴에서 용마가 나왔다. 즉시 이 말을 타고 5리 정도의 거리인 유봉리의 산을 날았다. 그 다음부터 그 산 이름을 신유봉(申遊峰)이라고, 용마가 나온 바위는 용암이라고 부르게 되었다.

뒤에 신숭겸이 왕건을 대신해 죽자, 용마는 땅에 떨어진 신숭겸의 머리를 물고 고향 인접지인 태안사의 뒷산에 와서 3일간을 울다가 굶어 죽었다고 한다. 이곳에 신숭겸의 무덤을 만들고 매년 3월 16일 산제와 함께 그의 제사를 지내고 있다.

● 신숭겸은 비래봉의 정기를 타고났다고만 하고, 용마에 대해서 길게 말했다. 장군보다 말이 더 훌륭하다고 할 수 있다. 의견(義犬)보다 더 훌륭한 말을 의마(義馬)라고 하지 않는 것은 잘못이다. 의견의 주인은 예사 사람이지만, 의마의 주인은 비범한 장군이다.

의병장의 말무덤

옥과면 합강리 종방마을 앞 내동으로 빠지는 삼거리 들 가운데 사방 6 미터, 높이 3미터가량의 큰 무덤이 있다. 이것은 임진왜란 때 전사한 의병 장 유팽로(柳彭老)의 말무덤이다. 팽로말무덤이라고 부른다. 유팽로가 전 사하자, 말이 유팽로의 머리를 물고 300리 길을 달려 집으로 가지고 와서, 그 뒤 9일간이나 여물을 마다하고 계속 울다가 굶어 죽었다고 한다.

● 이 말도 의마(義馬)이다. 의견 전설만 말하지 말고 의마 전설도 전설 의 한 갈래라고 해야 하겠다.

도깨비살로 환원

조선 초의 마천목(馬天牧) 장군은 오지면 당산촌에서 살면서 남다른 기 개와 효성으로 세간에서 칭송을 받았다. 그 대표적인 일화가 바로 그의 지 극한 효성에 관련된 다음과 같은 기록이다. 『신증동국여지승람』 남원부(南 原府) 두가천(豆可川) 조에 "본조(本朝)의 마천목이 물을 막아 어량(魚梁)을 만들었다"는 말이 있다. '어량'을 '살'이라고 한다. 현지에 '도깨비살 유래 비'가 서 있으며, 그 전설이 구전된다.

당산촌의 소년 마천목은 부모에 대한 효성이 매우 지극했다. 생활이 넉 넉지 못해 순자강 하류 두계천(杜溪川)에서 매일 몸소 고기를 낚아서 부모 를 공양했다. 낚시보다는 어살(발)을 막아 고기를 잡는 것이 좋을 것이라 생각하고 발을 치고자 했다. 강폭이 넓고 흐름이 급해 고민이었다.

하루는 강둑을 거닐며 형세를 살피다가 날이 저물어 돌아오는 길에 둥글게 생긴 작은 돌이 푸르고 기이하기에 주워 왔다. 그날 밤에 수천의 도깨비들이 몰려와 "대감께서 오늘 석양에 주워 오신 돌이 바로 우리들의 장수이오니 돌려주시기 바랍니다" 하고 청했다.

마천목은 "내가 두계천에 어살을 막으려 하는데 너희들이 발을 막아준다면 너희 장수를 돌려주겠다"고 했다. 그러자 도깨비들이 즉시 "예! 예!" 하고 물러가더니 잠시 후에 돌아와서 다 막았다고 했다. 마천목이 "너희들이 비상한 재주가 있다 하나 어찌 그토록 잠깐 사이에 발을 다 막을 수 있단 말이냐"라고 하자, 도깨비들은 "대감, 가보시면 알 것입니다"라고 했다. 마천목은 돌을 내어주며 "나 같은 곤궁한 서생을 대감이라 부르는 것은 무슨 뜻이냐?"고 물으니 도깨비들이 "장차 부원군 대감이 되실 것입니다"라고 예언했다.

도깨비들이 한 일이 가상해 메밀죽을 쑤어 주었다. 그런데 마지막 한 도깨비가 자기 몫이 모자란다고 화가 나 완성된 살 한 귀퉁이를 헐어버렸다. 그 자리에는 지금도 물이 넘친다.

● 무서운 귀신은 없고, 사람과 친하고 필요할 때 도와주기까지 하는 도깨비는 여기저기 있다고 하는 것은 이 나라 사람들 마음씨가 착해서인가? 일본에 가서 강연을 할 때 사회자가 물어서 대답한 말이 생각난다. "어려서 귀신을 무서워하지 않았는가?" "무섭다는 귀신이 일본에서 많이 건너왔으나 아무도 무서워하지 않자 도루 다 갔다."

관음사 창건설화 속 효녀 심청 이야기

지금은 곡성인 대흥현에 살던 맹인 원량이 처를 잃고 홍장이라는 딸과 함께 살고 있었다. 홍장이 정성으로 아버지를 모시니 그 효행이 바다 건너 중국에까지 소문날 정도였다. 어느 날 홍법사 성공스님이 부처님의 계시라면서 시주를 간청하였다. 논밭 한 떼기 없었던 원량이 홍장을 딸려 보내자 아버지의 뜻에 따르는 홍장의 이별은 고을 사람들은 물론 산천초목까지도 슬프게 했다.

성공스님을 따라 나선 홍장이 소랑포에서 쉬고 있을 때 진나라 황제가 황후 간택을 위해 파견한 사신 일행을 만나게 되었다. 용모를 살피고 진나라 황후가 되어달라고 간청하는 사신들에게 홍장은 예물로 가져온 금은보화를 모두 스님께 드리게 하고, 사신들을 따라 진나라로 건너가 진나라 혜제의 황후가 되었다.

황후가 된 홍장은 선정을 베풀고 덕을 행하였지만 고국에 두고 온 부친을 잊지 못하여 정성을 다해 관음상을 만들어 바다 건너 동국으로 보냈다. 석선에 실린 관음상은 표류 끝에 낙안포에 나온 성덕처녀의 수중에 들어갔고, 성덕처녀는 그 관음상을 업고 고향인 옥과로 와서 지금의 관음사를 창건하였다. 원량은 홍장과의 이별로 많은 눈물을 흘려 눈을 뜬 후 95세까지 복을 누렸고, 성공스님은 홍장에게 받은 예물로 큰 불사를 마쳤다고 한다.

● 이 이야기가 『심청전』의 근원설화라고 한다. 가공의 이야기는 원래 주인이 없으니 조금이라고 인연이 있다면 자기 고장에서 유래했다고 주장해도 된다. 다소의 증거를 들어 소유권을 입증하는 글을 대단한 논문이라고, 용역비를 받고 써주는 학자라는 사람들이 있어도 나무랄 필요는 없다. 좋은 일을 한다고 칭찬하는 것이 마땅하다. 여기저기서 와글와글 떠들면 고전에 대한 관심이 커지니 얼마나 좋은가.

곡성 전투를 노래한 한시

종군행(從軍行)　　　　　　　　　　　　　　　이항복(李恒福)

"이해 12월에 마제독(麻提督)의 군대를 따라서 곡성에서 적을 토벌했다(是歲 十二月 從麻提督軍 討谷城之賊)"라고 하는 부제가 있다. "이해"는 1598년(선조 31) 임진왜란이 막바지에 이른 때이다. "마제독"은 명나라 지휘관 마귀(麻貴)이다. 싸움터가 곡성이었으므로 이 시를 여기 내놓는다.

서호에서 엄동설한에 곡식을 운반하다니,　　　　　西湖轉粟當嚴冬
만백성이 천인의 먹을 것 공급하기 어렵네.　　　　萬民難給千夫膳
군사는 남원에 와서는 말 두드려 돌아가는데,　　　師到南原拍馬廻
적의 무리가 아직도 구례현에 주둔하고 있네.　　　賊衆猶屯求禮縣

수많은 군사 사납고 들에 서리가 가득하며,　　　　萬竈貔貅霜滿野
명나라 군대 곡식 요구에 피폐한 백성 우네.　　　　天兵搜粟疲人泣
우리를 살리러 온 것은 충분히 알지만,　　　　　　懸知本爲活我來
처자식의 당장 급한 처지는 견딜 수 없구나.　　　　叵耐妻兒眼前急

모래 먼지가 땅을 말아 들판이 희미하고,　　　　　沙塵捲地野微明
일천 무리 철기병이 새벽부터 뛰어 달리네.　　　　鐵騎千群曉撤挨
천 리 행군에 이틀 길을 하루에 가니,　　　　　　師行千里日兼程
말발굽의 피가 흘러 돌 위에 얼룩졌네.　　　　　　石上斑斑馬蹄血

넓은 들판에 인적 없고 바람만 거세게 부는데,　　曠野無煙風怒號
장군이 새벽에 출발하니 호가 소리 목메어라.　　將軍曉發哀笳咽
비린 구름은 비와 섞여 사람의 낯을 때리고,　　　腥雲和雨撲人顔
수많은 군사의 귀 밑에 고드름을 달렸다.　　　　凍作征夫萬鬢雪

● 전쟁의 처절함이 잘 나타나 있다. 평화스럽기만 한 곡성에 끔찍한 일이 있었다. 오늘날은 잊고 있지만 기억해야 한다.

호화 뱃놀이를 비판한 「합강정가」

합강정(合江亭)은 옥과면에 있던 정자이다. 방제천(현 섬진강)과 선각천이 합쳐지는 곳에 세웠다고 합강정이라고 했다. 1792년(정조 16)에 전라감사 정민시(鄭民始)가 민심을 살핀다고 여러 고을을 돌던 길에 그곳 앞에 배를 띄워 호화롭기 이를 데 없는 선유를 할 때 겪은 백성들의 고초를 낱낱이 들고 신랄하게 비판한 가사가 「합강정가(合江亭歌)」이다.

> 허다한 관인 축이 대소호를 분정(分定)하여
> 사방 부근 십 리 안에 계견이 멸종하네
> 부자는 가커니와 가련할사 빈자로다
> 석양은 나려가고 이정(里正)은 촉반(促飯)할 제
> 한주(寒廚)에 오는 소부(少婦) 발 구르며 하는 말씀
> 방아품에 얻은 양식 한두 되는 있건마는
> 채소도 있건마는 기명(器皿)은 뉘게 빌꼬

한자어가 많이 섞인 유식한 문투라 하층민이 스스로 지은 것 같지는 않고, 민란을 선동할 마음을 품은 인물이 의도적으로 써서 통문을 돌리듯이 퍼뜨렸을 듯하다. 위백규(魏伯珪)가 지었다고 한 데도 있으나 확실하지 않다. 작자는 이름을 숨겼으나 널리 알려져 커다란 효과를 거두었다. 이 가사를 커다랗게 써서 서울 남대문에 내다붙이자 감사가 파직되었다는 말이 전한다.

곡성 즐기기

별천지가든 참게탕

섬진강 참게요리는 곡성의 자랑이다. 그중 압록은 참게 은어거리로 지정된 남도음식 특화지역이다. 섬진강과 참게에 남도솜씨가 만난 참게탕은 기대를 배반하지 않는다. 화려한 찬이 입맛을 더욱 돋운다.

참게탕

전남 곡성군 오곡면 섬진강로 1258(압록리 393-2)
061-362-8746
주요음식 : 은어 빙어 회, 참게장백반, 참게탕, 쏘가리탕

참게탕을 중심으로 상을 화려하게 장식한 찬이 열 가지가 넘는다. 전라도 밥상이다. 찬마다 제맛이 나서 자칫 참게탕을 잊을 정도다. 참게탕은 꽃게와는 달리 게살이 퍽퍽할 만큼 밀도가 높고, 옹골차다. 시래기 우린 탕에 미나리, 팽이 등으로 향과

모양새를 잡았다. 탕은 맵고, 뚝배기는 밥한 그릇을 다 비울 때까지 뜨겁다. 시래기 맛이 일품이다.

발에 털이 달렸고 몸통이 작은 참게는 꽃게와는 사뭇 다른 토종 모양새인데, 시래기가 듬뿍 들어간 국물 맛도 토종이다. 양이 많은 것도 토종이다. 아쉬운 것은 너무 맵다는 것, 사람들은 왜 이리 매운 것을 즐기는 걸까.

남도음식답게 찬이 다양하고 찬마다 제맛을 깊이 담아 매운 국물 맛을 메워준다. 많은 찬이 모두 허수가 없다. 도토리묵도

숙지나물

무나물

제대로 된 묵이다. 배춧잎 연한 것을 삶아 무친 숙지나물, 쉬 상하지만 막 무쳐 상에 올리면 훌륭한 나물이다. 배추 내음 나지 않으면서 배추살의 부드럽고 연한 풍미가 부위별로 잘 살아 있다.

익은지와 생지가 다 좋다. 익은지는 묵은 솜씨를 그대로 보여주고, 생지는 풋풋한 배추 내음을 그대로 살리면서 호복히 넣은 양념 맛, 젓갈 맛이 남도 풍미를 제대로 보여준다. 무나물 맑은 무침은 깔끔한 무 맛이 그대로 담겨 고향의 맛이 난다. 쫀득거리는 밥이 매운탕의 진한 맛과 시래기의 질긴 식감을 잘 감당한다.

참게는 우리가 고래로 먹어왔으며, 『승정원일기』 인조조에서는 진해(眞蟹)라고 했다. 바다에 가까운 민물에 살며 산란 전 가을철에 바다로 내려간다. 부화한 참게 새끼는 서너 달 자란 후에 다시 민물로 돌아온다. 요즘은 바다에 이르는 하천의 환경 악화로 귀한 식품이 되었다. 그중 섬진강이 수질이 양호하여 최적의 생장 조건을 갖춘 것으로 알려져 있다.

수질 좋은 압록에서 먹는 살진 암케요리, 누구나 탐낼 게 분명하다. "벼 벤 그루에 게는 어이 내리는고?/술 익자 체 장수 돌아가니 아니 먹고 어이리." 게를 즐기는 지아비 농부의 모습, 황희 정승도 권위를 벗고 스스로 내려온 자리이다. 귀해져서 귀족의 음식이 되지 말고, 계속 누구나 탐내면서 함께 할 수 있는 일상 음식, 섬진강 향토요리로 남기를 빈다.

광양

光陽

형제봉 ●   ▲ 백운산

다입면

봉강면   옥룡면

옥룡사 동백나무 숲
●

진상면

● 중흥사

황현 생가 ●

진월면

옥곡면

광양읍

광영동

중마동   태인동

골약동

금호동

광양 서천의 산책 코스

　전남 동남쪽 끝 남해변 광양만에 인접해 있다. 북쪽은 백운산(白雲山), 형제봉(兄弟峰) 등이 솟아 있는 산악지대이다. 섬진강을 비롯한 몇몇 하천이 남해로 흘러 들어간다. 신라 말 승려 도선(道詵)이 백운산 옥룡사에서 수도했다. 다압면에 매화가 많이 피어 축제를 한다. 여러 섬을 메워 육지로 만들고, 대규모 제철소가 들어섰다.

광양 알기

도선국사의 일화들

도선국사(道詵國師)가 상백운암에서 종이로 학을 접어 날렸더니 백계산의 큰 못에 떨어졌다. 그 못에는 청룡과 백룡이 살고 있었다. 도선이 이번에는 활을 쏘자 청룡은 하늘로 올라가버리고, 백룡만 남아 버티다가 거듭 쏜 화살에 눈을 맞고서야 승천했다. 도선은 그곳에 옥룡사를 세우고는 백씨 성을 가진 중은 절대로 들이지 말라고 일렀다. 뒤에 성명부지의 한 중이 들어왔는데 절에 불이 나서 타버렸다. 그 중은 성이 백씨였고, 그 재난은 백룡이 꾸민 보복이었다고 한다.

절 앞에 소가 있었다. 소를 메워야 절을 늘릴 수 있었다. 도선국사가 소문을 내기를, 눈병 난 사람이 숯 한 짐만 져다 소에 넣으면 눈병이 낫는다고 했다. 눈병 난 사람들이 모두 그렇게 해서 절을 늘렸다. 지금도 파보면 숯이 나온다.

도선국사가 옥룡사에서 수행하는데 무릎이 펴지지 않았다. 나뭇가지를 잡고 일어서다 부러진 나뭇가지에서 물이 나와 이를 마시니 무릎이 펴지고 원기가 회복되었다. 그 물을 "뼈에 이로운 물"이라 명명되어 '골리수(骨利水)'라고 하다가, 무쇠처럼 단단하다 해서 '고로쇠'라고 부르게 되었다.

● 도선국사는 풍수지리에 능통한 승려로 알려졌는데, 여기서는 다른 여러 방면에서 탁월한 능력을 가졌다고 한다.

백운산의 세 가지 정기

백운산에는 옛부터 세 가지 정기가 있다고 한다. 하나는 여우의 정기요, 하나는 봉황의 정기요, 하나는 돼지의 정기이다. 이 셋을 삼정(三精)이라고 한다.

여우의 정기를 타고난 사람은 월애(月涯)이다. 월애는 고려 때 옥룡 초암부락에서 태어났는데, 자태가 빼어나 화용월태(花容月態)였다. 원나라 왕이 월애에게 빠져 월애가 원나라 조정에서 상당한 권력을 잡았다. 고려 조정에서 여러 가지 어려운 청탁을 넣으려면 월애를 통해야 했다. 월애가 나라 사랑하는 마음을 버리지 않고 좋은 일을 참 많이 했다. 그래서 초암 부락 월애촌이 생겼다.

봉황의 정기를 타고난 사람은 최산두(崔山斗)이다. 최산두가 6세 때 글을 배우러 다니다가 하루는 비를 맞고 밤길에서 도깨비를 만나 문답을 나누었는데, 도깨비가 사인(舍人)이라고 불렀다고 한다. 과거에 급제해 사인 벼슬을 하다가 기묘사화(己卯士禍)를 만나 유배되었다가 향리에 은거했으나 학문으로 높은 이름을 얻었다. 최산두를 모신 서원을 봉양서원(鳳陽書院)이라고 하는 것은 봉황의 정기를 타고났기 때문이다.

돼지의 정기를 타고난 사람은 아직 없다. 옛날 중국의 석숭(石崇)과 같은 부자가 광양에서 날 것인지 기다려보자고 한다.

● 세 가지 정기를 타고난 사람이 먼 과거, 가까운 과거, 미래에 있다고 한다. 여우의 정기를 타고난 미녀, 봉황의 정기를 타고난 학자는 있었으나, 돼지의 정기를 타고난 사람은 아직 없어 미래에 큰 부자가 날 것이라고 한다.

여우구슬을 삼킨 최삼두

백운산의 세 정기 중 하나인 봉황의 정기를 타고난 한림학사 최산두는 어린 시절 재를 넘어 공부하러 다녔다. 그 재는 낮에도 무서운 곳이었다. 어느 날 비바람이 몰아쳐 최산두가 바위굴로 몸을 피했다가, 그곳에서 귀신들이 한림학사가 오셔서 나갈 수가 없다고 하는 말을 들었다. 최산두는 그 뒤에도 계속 그 고개를 넘어 다녔다. 하루는 예쁜 처녀가 유혹했다. 서당 훈장에게 그 말을 했더니 훈장이 처녀의 입에 있는 구슬을 빼앗아 삼키라고 했다. 훈장의 말대로 했더니 처녀는 여우가 되어 울며 달아나고, 최산두는 여우구슬 덕으로 유명한 학자가 되었다고 한다.

● 최산두가 유명한 학자가 된 내력을 이렇게 말한다.

섬진강 이름의 유래

고려 말인가 임진왜란 때인가 왜군이 쳐들어와서 우리 군사들이 쫓겼다. 강을 건너려고 하니 배가 없었다. 그때 강에서 무수히 많은 두꺼비가 떠올라 다리를 놓아주었다. 우리 군사들이 다 건너고, 뒤를 쫓아오던 왜군이 건널 때 두꺼비들이 모두 강 속으로 들어가버려 왜군은 다 빠져 죽었다. 그때까지 두치강(豆恥江)이던 강을 '두꺼비강'이라 해서 섬진강(蟾津江)이라고 하게 되었다.

● 섬진강이라는 이름의 유래가 명쾌하게 설명된 것 같지만, 두꺼비들이 그렇게 한 이유는 말하지 않아 의문으로 남는다.

섬진강을 한강으로 바꾼 전우치

태금면 태인리 궁기부락에 궁터 자리가 있다. 도술가 전우치(田禹治)가 그곳에 궁궐을 지었다고 한다. 전우치는 탐관오리들을 없애고 바른 사회를 만들려고 했다. 전우치는 도술에 능해 비행기와 같은 운교(雲較)를 타고 나라 방방곡곡을 다니면서 탐관오리의 곡식을 백성들에게 돌려주었다.

한번은 전우치가 섬진강을 한강으로 살짝 바꾸어놓고, 남원, 곡성, 구례, 하동 등지에 명하여 조곡을 한강으로 가져올 것을 명하니 순식간에 쌀 수천 석이 모였다. 이걸로 충청도 백성을 살리고자 충청도로 떠나니 궁궐은 간곳이 없고 궁터만 남게 되었다.

● 전우치 이야기가 구전되는 드문 예이다. 섬진강을 한강으로 바꾸어 놓았다는 것은 문헌설화나 소설에는 없는 말이다.

살구나무 귀신

도월리 월평마을의 백씨 집에 살구나무가 있었는데, 어찌나 큰지 무서워 베어버렸다. 얼마 뒤 백씨네 출가한 딸이 자식을 얻고자 산제를 지내려고 메를 짓고 있는데, 더벅머리 총각 하나가 와서 피가 흐르는 다리에 솥에서 넘치는 밥물을 찍어 바르면서 자기는 베어진 살구나무의 귀신이라고 했다.

귀신이 백씨의 딸에게 말했다. 장차 아들 셋을 낳을 것이지만 십 년 뒤에는 자기의 보복을 받을 것이라고 하였다. 과연 아들 셋을 두었으나 모두 서른이 못 되어 죽고, 그 뒤로 이 마을의 백씨네 집에는 손이 끊기고 말았다고 한다.

● 나무를 함부로 베지 말라는 교훈이다.

황현의 우국

광양 출신의 선비 황현(黃玹)은 시대의 수난과 적극적으로 대결한 시인이다. 몰락한 사대부 가문에서 태어나 할아버지가 가산을 일으키고 아버지가 뒷바라지를 해준 데 힘입어 겨우 진사 급제를 했으나, 벼슬에 기대를 걸 수는 없었다. 서울에 가서 시문으로 이름을 얻다가, 귀향해 농촌 생활을 하며 저술에 힘썼다. 도깨비가 미친 짓을 한다고 말한 세태에 휩쓸리지 않고, 정도와 정론을 명확하게 하며 구국의 자세를 찾고자 하다가, 1910년(융희 4)에 나라가 망하자 「절명시(絶命詩)」를 남기고 자결했다.

「매천야록(梅泉野錄)」에서 1864년(고종 1)부터 1893년(고종 30)까지의 역사를 개관하고, 1894년(고종 31) 이후에 일어난 사태를 빠짐없이 기록하며 준열한 비판을 했다. 침략세력과 민족반역자를 철저하게 규탄하고, 애국 계몽운동의 문제점을 지적했다. '의보(義報)'라고 하면서 소개한 의병투쟁 도 예찬하기만 하지는 않고 신분에 의한 차별 탓에 투지가 약화된다고 근심했다. 자기 자신은 나서서 싸우지 못하는 대신에 당대 역사의 증인으로서 할 수 있는 일을 다 하고자 했다.

농촌 생활을 다룬 시를 많이 썼다. 「상원잡영(上元雜咏)」 연작에서는 정월 보름날의 민속을 관심 있게 다루면서 농민의 활력을 재인식했다. 줄다리기와 같은 경기나 잡귀를 몰아내는 굿이 신명나게 벌어진다고 한 데다가 일본과 싸우고 매국노를 징벌하자는 외침을 나타냈다.

역사를 회고하며 애국의 의지를 고취하는 시도 여러 편 지었다. 나라를 빼앗기는 판국에 글하는 선비가 무엇을 할 수 있는지 깊이 고심했다. 역사를 기록하고 시를 짓는 것만으로는 힘이 될 수 없다고 절감하면서도 다른 길을 택하지는 못했다. 매국의 무리를 규탄하고 의병을 찬양하며, 투지를 고취하는 시를 지어 사태를 호전시키는 데 기여하지 못한다고 통탄했다.

1910년에 나라가 망하자 자결을 할 때의 심정을 나타낸 「절명시」에서는 절망만 남았다고 했다.

새와 짐승도 슬피 울고 바다와 산도 찡그리는데	鳥獸哀鳴海岳嚬
무궁화 세계는 이미 사라지고 말았는가?	槿花世界已沈淪
가을 등불 아래 책을 덮고 천고를 헤아리니	秋燈捲卷懷千古
이 세상에서 글 아는 이 노릇을 하기 어렵구나.	難作人間識字人

● 글 아는 이 노릇을 하기 어렵다고 한 것은 들에서 일하는 농부라면

나라가 망해도 그대로 살아갈 수 있다는 말이다. 천고의 역사를 헤아리는 식자층의 책임의식을 말했다고 하면 타당한 지적이지만, 시대가 바뀐 것을 알지 못하는 결함이 있다. 50여 년 전에 이미 시골 아전 신재효가 '이천만 동포'가 하나라고 하면서 역사의 주체를 바꾸어놓고자 했는데, 글 아는 이가 홀로 고민해야 한다고 하는 오랜 생각을 그대로 가졌다.

광양 즐기기

삼대광양불고기집
한우불고기

이름난 광양불고기를 오랜만에 다시 먹
어보았다. 육즙이 흐뭇히 배어나오는 연한
고기가 역시 이름값한다 싶다. 오랜 역사
에 번호표를 받아야 하는 만원 손님, 맛을
알아보는 민중 덕에 좋은 음식이 자란다.

**전남 광양시 광양읍 서천1길 52(칠성리
959-11)
061-763-9250
주요음식 : 불고기**

불고기

우선 주요리 불고기가 맛있다. 불고기에
육즙을 가득 담고 있어, 역시 맛있는 고기
를 선별하는 안목을 칭송하지 않을 수 없
다. 불고기가 달지 않고, 얇은 육편에 우아
한 양념 맛이 적절하게 배어 있다. 느끼하
지도 않아 입에 붙는다. 고기는 백운산 참
숯에 열전도율이 높은 구리석쇠에 굽는,
소위 '천하일미 마로화적'이다. 마로는 광
양의 옛 이름, 화적(火炙)은 불에 구운 고

기이다.

고기가 빨리 익어 고기 안의 육즙이 도망갈 새가 없이 고스란히 입안으로 들어온다. 참숯 향과 불 맛이 배어, 맛도 냄새도 향긋하다. 고기를 구워놓고 시간이 지나면 육즙이 금방 증발되어버리므로 각자 자기 몫의 고기를 구워 바로바로 먹는 것이 좋다. 고기가 그만큼 얇고 섬세하다.

고기가 얇아서 양념은 상에 내기 직전에 한다. 그만큼 싱싱한 맛을 즐길 수 있다. 반찬은 한 접시에 여러 가지가 나오므로 효율적인 상차림이라 하겠지만, 할머니의 손맛을 기대하기는 어렵다. 대형화와 손맛은 같이 가기 어려운 거 같다. 반찬은 대체로 제맛 내는데 특히 국물과 밥이 맛있다.

식사를 하고 나면 바로 앞 서천을 따라 도는 한 바퀴 산책 코스가 그만이다. 이곳은 바로 광양불고기 특화거리이기도 하고 '광양전통숯불구이축제'의 중심지이기도 하다. 앞에는 큼지막한 참숯 조형물도 있다. 광양으로 유배온 선비들이 해배되어 서울로 돌아간 뒤에도 찾아서 유명해졌다는 광양불고기는 이제는 광양의 얼굴음식이 되었다.

이 집은 1930년 개업하여 3대째 영업을 하는, 전통이 가장 오랜 집이다. 상호에도 삼대를 넣었는데, 한글로만 읽으면 광양식이 언양식과 한양식과 함께 3대(大) 불고기라는 것을 말하는 것도 같다. 어쨌든 광양불고기를 알리고, 일대가 불고기거리가 되는 데 주역을 했다.

광양불고기는 요리 방법으로 향토음식이 되었다. 해물과 달리 육류는 식재료의 다양화가 어려우므로 요리법의 다양화로 음식의 변화를 만들어야 한다. 그런 음식의 선두주자 중 하나가 광양불고기이다. 끊임없이 진화하는 한식의 본보기를 원산지에서 먹어보는 것은 큰 행운이다.

광주

光州

월봉서원

북구

광산구

서구

무등산

동구

증심사

남구

광주 5.18민주묘지 추모탑

전남 중북쪽에 있다. 동쪽에 진산인 무등산(無等山)이 그 지맥이 둘러싼 곳에 광주분지가 있다. 무등산에서 발원해 시가를 관류하는 광주천(光州川)이 영산강으로 흘러든다. 견훤(甄萱)이 이곳을 근거로 스스로 왕으로 칭하다가 전주로 옮겨가 후백제를 세웠다. 임진왜란 때의 의병장 김덕령(金德齡)이 이 고장 사람이다. 오랫동안 전남 도청이 있던 곳이다. 지금은 광역시이다.

광주 알기

견훤의 탄생설화

광주 북쪽 마을에 순실이라는 예쁘고 얌전한 처녀가 살고 있었는데, 밤이면 방 안에 상서로운 기운이 감돌면서 푸른 옷을 입은 남자가 나타나 정을 통하고 사라지곤 했다. 이를 눈치챈 순실의 부모는 명주실을 꿴 바늘을 그 남자의 옷깃에 꽂아놓게 하고, 그 이튿날 이 명주실을 따라가보니, 담 밑 구멍에 커다란 지렁이 한 마리가 허리에 바늘이 꽂힌 채 죽어 있었다. 그 뒤 순실은 태기가 있어 옥동자를 낳았는데, 이 아이가 바로 견훤(甄萱)이라고 했다.

● 경북 상주에도 견훤의 출생에 관한 이런 이야기가 있다. 견훤의 출생지를 『삼국사기』에서는 상주, 『삼국유사』에서는 광주라고 했다.

무등산에서 왕씨를 만난 이성계

이성계는 무학대사와 함께 전국 산천의 신들에게 나라를 세울 뜻을 전하고 도와줄 것을 빌고 다녔다. 하루는 무등산에 올라가 무등산 산신에게 허락을 얻으려 하였지만, 거절당했다. 어쩔 수 없이 산에서 내려오다가 바위에 걸터앉아 쉬고 있었다. 배도 고팠는데, 마침 어떤 사람이 보자기에 먹을 것을 잔뜩 싸서 주었다.

누구인지 물으니, 담양에 사는 왕씨 성 가진 사람으로, 집안이 곧 멸망할 것을 알고 걱정하다가 말까지 잃었다고 한다. 그러나 장가를 가던 날 밤에 문득 깨달은 바가 있어서 초행길에 가져가기 위해 장만한 음식을 싸들고 무등산을 올랐다. 이성계가 무등산을 찾을 것을 알고 때를 기다려 만난 것이다. 이성계에게 자신은 왕 씨이며, 어떻게든 살려만 달라고 빌었다. 이성계는 그에게 '임금 왕(王)' 자 위에 '사람 인(人)' 자를 얹어 성씨를 삼으라며 전씨(全氏)로 사성(賜姓)했다. 그 덕에 조선이 건국한 후에 멸족을 면했다고 한다.

● 무등산 산신보다 예사 사람인 왕씨가 미래를 예견하는 능력에서 앞선다는 말인가?

경양지의 내력에 대한 두 가지 이야기

조선조 세종 임금 때 김방(金倣)이라는 분이 전라북도 김제군수로 있다가 광주목사로 전임했다. 김방은 김제군수로 있으면서 벽골제를 중수해 김제평야를 곡창지대로 만든 공로자였다. 광주고을은 높고 우람스런 무등산에서 내려오는 물줄기가 흐르는 평야인데도 해마다 가뭄이 들었다.

김방은 무등산에서 내려오는 물을 모아 메마른 땅을 옥토로 만들어놓겠다고 생각하고 경양지(景陽池)를 파게 했다. 그것은 엄청난 경비와 많은 인력이 동원되는 난공사였다. 인력이 부족하고, 식량난이 심해 진척이 되지 않았다.

하루는 일꾼들을 격려하면서 방죽을 파고 있었는데, 개미굴이라고 할까, 개미총이라고 할까, 몹시 큰 개미집을 건드리게 되었다. 수만 마리의 개미 떼가 쏟아져 나오는 것을 본 김방은 측은히 여겨, 즉시 일꾼들을 지휘해 그 개미집을 가까운 장원봉 기슭으로 곱게 옮겨주었다.

그 뒤 김방이 공사 진척을 위해 날마다 정성껏 기도 드리는 자기 집 뒤뜰에서 이상한 일이 일어났다. 수많은 개미떼가 모여들더니, 다음 날 아침 미명에 새하얀 쌀이 가득 쌓여 있었다. 그 다음 날도 그 다음 날도, 여전히 쌀이 쌓여 있었다.

김방은 하느님께서 자기의 뜻을 갸륵히 여겨, 개미의 힘을 빌어 쌀을 모으게 했다고 감사하면서, 쌀을 그곳에서 일하는 백성들에게 골고루 나누어주었다. 백성들은 모두 다 기쁨을 감추지 못하고 즐거운 마음으로 자기 일을 더욱 열심히 하는데 온 힘을 다했다. 이렇게 해서 김방의 숙원이며 광주지방 사람들의 염원인 경양지를 완공하게 되었다.

어느 해 광주에 큰 흉년이 들어서 사람들이 모두 굶주리게 되었으나, 인색하기 짝이 없는 효천면 김 부자는 창고에 곡식을 가득 쌓아두고도 모르는 척했다. 효자 박경양은 홀어머니가 굶주리는 것을 보고만 있을 수 없어 김 부자를 찾아가 도움을 청했으나 도리어 김 부자에게 매를 맞아 죽고, 그 어머니 또한 울분을 안고 숨을 거두었다.

그 뒤 김 부자는 온갖 재앙을 당하게 되었다. 그 재앙에서 벗어나려면 가뭄을 막을 수 있는 큰 연못을 만들어야 한다는 박경양 어머니 혼령의 계시를 받았다. 그래서 만든 연못이 바로 경양지(景陽池)이다. 박경양의 넋을 기려 그렇게 부르게 되었다고 한다.

● 경양지를 만든 내력에 관한 내력에 관한 두 이야기가 상반된다. 개미
떼에게 잘해주어 보은을 받았다고 하는 것은 순행 과정이다. 원한으로 생
긴 재앙에서 벗어나기 위해 좋은 일을 해야 했다고 하는 것은 역행 과정이
다. 순행만 기대하지 말고, 역행도 있는 줄 알아야 한다.

비운의 영웅 김덕령

광주 무등산 자락에 한 가난한 부부가 살고 있었다. 어느 날 해 질 무렵
낯선 손님이 찾아들었다. 조선을 유람 중인 중국인인데 며칠 묵게 해달라
고 했다. 그 사람은 지관이었다. 산을 헤매고 다닌 지 닷새째 되는 날 주인
에게, 어디 쓸 데가 있으니 달걀을 하나 달라고 했다.

무언가 이상한 낌새를 눈치챈 주인은 일부러 곯은 달걀을 골라서 내주
었다. 그리고 산에 오르는 중국 사람의 뒤를 몰래 밟았다. 그 사람은 한 곳
에 멈추어 서서 이쪽저쪽을 살피더니 땅을 파고 그 자리에 달걀을 묻었다.
얼마를 기다리더니, "거 이상하다. 아무래도 이상해." 하면서 고개를 갸웃
거리는 것이었다.

다음 날 그 사람이 다시 주인에게 달걀을 청하였다. 주인은 이번에는 좋
은 달걀을 골라주었다. 그리고 다시 중국 사람의 뒤를 밟았다. 그 사람은
전날 그 자리에 다시 달걀을 묻고서 무언가를 기다렸다. 그때 갑자기 땅속
에서 꼬끼오 하고 닭 우는 소리가 울려왔다. "그러면 그렇지. 내가 잘못 볼
리가 없지." 하면서 중국 사람은 고개를 끄덕였다. 그 모습을 엿보던 주인
남자 또한 고개를 끄덕였다. "그래. 저곳이 중국서는 찾기 힘든 천하의 명

당이 틀림없으렷다."고 했다.

중국 사람이 떠나간 후 주인 내외는 명당자리를 놓치지 않기 위해 바짝 서둘렀다. 마침 돌아가신 아버지를 모실 곳을 못 찾아 임시로 묻어놓은 상태였다. 부부는 중국 사람이 달걀을 묻었던 바로 그 자리에 아버지의 묘를 만들었다.

한 달쯤 지나서 전날의 중국 사람이 또 찾아왔다. 예전에 봐둔 자리를 찾아 산에 오른 그는 깜짝 놀랐다. "아니 이런! 누가 여기 묘를…… 아무도 알 리가 없는데……." 주인 남자한테로 와서 따져 물었다. "저 산에 산소 쓴 사람이 당신 맞지요?" 그러자 주인이 숨기지 않고 대꾸했다. "그렇소. 내가 우리 아버지 산소를 썼소이다." 그러자 중국 사람이 혀를 끌끌 차면서 말했다.

"허허, 일이 크게 잘못됐군. 여보, 거기는 조선 사람이 묘를 쓸 자리가 아니오. 중국 사람이 쓰면 천자가 탄생하겠지만, 조선 사람은 성공을 못해요. 조정에 용납이 안 돼서 역적이 되기 십상이오. 자, 그러지 말고 내가 부자 될 자리를 잡아줄 테니까 산소를 그쪽으로 옮기시구려."

그러나 주인은 조금도 물러서지 않았다. "허허, 성공을 하고 안 하고는 하늘에 달린 법. 난 이 자리를 양보할 수 없소이다. 당신도 그렇지, 제 나라에서 자리를 찾을 일이지 왜 남의 땅까지 넘본단 말이오?" 중국 사람은 그 고집을 꺾을 수 없음을 깨닫고 발길을 돌렸다.

그 후 아내의 몸에 태기가 있어 열 달 만에 첫아이가 탄생하였다. 건강하고 초롱초롱한 딸이었다. 그리고 그 두 해 뒤에는 다시 아들이 태어났다. 몸집은 작지만 단단하기가 차돌 같은 아이였다. 그 아이가 김덕령이었다.

김덕령은 당차고 씩씩한 아이로 자라났다. 체구는 여느 아이보다 작았지만 몸이 다부진 데다 날래기 짝이 없었다. 뜀뛰기를 하면 마치 활에서 벗어난 화살같이 뛰쳐나가서 금세 까마득하게 멀리 나가곤 하였다. 어찌나 빠른지 그야말로 동에 번쩍 서에 번쩍이었다.

덕령의 집에서 삼사십 리 떨어진 화순 땅에 한 맑은 시냇물이 있었다. 물고기가 맛있기로 소문난 곳이었다. 김덕령은 매일 새벽에 일어나서는 나막신을 신고 이 바위로 달려가 고기를 낚아 부모님을 봉양하였다. 그가 고기를 낚아서 집에 도착하고 나면 그제서야 막 해가 떠올랐다고 한다.

덕령은 몸이 날랠 뿐 아니라 담력이 크고 힘이 또한 장사였다. 어느 정도냐면 겁없이 호랑이와 맞설 정도였다. 친구 하나가 호랑이에 물려가 온통 야단이 났다. 그 소식을 들은 김덕령이 쏜살같이 뒤를 추적하였다. 얼마 만에 호랑이를 따라잡은 그는 호랑이의 입에 물려 있던 친구를 빼앗아 업고는 호랑이를 멀찌감치 따돌리고 마을로 돌아왔다. 그 모습을 본 사람들은 눈을 의심하지 않을 수 없었다. 호랑이가 아이를 물어갔을 때보다도 놀라움이 더 컸다.

덕령이 씨름판에 나서기 시작하자 감히 그를 상대할 장사가 없었다. 씨름판마다 소는 덕령의 차지였다. 씨름판에서 소란 소를 다 끌어오는 바람에 덕령의 집은 소장사를 해도 될 판이었다. 씨름판을 다니며 한껏 힘자랑을 하던 덕령은 우쭐해져서 점차 교만해지기 시작했다. 그 모습을 지켜보면서 크게 걱정을 하는 사람이 있었다. 덕령의 누나였다. 단오날이 되어 광주에 큰 씨름판이 벌어졌다. 전국 각지에서 장사들이 몰려들었다. 그러나 아무도 김덕령을 이기지 못했다. 그런데 막판에 웬 총각이 하나 씨름판으로 썩 나섰다. 그동안 씨름판에 한 번도 모습을 나타낸 적이 없는 새 얼굴이었다.

덕령은 그 총각을 보고서 가소롭다는 듯이 입가에 미소를 띠었다. 단숨에 상대를 누이려고 힘을 주었다. 한데 상대가 끄떡도 하지 않았다. 공격을 받기만 하던 총각이 샅바를 끌어당기는가 싶더니 한번 힘을 쓰는 몸짓을 하였다. 그러자 놀랍게도 덕령이 공중으로 떴다가 모래판에 보기 좋게 쓰러지고 말았다. 김덕령은 넋 빠진 사람처럼 모래판에 앉아 일어날 줄을 몰랐다. 덕령을 누인 총각은 소를 끌고 갈 생각도 하지 않고 유유히 사라졌다.

씨름에서 지고 돌아온 덕령은 충격 때문에 며칠 동안 음식을 입에 대지 못했다. 울화를 삭이지 못하여 안절부절했다. 자기를 눕힌 장사가 바로 자기 누나라는 사실을 안 덕령은 한동안 정신조차 차릴 수 없었다. 둘은 능력 시합을 하기로 했다. 김덕령은 나막신을 신은 채 무등산을 다녀오고, 누이는 누에고치를 모아 물레로 실을 뽑고 옷감을 짜서 옷을 짓기로 했다.

누나는 모든 일을 순조롭게 하고 옷고름 다는 일만 남겨놓고 손을 떼었다. 부엌으로 들어가서 밥을 지어 상을 차려놓았다. 동생이 돌아와 자기가 이겼다고 했다. 누이는 져서 자취를 감추었다. 동생이 허기를 느끼고 부엌에 가보니 밥을 차려놓았다. "사랑하는 동생아, 너는 누가 뭐래도 이 세상 최고야. 부디 그 능력을 헛되이 소모하지 말고 뜻 있는 일에 쓰거라. 이 누나의 몫까지 말이다." 이렇게 써놓은 편지도 있었다. 누나가 일부러 져준 것을 알고 크게 뉘우쳤다. 그 후로 김덕령은 씨름판에 다니면서 힘자랑하는 일을 그만두었다. 언젠가 나라를 위해 뜻있는 일을 하려는 일념으로, 낮에는 홀로 산에 올라 무예를 닦고, 밤에는 글을 읽었다.

어느 날 어디서 나타났는지 사나운 말 한 마리가 산과 들을 온통 헤집어놓고 날뛰고 다녔다. 그 움직임이 얼마나 빠른지 마치 번개와 같았다. 여기 있는가 하면 어느새 저쪽에 가 있었다. 사람들은 그 말에 날개가 달렸다고 수군거렸다. 용마라는 것이었다. 덕령이 가서 말의 엉덩이를 때리자 말은 히이잉 한번 울더니, 거짓말처럼 온순해졌다. 다시 한번 엉덩이를 치자 말은 덕령을 태운 채 번개처럼 달리기 시작했다. 용마를 얻은 김덕령은 실로 날개를 단 호랑이였다.

덕령은 말을 타고 활쏘기 연습을 했다. 활을 쏘고 말을 타고 쫓으면 말이 화살을 따라가서 그 꽂힌 곳을 찾아냈다. 어느 날 활을 힘껏 쏘고 말을 달려가니 화살이 보이지 않았다. "에잇! 이러고도 네가 용마란 말이냐. 이름이 부끄럽다." 이 말과 함께 덕령은 어느새 칼을 뽑아 말의 목을 치고 말았다. 그런데 그때 화살이 날아와 꽂혔다. 용마는 화살보다 빨리 달려 그 자리에 도착했던 것이다. 잘못을 알고 뉘우쳤으나 어쩔 수 없었다. 용마를 묻은 '말무덤' 앞에서 길게 통곡했다.

임진왜란이 일어났을 때 김덕령은 상주였다. 간청하는 사람들을 받아들여 살생은 하지 않기로 하고 의병으로 나섰다. 싸워서 크게 이겼다. 김덕령이 칼을 빼들고 몸을 솟구치는가 싶더니 왜군 진영에 일대 혼란이 일어났다.

흙먼지가 앞을 볼 수 없도록 자욱히 일었다. 왜군들 사이를 바람도 같고 불빛도 같은 것이 쏜살같이 스쳐지나갔다. 수많은 왜군들 가운데 머리가 성한 자가 아무도 없었다. 투구나 모자를 쓴 자는 그 끝부분이 뎅겅 잘려나가고 맨머리인 군사들은 머리털이 한 웅큼씩 베여나가 있었다.

김덕령에 관한 소식은 의주에 피신해 있는 임금과 신하들의 귀에까지 들어갔다. 임금이 크게 기뻐하여 말했다. "김덕령이란 장수가 무예가 출중하여 왜군을 물리치고 있다는데 그게 사실이오?" 이렇게 물으니 신하들이 대답했다.

"김덕령은 무예가 절륜하면서도 일부러 왜군의 목을 치지 않고 있다고 합니다." "김덕령이 적진에 들어가 왜장과 말을 나눈 적이 한두 번이 아니라 합니다. 적과 내통하고 있는 게 분명합니다." "김덕령은 근본도 모르는 위험한 자입니다. 지금 그를 따르는 백성이 구름 같은데, 다들 조정에 대해서 불만이 대단하다고 합니다. 그대로 두었다가는 큰 후환이 될 것입니다." "이몽학이란 자가 반란을 일으켰다고 합니다. 관군이 겨우 진압했는데, 김덕령이 가세하리라는 소문이 퍼져 큰 소란이 일고 있습니다."

선조 임금은 사람을 보내 김덕령을 대궐로 잡아들이라는 명을 내렸다. 김덕령은 혐의를 부인했으나 소용없었다. 선조 임금은 신하들의 빗발치는 요구에 못 이겨 김덕령을 처형하라는 명을 내리고 말았다. 형을 집행하는 망나니가 들어와 칼을 휘두르며 춤을 추기 시작했다. 마침내 김덕령의 목에 칼이 떨어졌다. 덜렁 나가떨어진 것은 김덕령의 목이 아니었다. 그것은 칼도막이었다. 김덕령은 멀쩡한 채로 있고 칼이 두 동강이 난 것이다.

김덕령이 말했다. "죽는 것은 아깝지 않으나 역적이라는 누명을 쓰고 죽을 수는 없습니다. '만고충신 김덕령'이라는 현판을 써주면 이 목숨 버리리다." 그렇게 하자, 김덕령은 옷을 걷어 오금을 내보였다. 놀랍게도 그의 오금에는 비늘이 달려 있었다. "이곳을 복숭아나무 가지로 세 번 치면 내 목숨을 가져갈 수 있을 것이오". 복숭아나무 가지로 오금의 비늘을 세 번 때리자 과연 김덕령은 그 자리에서 쓰러져 절명하고 말았다.

김덕령이 절명하자 신하들은 얼른 '만고충신' 현판을 가지고 오게 하였다. 신하들은 목수를 시켜 현판에 새긴 글자를 깎아 없애게 하였다. 목수들이 급히 대패질을 시작하였다.

그러나 신기하게도 현판에 새겨진 글씨는 대패질을 할수록 더욱 선명하게 돋아나는 것이었다. 김덕령이 충신이었음을 증명이라도 하듯이.

신하들은 다시 현판을 불에 태우라고 명령하였다. 그러나 그 현판은 불에도 타지 않았다. 오히려 현판이 불에 들어가는 순간 죽은 김덕령의 눈이 번쩍 벌어지는 일이 생겨났다. 그 눈빛이 마치 생시와 똑같았다. 겁에 질린 신하들은 현판 없애는 일을 그만두고 말았다.

뒤늦게 충신을 죽인 것을 깨달은 선조 임금이 후회했으나, 돌이킬 수 없는 사태였다. 임진왜란은 7년을 끌고 엄청난 상처를 남긴 채 끝이 났다. 지금까지도 사람들은 그때 김덕령이 죽지 않았더라면 전쟁이 훨씬 빨리 끝났을 거라고 믿고 있다. 역적으로 몰려 죽은 김덕령은 뒷날 충신이라는 사실이 인정되어 명예가 회복되고 '충장공(忠壯公)'이라는 시호를 받았다.

● 김덕령이 탁월한 능력을 타고나 원통하게 희생된 장수임을 사실을 들어 말하는 것만으로 성이 차지 않아, 아기장수의 패배를 기본으로 하고 다른 여러 유형의 설화를 다채롭게 활용해 통탄스럽다는 이야기를 절실하게 했다.

왕자의 태를 옮겨 묻은 태봉산

신안동 태봉산(胎峰山)의 유래에 관한 전설이 있다. 이괄(李适)의 난을 피해 공주로 몽진한 인조가 피난지에서 왕자를 얻고 그 태를 계룡산에 묻었다. 그러나 계룡산이 사악한 땅이었기 때문에 왕자의 건강이 좋지 않았다. 그 액을 없애기 위해 계룡산 노승의 계시에 따라 그 태를 무등산 아래의 태봉산으로 옮겨 묻게 되었다고 한다.

● 왕자의 태를 옮겨 묻은 이유도 맡아서 설명해야 하니 전설은 팔자가 사납다.

광주 보기

호남 문인들을 증거하는 환벽당

환벽당(環碧堂)은 광주광역시 북구 충효동에 있다. 명승 제107호. 조선 중기 나주목사를 지낸 김윤제(1501~1572)가 만년에 휴식처 삼아 유유자 적하던 곳이다. 외형은 두 개의 방과 대청이 딸린 살림집 형태이다. 신잠 (1491~1554)이 당호를 지었는데, 당호가 암시하는 것처럼 환벽당 주변은 지금도 푸른 숲이 둘려 있다. 당 가까운 곳에 증암천이 흐르고 그 건너편 에 식영정과 서하당이 자리 잡고 있다. 증암천은 무등산 서쪽 원효계곡에 서 발원하여 광주 북구 충효동과 담양군 남면의 경계를 이루는 여울로 과 거에는 목백일홍나무가 많아 자미탄으로 불렸었다. 김윤제가 정철을 처음 만난 곳이라는 조대(釣臺)도 이곳에 있다.

김성원의 『서하당유고』에 수록된 〈성산계류탁열도(星山溪柳濯熱圖)〉를 보면 환벽당, 식영정, 서하당의 세 가지 건물이 한 화면에 잡혀 있다. 이들 말고도 성산 일대에 면앙정, 송강정, 독수정 등 많은 정자가 산재하고 있 는데, 이것은 과거 이 고장이 누정문화의 중심지였음을 말해준다. 주변의 산수 경관이 매우 아름다워 임억령은 이곳 경치를 중국 강남의 회계와 영

가의 산수경에 비유하곤 했다.

　환벽당 주인 김윤제의 본관은 광산, 호는 사촌(沙村)이다. 1528년 식년시 진사에 합격하고, 1531년 식년시 병과에 급제했다. 홍문관 교리·전중어사 겸 춘추관 편수관을 역임했고, 전주 진영 병마절도사, 부안군수, 나주 목사 등 13개 고을 지방관으로 나갔다. 관직을 떠난 뒤 고향으로 돌아와 정자를 짓고 유흥상경(遊興賞景)의 즐거움을 누렸다. 김윤제가 살았던 16세기 호남에서는 누정과 별서 원림 조성이 활발했다. 문사들은 경관 좋은 곳에 누정과 별서 원림을 조성하고 그곳에서 아회(雅會)를 열고 시문 창작과 담론을 즐겼다. 그런 과정에서 자연스럽게 호남 시단(詩壇)이 형성된 것이다. 〈성산계류탁열도〉를 보면 당대 호남의 문인들이 환벽당, 식영정, 서하당에서 어떻게 아회를 즐겼는지 알 수 있다. 김성원, 정철, 송순, 임억령, 김인후, 소세양, 양산보, 기대승, 김성원, 고경명 등 이름난 시인 묵객들이 이곳을 오가며 풍류를 즐기면서 시대의식을 공유했다.

〈성산계류탁열도〉 중 환벽당 부분. 호남 명현 유묵전(광주 은암미술관) 전시

환벽당은 외형상으로는 평범한 기와집이다. 구조가 특이한 것도 아니고 유일한 유형의 건축물도 아니다. 그래서 건축사적으로 그렇게 중요한 의미를 갖고 있지도 않다. 그러나 호남의 사림들이 이곳을 중심으로 교유하면서 문학을 발전시킨 사실을 생생하게 보여주는 증거물이라는 점에서 문화재로서의 가치는 크다. 환벽당을 주제로 호남의 사림들이 남긴 제영과 주변의 산수 풍광을 읊은 시문은 환벽당의 인문적 의미와 가치를 더욱 높여주고 있다.

광주 즐기기

송정떡갈비 떡갈비

소문난 송정동 떡갈비거리에서 만나는 떡갈비, 어느새 광주의 얼굴음식이 되어 원산지에 와서 먹는 기분이 든다.

떡갈비

광주시 광산구 광산로 29번길1
062-944-1439
주요음식 : 떡갈비, 육회비빔밥

떡갈비는 갈비살을 다져서 떡 모양으로 만들어서 붙은 이름이다. 중국음식 스즈토우[師子頭]는 고기를 갈아 완자로 만들어 튀기고 소스를 끼얹은 음식으로 인기가 높다. 몇 점을 먹으면 느끼하다는 느낌이 들어 아쉽다. 떡갈비는 마지막 한입까지 개운하게 먹을 수 있다. 고소하고 쫄깃하면서 질기지 않고, 풍부한 고급의 맛이 입안 가득 퍼진다.

쫀득거리면서 깊게 맛이 밴 갈비살의 맛이 외양으로도 드러난다. 순수 한우 떡갈비살이어서 쫀득하고 깊은 맛이 더해 보인다. 맛의 고향 남도의 풍성한 찬과 함께하니 풍미가 더욱 살아난다.

부추김치와 나물, 들깨무청나물. 홍어무침. 묵은지. 잔멸치조림 등등과 돼지갈비탕 등 여남은 가지 찬이 상에 가득이다. 탱탱한 식감에 상큼한 신맛을 내는 묵은지는 묵은 솜씨 아니면 불가능하다. 당귀나 물까지 갖가지 생채소가 입맛을 절로 돋운다. 많은 찬과 깊은 맛과 푸진 양의 전라도

밥상이 밥으로 완성된다. 김이 모락거리는 밥, 통통한 밥알에 쫀득거리는 식감이 좋다. 갈비와 맨밥만으로도 흐뭇한 맛이다.

떡갈비는 전국에 분포하고 유명한 곳도 많다. 인근 담양도 떡갈비로 유명하다. 그러나 자연발생적으로 음식점들이 하나둘 모여 스무 집이 다 되게 거리를 이룬 곳은 없다. 송정 우시장의 소고기로 만들기 시작했던 떡갈비집들이 시간과 공간을 공유하며 외지의 손도 부른다.

떡갈비는 먹기 편하고 맛도 좋아 남녀노소 누구나 즐기는 음식이다. 맛을 집약적으로 볼 수 있는 데다 우아하게 먹을 수 있어 성질 급한 사람에게도 좋다. 그래서 궁중 기원설도 나왔다. 왕이 체통 없이 갈비를 뜯어 먹을 수 없어 떡갈비를 먹었다는 것이다. 떡갈비의 오랜 역사를 말해준다.

떡갈비 요리는 소고기를 넘어 돼지고기, 오리고기 등 다른 육류와 생선으로 확대된다. 생선이나 고기를 갈거나 좃아서 납작하게 조리하는 음식은 떡갈비라는 명칭으로 보편화된다. 떡갈비는 전통에 머무르지 않고 무한진화한다. 한식의 경쟁력도 강화된다.

미미원 육전

육전(肉煎)은 얇게 포 뜬 소고기에 밀가루를 묻히고 달걀옷을 입혀 부쳐내는 전(煎)이다. 고기전(煎)이라고도 한다. 전은 몸에 좋은 효율적인 음식이면서 보기에도 좋다. 곁반찬까지 품위를 높여줘 격조와 풍미와 실용성을 갖춘 아름다운 식탁을 만들었다.

광주광역시 동구 동명동 138-5(백서로 218)
062-228-3101
주요음식 : 육전, 해물전

소문난 광주 육전, 과연 찾아와 먹어볼 만하다. 차림새도 서비스도 대단하지만, 뭣보다도 흠잡을 데 없는 음식맛이 대단하다. 직접 와서 부쳐서 상에 올려주니, 체험학습하는 것도 같고, 귀빈이 되는 것도 같다. 배우는 즐거움 속에 음식 때를 맞춘 우아한 식사를 한다.

재료 상태에서 상에 오른 소고기는 색감이 신선하고, 좋은 육질이 감지된다. 육전을 부쳐서, 옆의 작은 팬 위에 올리므로 계속 따뜻하게 먹을 수 있다. 깨소금에 묻혀 파채에 싸서 먹으니 행여 남았을 잡내

마저 잡는다.

풀치조림. 딱딱한 듯 쫄깃거리는, 갈치 새끼 풀치, 남도음식 풀치를 제맛 즐기며 먹는다. 매생이떡국. 매생이 속의 떡국떡이 쫄깃하고, 국물이 매생이 향으로 싱그럽다. 전남 청정해역에서만 자라는 매생이, 냉동차 덕분에 이제는 전국 어디서나 먹을 수 있지만, 역시 남도에서 먹으니 별미이다.

두 번째로 황홀한 음식은 갓김치, 돌산 갓김치를 자주 먹지만 이렇게 진한 향은 처음이다. 갓김치는 보통 강한 양념이 식재료를 압도한다는 느낌인데, 양념이 강해도 향을 어쩌지 못한다. 입안 가득 퍼지는 향기, 좀 익었는데도 갓의 향이 입 밖으로까지 퍼진다. 입안에도 미뢰 외에 냄새를 감지하는 감각이 있는 것으로 알려져 있다.

남도의 음식들이 입안 후각을 황홀하게

자극한다. 밥마저 누룽지까지 나무랄 데가 없다. 환자도 입맛을 잡고 일어날 거 같다. 쫄깃하고 탄탄한 밥알이 모두 알알이 제맛과 향을 가지고 있다. 풍성한 지역에 오니 향토음식이 모두 때를 맞춰 황홀한 한상이 되어 객을 대접한다.

육전은 황해도 음식이라 하나 전남에서 주로 먹어 남도음식이 되고, 광주 대표 음식이 되었다. 전은 기름의 윤기로 음식의 풍미를 높여 고소한 맛을 즐기면서, 튀김보다 기름을 적게 섭취하는 장점이 있다. 남도는 향토음식만으로도 풍성한데, 좋은 음식이면 타지 음식을 받아들이는 데도 거리낌이 없다. 문화는 향유하는 자의 것이다. 광주는 음식문화의 미래적 가능성도 매우 높은 고장이다.

구례

求禮

산동면

천은사

광의면
화엄사
연곡사

용방면
매천사
토지면

마산면

운조루
석주관청

구례읍

문척면

간전면

구례 화엄사(출처 : 위키피디아)

　전남 동북쪽에 있다. 지리산(智異山)의 노고단(老姑壇), 반야봉(般若峰) 등이 있어서 대
부분의 지역이 험준한 산지를 이룬다. 여러 하천이 섬진강(蟾津江)에 합류한다. 화엄사
(華嚴寺)가 오래 되고 큰 절이다. 연곡사(燕谷寺)도 오래된 절이다.

구례 알기

퇴락한 연곡사 풍경

연곡사(燕谷寺)　　　　　　　　　　　　　　　　　　황현(黃玹)

오래된 절 불당에 탱화가 없고	寺古佛堂無畫圖
탑 하나만 외로이 구름 의지했다.	惟存一塔倚雲孤
새벽하늘 은하수는 흔들려 쏟아지고,	曉天星漢政搖落
빈 골짝 물바람은 부딪쳐 요란하다.	空谷水風相激呼
인근 마을 대숲에서는 개가 짖고,	村近竹間通吠犬
재 마친 전각 모서리엔 신오가 모인다.	齋休殿角集神烏
만주 마을 밤나무 누가 심었나?	萬株洞栗誰栽得
나무마다 푸르고 누러 경치가 빼어났네.	樹樹靑黃境絶殊

● 연곡사에 가보니 절은 퇴락하고 근처의 경치는 좋다고 했다. "神烏(신오)"는 묘사(廟祠)나 신전(神殿) 등의 제물(祭物)을 찾아 먹으려고 날아드는 까마귀이다.

당나라 황제를 일깨워 각황전을 복원한 탁발승 매월

화엄사의 각황전(覺皇殿) 복원에 얽힌 전설이 전한다. 복원에 필요한 시주를 구할 사람을 정하기 위하여, 커다란 항아리에 밀가루와 엿을 넣어놓고 차례로 엿을 꺼내게 하되, 손에 밀가루를 묻히지 않은 사람을 뽑기로 하였다. 매월이라는 승려가 엿을 꺼내도 손에 밀가루가 전혀 묻지 않아 선택되었다.

매월이 탁발을 떠나기 전날 밤 꿈에 부처님이 나타나 반드시 첫 번째 만나는 사람에게서 시주를 받으라고 했다. 꿈을 깨고 길을 떠나 처음 만난 사람은 아랫마을의 가난한 벙어리 노인이었다. 매월이 시주를 청하자 노인은 계곡의 물에 뛰어들어 자신의 목숨을 시주했다. 그 뒤 8년의 세월을 탁발하며 헤매다가 당나라에까지 가게 된 매월은 어느 날 길가에서 자기를 부르는 소년을 만났다.

소년은 당나라의 황자인데, 태어날 때부터 벙어리였다. 매월을 만나자 말을 하게 되었다. 전후의 사연을 다 들은 황제는 그 벙어리 노인이 자신의 아들로 환생한 줄 알고, 많은 시주를 했다. 매월이 당나라 황제를 깨우쳐주고 중건했다고 해서 각황전이라고 하게 되었다고 한다.

● 엿을 꺼내도 손에 밀가루가 묻지 않은 것은 시주를 받아도 피해를 끼치지 않는다는 말로 이해되며, 결국 그렇게 되었다. 가난한 벙어리 노인은 다음 생에 다시 태어나 마땅히 해야 할 시주를 감당했다. 벙어리 노인의 환생인 당나라 황자도 벙어리였다가 시주를 구해 찾아간 승려를 만나자 말을 하게 되었다. 아들이 말을 하게 되어 기쁘고, 아들의 전생을 알고서 놀란 당나라 황제가 기꺼이 많은 시주를 한 것이 당연한 귀결이다. 이렇게

전개되는 이야기의 짜임새가 절묘하다. 명작 전설이라고 내놓을 만하다.

원효의 효도

원효가 화엄사의 사성암에서 불도를 닦고 있는데 어머니가 병이 들었다. 지성으로 어머니의 쾌차를 비는 불공을 드리는데, 어느 날 꿈에 천도(天桃)를 구해드리면 낫는다는 부처님의 계시를 들었다. 동생인 혜공으로 하여금 천국에 가서 천도를 구해 오도록 하여 어머니의 병을 고쳤다.

병이 나은 어머니는 어느 날 잠에서 깬 뒤, 강물 소리가 요란하여 깊은 잠을 이룰 수가 없다고 짜증을 냈다. 원효가 섬진강변으로 달려가 기도를 드리니 강물 소리가 한 곳으로 모여들었다. 원효가 모아진 물소리를 오산 밑에 가두었기 때문에 섬진강 물은 잠자듯 고요해졌고, 그 뒤 이곳을 잔수라고 부르게 되었다고 한다.

● 출가해 수도하던 원효가 어머니를 위해 효도를 하다니? 혜공이 원효의 동생이라니? 강물을 잠잠하게 하다니? 이런 반문이 생겨나게 만드는 이야기이다.

섬진강을 보존하는 시인

섬진강 11 – 다시 설레는 봄날에　　　　　　　　　김용택

당신, 당신이 왔으면 좋겠습니다.
곱게 지켜
곱게 바치는 땅의 순결

그 설레이는 가슴
보드라운 떨림으로
쓰러지며 껴안을,
내 몸 처음 열어
골고루 적셔 채워줄 당신.
혁명의 아침같이,
산굽이 돌아오며
아침 여는 저기 저 물굽이같이
부드러운 힘으로 굽이치며
잠든 세상 깨우는
먼동 트는 새벽빛
그 서늘한 물빛 고운 물살로
유유히.
당신, 당신이 왔으면 좋겠습니다.

● 섬진강이 있으면 섬진강 시인도 있어야 한다. 섬진강 시인이 맡아서 하는 일에는 섬진강에 대한 기대와 시에 대한 환상을 보존하는 일도 있어야 하리라.

구례 보기

구름과 새가 돌아오는 운조루

운조루(雲鳥樓)는 전라남도 구례군 토지면 오미리(운조루길 59)에 있다. 중요민속자료 제8호. 대구 출신 류이주(1726~1797)가 창건한 조선 후기 양반 주택이자 문화류씨 10대 종가다. 류이주는 28세 때 무과에 급제한 무관(武官)이다. 42세 때 수어청 별장이 되어 남한산성 축성에 관여했다. 46세 때 낙안군수가 되었고, 1773년 낙안의 세선(稅船)과 관련한 문제 때문에 삼수(三水)로 유배됐다가 1776년 함흥오위장으로 재발탁되어 함흥성 축성에 참여했다. 평안도 용천부사를 거쳐 경상도 중군(中軍)으로 경상감영의 축성을 지휘했고, 이어 함경도 삼수부사, 자헌대부 방어사, 용천부사를 거쳤다.

운조루 터는 돌이 많고 척박하나 원래부터 명당으로 널리 알려진 길지였다. 류이주는 풍수지리 지식과 국가 건축공사를 맡아 한 경험을 살려 집을 설계하고, 조카 유덕호에게 맡겨 7년간 공사 끝에 1776년(영조 52)에 완공을 보았다. '雲鳥'는 도연명의 「귀거래사」 중 "구름은 무심히 봉우리에서 나오고, 새들도 날다 지치면 돌아올 줄을 안다(雲無心以出岫 鳥倦飛而知

사랑채와 안채

還)"라는 구절에서 '雲'과 '鳥'를 차용한 것이다. 원래 사랑채 누마루 이름
이었으나 지금은 택호로 사용되고 있다.

저택에 투영된 유교 윤리와 측은지심

현재 운조루 모습은 풍수에 조예가 깊었던 류이주가 지형, 좌향 등 풍
수적 조건을 살피고 유교의 내외법과 인도(人道)를 살려 이룩한 결과다. 안
채, 사랑채를 따로 배치하고 안채 입구에 차면 담을 설치한 것은 남녀유
별의 내외법을 따른 것이다. 누마루가 딸린 사랑채는 바깥주인이 평소에
거처하고 손님을 맞이하는 공간이다. 당호는 귀만와(歸晩窩) · 족한정(足閒
亭) · 귀래정(歸來亭) · 농월헌(弄月軒) 등 다양하다. 일찌감치 명성과 권세를
추구하는 것을 그만두고 귀향하면 늘그막에는 한가로이 달을 희롱하며 은
일한 정취를 즐기며 쉴 수 있다. 류이주가 오미동에 저택을 짓고 사랑채와
누마루에 이 같은 액호를 붙인 것은 여생을 그렇게 보내려는 생각에서였

사당　　　　'他人能解 묵서 쌀통

을 것이다.

　사당을 정침 동쪽에 둔 것은 인도(人道)를 실천하기 위함이다. 정침은
기본적으로 남쪽을 정면으로 삼기 때문에 그 동쪽은 좌, 서쪽은 우가 된
다. 좌·우의 의미에 대해『예기』「제의(祭義)」에서는 이렇게 설명하고 있
다. "오른쪽은 음(陰)이니, 지도(地道)가 높은 바이다. 그러므로 오른쪽에
사직을 세운다. 왼쪽은 양(陽)이니, 사람의 도가 향하는 바이다. 그러므로
왼쪽에 종묘를 세운다. 인도가 향하는 바에 종묘를 세우는 것은 자식이 그
어버이를 죽은 사람으로 대하지 않는다는 뜻이다." 운조루 사당을 정침 동
쪽에 세운 것은 죽은 조상을 산 사람처럼 대하려는 데 그 뜻이 있는 것이
다.

　운조루를 찾는 사람 중에 사랑채 부엌에 놓인 목제 뒤주를 보고 감동한
사람이 많다. 아래쪽에 구멍을 뚫고 네모 판으로 막아놓은 구조인데, 여기
에 '他人能解(타인능해)'라는 크고 선명한 묵서가 쓰여 있다. '解'는 타동사

수련이 가득한 오늘날의 방지 　　　　〈전라구례오미동가도〉 방지에 보이는 연꽃

이므로 쇄어(鎖魚)가 생략된 것이다. 필요한 사람은 누구나 자물쇠를 열고
속에 든 것을 꺼내 가도 좋다는 의미다. 이 네 글자 속에 남의 불행을 가엽
게 여기는 운조루 주인의 측은지심이 숨겨져 있다.

운조루 정원의 상징 세계

　운조루는 작은 수로(水路, 내명당수라고 부른다)를 경계로 내원과 외원이
분리되는데, 외원은 대부분 방지원도형 연못이 차지하고 있다. 현재는 수
련이 가득 자라고 있지만, 운조루 조감도 〈전라구례오미동가도〉를 보면
연못에 연꽃이 그려져 있는 것을 확인할 수 있다. 옛 양반들은 정원에 꽃
이나 나무를 심을 때 식물 자체의 시각적 아름다움보다는 그것이 갖는 상
징적 의미를 중요시했다. 그들은 도연명, 주돈이, 임포, 소식, 왕유 등 그
들이 흠모하는 유교 성현들이 애호했거나 그들과 인연 깊은 화목들을 특
별히 사랑했다. 양반들이 연못에 연꽃을 즐겨 심은 이유는 연꽃이 '처염상

정(處染常淨)'의 상징이자 송나라 성리학자 주돈이가 특별히 애호한 꽃이기 때문이다. 문화재는 실로 외형과 내포가 함께 보존될 때 그 본래의 의미와 가치가 유지된다. 지금 연못에 자라는 수련을 걷어내고 연꽃을 심어 본래 모습을 찾아야 할 것이다.

내원은 화계(花階), 괴석, 석축 화단 등으로 꾸며져 있고, 매화, 소나무, 위성류(渭城柳) 등 다양한 조경수들이 자라고 있다. 암석은 겉보기에 아무 관심 끌 만한 요소가 없어 보이지만, 옛사람들은 그 평범하고도 특별한 경관이 아닌 것에서 특별한 의미를 찾아냈다. 정원을 조성할 때 가능하면 바위를 본래 모습대로 정원에 포함시키려 했고, 그럴 상황이 못 되면 괴석을 옮겨 놓기도 했던 것은 돌에 대한 애착심의 발로였다. 예컨대 명종 때의 학자 최립은 "내가 이 괴석을 얻은 뒤로는 꽃동산 쪽으로 머리를 돌려 앉지 않았다(自我得此石 不向花山坐)(『간이집』 「괴석」 시)"라고 했다. 괴석은 이처럼 자연에 귀의하려는 옛사람들의 마음을 깨우치게 하고 흥을 일으켜 그들을 대자연 속으로 끌어들이는 마력을 지니고 있다. 괴석은 한낱 석분에 심어진 괴이한 돌에 그치는 것이 아니라 생활공간 전체를 산수화(山水化)하는 중대한 의미를 가지고 있는 것이다.

매화는 인고의 세월을 이겨낸 선각자이자 차가운 자태와 깨끗한 성품을 가진 세속 밖의 가인상(佳人像)으로 의인화되었다. 양반들은 특히 벼슬을 멀리한 채 매화를 자식 삼고 학을 아내 삼아 평생 청빈하게 살았던 송나라 임포 처사의 삶과 관련된 꽃이어서 매화를 더욱 사랑했다. 소나무 역시 양반들이 애호했던 나무로 잘 알려져 있다. 사계절 내내 늘 푸르고 날씨가 추워진 뒤에도 시들지 않는 점을 아름답게 여겨, 정원에 심고 송풍을 들으며 은일을 즐겼고 소나무를 쓰다듬으며 어정댔다. 바깥사랑채 마당에는 위성류가 자라고 있다. 중국을 다녀온 사신으로부터 선물로 받은 것

위성류

대문 홍살에 걸어둔 호랑이 뼈

으로 알려져 있는데, 위성류는 함양(咸陽)의 버드나무라는 뜻이다. 왕유의 「위성가(渭城歌)」의 정서와 연결된 나무로, 이별 또는 이별 장소를 상징하는 나무로 인식되었다. 운조루 정원의 경물이나 화목들은 모두 사랑할 만한 가치가 있어 선택된 것들이다. 이들은 절개·지조·청빈·은일 등 양반들의 유교적 세계관, 도가적 취향과 연결돼 있다.

벽사진경을 도모하다

대문 홍살에 호랑이 뼈를 걸어둔 것은 벽사(辟邪)를 위한 묘책이다. 벽사는 진경(進慶)과 직결되기 때문에 사람 사는 집에서 벽사는 매우 중요한 일이 아닐 수 없다. 옛날에는 문배라 하여 대문에 문신 그림이나 용호도를 그려 붙이거나 '龍' 자와 '虎' 자를 써서 붙이기도 했다. 그런가 하면 가시나무, 엄나무 등 가시가 많은 나무를 문 위에 걸쳐놓기도 했다. 모두 사귀를 물리치거나 침입을 막기 위한 장치들이다. 이들 장치가 대문에 집중된 것은 대문이 사람뿐만 아니라 귀신들의 통로라는 인식이 있었기 때문이었다.

운조루 대문에 걸린 두 개의 뼛조각 중 하나는 호랑이 뼈이고 다른 하나는 말 뼈라고 한다. 원래 둘 다 호랑이 뼈였으나 한 개를 도난당한 후 말 뼈로 대신했다는 것이다. 겉으로 봐서는 구별이 쉽지 않아 원래 모습을 회복한 듯 보이지만 말은 벽사와 관련이 없는 동물이니 말 뼈는 눈속임에 불과할 뿐이다. 호랑이 뼈는 호랑이 부적과 같은 기능을 한다. 부적이 주술의 힘으로 사귀와 재액을 물리치려는 데 초점이 맞추어져 있는 것처럼 호랑이 뼈도 같은 기능을 한다. 운조루 대문의 호랑이 뼈는 주술 도구의 성격을 가지며, 이것을 대문에 건 것은 주술 행위에 해당된다. 운조루 사람들은 호랑이 뼈가 대문에 걸려 있는 것만으로도 위안을 얻었을 것이다. 주술 도구인 호랑이 뼈의 영험에 대한 강한 믿음과 신뢰를 가지고 있었을 것이 분명하기 때문이다.

선종 대본산 화엄사

전라남도 구례군 마산면 황전리 지리산 계곡에 있는 화엄사는 대한불교조계종 제19교구 본사이다. 사적 제505호. 화엄사는 이름 그대로 신라 불교 교학의 중추를 이루었던 화엄 종찰이다. 창건에 관한 상세한 기록은 전하지 않으나 『사적기』에 따르면 544년(신라 진흥왕 5년, 백제 성왕 22년, 고구려 안원왕 14년)에 인도 승려 연기(緣起)가 세웠다고 기록되어 있으며, 『동국여지승람』에는 시대는 분명치 않으나 연기(煙氣)라는 승려가 세웠다고만 전하고 있다. 통일신라, 고려 시대에 호남 거찰로서의 사격(寺格)을 유지해왔으며, 조선 시대에는 배불의 와중에서도 1426년(세종 6)에 선종 대본산으로 승격되었다. 임진왜란 당시에는 승군을 조직하여 왜적을 물리치는 성과를 올렸으며, 왜란 후에 선조가 전공을 치하하여 내린 600여 석의 백미로 전몰 위령을 위한 수륙재를 열기도 했다. 임진왜란 후 벽암대사(1575~1660)의 재건 불사와 근세 도광대종사의 전면적 중수에 힘입어 지금의 모습을 갖추게 되었다. 화엄 종찰의 위상에 걸맞게 화엄사는 대웅전을 비롯해서 중층 금당인 각황전, 그리고 사사자삼층석탑, 동·서오층석탑, 각황전 앞 석등, 원통전 앞 사사자석탑, 화엄 석경, 영산회괘불 탱화 등 수많은 국보·보물급 문화재를 보유하고 있다.

깨달은 성왕 — 각황

대웅전과 함께 화엄사 주불전인 각황전의 전신은 의상대사가 건립한 장륙전이다. 왜란 후 숙종 대에 와서 왕실 후원을 받은 성능선사가 4년에 걸친 중창 불사 끝에 새로운 모습으로 중건했다. 완공 후 숙종은 '각황보전(覺皇寶殿)'이라는 편액을 하사했는데, 이를 계기로 장륙전은 각황전으로 불리게 된 것이다. '覺皇'은 부처의 이칭으로, 깨달음이 자재(自在)하므로 이 이름이 붙었다.

각황전에는 삼신불과 네 보살이 봉안되어 있다. 이들 불·보살상은 목조비로자나삼신불좌상이라는 명칭으로 보물 제1548호로 지정돼 있다. 삼신불은 비로자나불(법신)·노사나불(보신)·석가모니불(화신)로 구성돼 있으며, 보처보살은 보현보살·문수보살·관음보살·지적보살 등 네 보살로 이루어져 있다. 이 삼신불 형식은 화엄 사상에 근거를 둔 것으로 변상도나 사경(寫經) 등에서 종종 발견되지만, 조각품으로서는 이 각황전 삼신불이 유일한 점 때문에 조선 불교사상과 미술사 연구에 중요한 자료로 평가받고 있다. 최근 확인된 복장유물 중에 조성 관련 기록이 나왔는데, 이

각황전(국보 제67호)

를 통해 제작 시기(1634~1635)와 과정, 후원자, 참여자들의 실체가 밝혀졌
다. 숙종, 인현왕후, 경종(당시 세자), 숙빈 최씨, 영조(당시 연잉군) 등 왕족을
비롯해서 여흥 민씨, 해주 오씨 등 권문세가의 인물들이 대거 참여한 각황
전 삼신불 조성 불사는 18세기 초 최대 왕실 불사로 기억되고 있다.

돌에 새긴 깨달음의 염원 — 화엄석경

화엄석경은 화엄사를 대표하는 문화재 중 하나다. 왜란을 겪으면서 불
타고 깨져서 볼품은 없지만, 화엄사에서 석경이 갖는 종교적 의미는 실로
막중하다. 신라 시대에 조성된 화엄석경은 돌에 불경을 새긴 것으로, 매우
희귀한 불교 유물이다. 원래는 각황전 내부에 장엄되어 있었다고 하나 아
쉽게도 지금은 석경 편만 남아 있다. 불경을 돌에 한 자씩 새기는 일은 종
이나 목판에 쓰거나 새기는 것보다 어렵고 힘든 일이다. 이 점을 잘 알면
서도 석경 불사를 일으키는 것은 그 공덕이 크다는 것을 믿기 때문이다.

화엄석경(보물 제1040호)   화엄사 사사자삼층석탑(국보 제35호)

사경을 하면 속세 업장이 소멸하고 부처님의 한량없는 가피력을 얻어 바라는 바가 모두 원만히 성취된다고 발원자들은 믿어 의심치 않는 것이다. 사경 불사 발원자는 주로 국왕이나 권문세가인데, 이것은 경제력 없이는 실천 불가능한 불사라는 것을 말해준다. 실제로 화엄석경과 같이 돌에 불경을 새기는 사경 불사는 의관(衣冠), 기악, 꽃과 향의 공양, 범패 등 여러 의식이 따르기 때문에 그만한 경제력 없이는 불가능한 것이다.

깨달음의 네 단계 — 사사자삼층석탑

각황전 뒤편 효대(孝臺)로 불리는 언덕 위에 사사자삼층석탑이 있다. 네 마리 사자가 탑의 기단부를 구성하는 유례로는 홍천 두촌면 괘석리, 제천 사자빈신사지의 사사자석탑이 있다. 하지만 이들 석탑에는 인물상이 없고 조형미 측면에서도 효대의 사사자석탑에 미치지 못한다. 기록에 따르면 화엄사 창건 100여 년 후인 신라 선덕여왕 11년(642), 신라의 자장율사가

A U M ···

화엄사 사사자삼층석탑 네 사자의 입 모양

화엄사를 크게 증축할 때 연기조사와 그의 어머니에 대한 효성을 기릴 목적으로 사사자석탑과 함께 석등을 세웠다 한다. 몇 년 전 붕괴 징후가 발견되어 수년에 걸친 해체 수리 끝에 최근(2021)에 완성을 보았다.

사사자삼층석탑은 탑신부와 기단에 새겨진 문비(門扉)·인왕상·사천왕상·보살상·천인상에 의해 그 의미가 고양되고 있지만 깊은 불교 신앙의 상징세계를 드러내려는 발원자와 석공의 의지는 네 마리 사자상에 집중돼 있다. 사자상을 자세히 살펴보면 입 모양이 각기 다름을 알 수 있다. 탑 앞에 있는 석등에서 이 탑을 바라봤을 때 앞줄 왼쪽 사자는 입을 크게 벌리고 있고, 오른쪽 것은 보통, 그 뒤쪽의 것은 더 작게, 그리고 마지막 것은 입을 꾹 다물고 있다. 입을 크게 벌린 것은 'A(아)', 보통인 것은 'U(우)', 약간 벌린 것은 'M(훔)' 발음을 나타낸 것이며, 입을 꽉 다문 것은 'M' 발음 뒤에 오는 침묵 상태를 표현한 것이다. 'A'는 입을 여는 소리이고, 'M'은 입을 닫는 소리로서, 일체의 언어와 음성이 이 둘 사이에서 전개

된다.

'AUM'을 종자자(種子字)로 표시한 것이 ॐ이다. 이 옴 자의 신비로운 발성은 고대 인도의 베다 찬미와 주문의 신성한 언어에서 유래된 것으로, 창조의 완전성에 대한 표현과 긍정의 의미로 해석된다. 즉, 'A'는 경험 세계와 함께 있는 의식 상태, 'U'는 꿈의 미묘한 형태에 대한 경험과 더불어 꿈꾸는 의식 상태, 'M'은 꿈꾸지 않는 깊고 잠잠하고 미분화된 의식 상태를 나타낸다. 'A'와 'U'와 'M'의 발음 뒤의 침묵은 궁극적인 신비의 세계이자 선험적 법성(法性)과 일체 되어 법성이 자아로서 체험되는 단계다. 따라서 'AUM'의 소리, 그리고 그 이후의 침묵은 존재 전체에 대한 의식의 발음 상징이라 할 수 있다. 이 모든 세계가 네 마리 사자의 입 모양에 함축돼 있는 것이다.

등불 공양과 '광명지'의 상징 — 각황전 앞 석등

각황전 앞 석등은 현존 우리나라 석등 중 가장 큰 것으로, 각황전의 위용과 절묘한 조화를 이루고 있다. 석등은 부처님 사리를 모신 불탑처럼 신앙 대상도 아니고 불전 사물처럼 때마다 베풀어지는 의식(儀式)용 불구도 아니다. 그렇지만 석등은 부처님께 올리는 수승한 등불 공양물임과 동시에 부처님의 광명지(光明智)를 상징하는 등기라는 점에서 탑이나 사물 못지않은 종교적 의미를 가진다.

나주서문석등(국립중앙박물관 소장)의 명문은 석등의 제작 의도가 무엇인지를 확실히 밝혀준다. 70여 자로 된 명문 중에, "삼세제불성영헌공양(三世諸佛聖永獻供養)"이라는 구절이 있다. "과거 현재 미래세의 모든 부처님께 공양한다"라는 뜻이다. 석등이 부처님께 올리는 등 공양물로 제작된 것임을 밝힌 것이다. 등 공양에 관한 내용은 여러 경전에도 나타나 있다. 그중

각황전 앞 석등(국보 제12호)　　　　서오층석탑(보물 제133호)의 사천왕과 팔부중

하나인 『대방광불화엄경』 60권 본 「금강당보살십회향품」에 이런 대목이 나온다. "보살마하살은 등불을 보시합니다. 이른바 소(酥) 등불과 기름 등불, 보배 등불, 마니(摩尼) 등불, 칠(漆) 등불, 불 등불, 침수향(沈水香) 등불, 전단향 등불, 일체 향 등불, 한량없는 빛깔과 광명 불꽃 등불 등이니, 이런 한량없는 등불을 보시할 때 보살마하살은 이렇게 회향합니다. '이 선근으로 일체중생을 이롭게 하고 일체중생을 섭취하여, 그 일체중생들로 하여금 한량없는 광명을 얻어 모든 여래의 법을 두루 비추게 하리라.'" 석등을 주불전 앞 중앙에 세운 이유가 바로 여기에 있다.

불탑을 외호하는 신중들과 십이지신

'탑'은 산스크리트어 'stupa'를 음역한 '탑파(塔婆)' 혹은 '솔도파(率都婆)'의 약어이다. 스투파는 부처님의 진신사리를 봉안한 인도식 무덤이고, 같은 성격과 의미를 가진 것이 석탑이다. 탑 속에 부처님의 진신이 임하고

각황전 앞 오층석탑의 십이지신상 중 토끼 　　　 화엄사 영산회괘불탱(국보 제301호)

있으니 사천왕, 팔부중, 십이지신상 등의 신중으로 하여금 수호케 하는 것은 당연하고 자연스러운 발상이라 할 것이다. 특히 9세기경부터 사리 신앙이 유행하면서 탑을 신성시하는 경향이 강했던 것도 중요한 이유가 될 것이다.

　각황전을 오르는 계단 옆에 오층석탑이 있다. 정식 명칭은 화엄사서오층석탑인데, 다른 석탑보다 조각 장식이 풍부한 것이 특징이다. 옥신석에는 사천왕, 기단 상부에는 팔부중, 그리고 기단 아래층 면석에는 한 면에 3구씩, 4면을 돌아가면서 모두 12구의 십이지신이 안상(眼象) 안에 새겨져있다. 이들 십이지신은 위쪽의 사천왕, 팔부중과 함께 상하질서 체계를 이룬다. 이것은 십이지신이 불교 신중의 하나로 편입되어 있음을 보여주는 증거로서, 중국이나 일본에서는 찾아보기 어려운 한국 특유의 석탑 장식 미술이다. 마모가 심하고 돌 이끼로 덮여 있어서 형태를 확실히 알아보기 힘들지만, 상태가 비교적 양호한 '巳'상과 '卯'상을 보면 수수인신형 갑주

무장상임이 확인된다.

석가모니불의 영축산 설법을 그린 영산회괘불탱

사찰에서는 많은 군중들이 모이는 석탄일이나 영산재, 수륙재 등 큰 행사가 있을 때는 대개 야외에 의식단을 차리고 그 앞에서 법회를 거행한다. 이때를 대비하여 제작한 것이 괘불(掛佛)이다. 야외 의식단에서 괘불은 의식의 주존이자 신앙 의례의 구심점이 된다. 화엄사 영산회괘불탱도 마찬가지다.

석가모니불이 영축산에서 설법하는 모습을 그렸다. 석가모니불이 항마촉지인을 결한 채 높다란 연화좌 위에 앉아 있고, 그 좌우에 문수보살과 보현보살이 배치되어 있다. 사천왕 중 2구는 그림 하단에, 2구는 상단에 배치되어 있으며, 본존불 뒤쪽 좌우에 제자들이 나타나 있다. 영산회괘불탱을 야외 의식단에 세워두면 그곳은 영축산으로 탈바꿈하게 되고, 법회에 참가한 불자들은 괘불의 보살, 제자들과 함께 석가모니불의 영산회 법문을 듣는 청중이 된다.

구례 즐기기

부부식당 다슬기 수제비

다슬기 음식 전문점이다. 다슬기 수제비와 다슬기 회무침 딱 두 가지만 한다. 시원하고 포만감이 드는 수제비를 주로 찾는다.

다슬기 수제비

전남 구례읍 봉동리 298-34
061-782-9113
주요 음식 : 다슬기 수제비, 회무침

다슬기 수제비는 전체적으로 얇게 뜬 수제비가 우선 제맛을 낸다. 우리 밀로 한다는 수제비지만 수제비는 모두 얇기만 해서도 두껍기만 해서도 맛이 나지 않는다. 수제비 한 장이 전체적으로 얇으면서도 살짝 두꺼운 부분이 있어서 국물 맛이 밴 정도가 다르면, 부드러운 맛과 쫄깃한 맛, 간이 살짝 밴 맛, 짙게 밴 맛 등 다양한 맛이

나고, 이것이 어우러진 맛을 한입에 느껴서 밀도 높은 맛을 즐길 수 있다. 딱 그렇게 뜬 손수제비가 나온다.

갈지 않은 나선형 다슬기가 모양 그대로 많이 들어가 있어, 우선 진하면서 맑은 다슬기 국물 맛을 볼 수 있다. 다슬기 국물은 초록빛의 쌉쌀한 맛이 제맛인데, 여기에 부추의 풋풋한 맛과 칼칼한 고추 맛이 어우러져 다슬기 맛 이상의 맛이 난다. 짜지 않아 국물을 좋아하지 않는 사람도 다슬기의 향취를 즐기며 최후 한 수저까지 다 먹을 수 있다.

수제비와 함께 쌀밥이 조금 나온다. 남

은 국물에 밥을 말면 소찬을 즐기던 시골 여름 툇마루 밥상 풍취가 난다. 시골 인심이 밴 여섯 가지 찬이 나와 국물을 즐기지 않는 사람도 밥과 함께 먹으며 식사에 만족할 수 있다. 절기에 따라 달라지는 반찬은 저마다 소박한 인심과 풍미 담긴 소박한 맛을 담고 있다. 특히 메주콩으로 만든 콩조림이 딱딱하지도 무르지도 않고 고소하여 여운이 길다.

다슬기 장무침

섬진강다슬기 다슬기 수제비, 다슬기 토장탕, 다슬기 장무침

간에 좋다는 다슬기가 부추와 잘 어울려 빛을 더한다. 된장국 수제비도 다슬기다. 다양한 다슬기 요리를 남도의 맛으로 즐긴다.

다슬기 토장탕

전남 구례군 토지면 섬진강대로 5041
(파도리 851-2)
061-781-9393
주요음식 : 다슬기요리

식약동원의 요체인 다슬기를 무침과 탕, 그리고 수제비로 다양하게 먹을 수 있다. 수제비 푸른 국물은 다슬기 맛에 호박을 더해 시원하다. 짜지 않고 쫄깃거리는 반죽 뜨더귀는, 다슬기의 향이 배어 식감이 더욱 좋다. 다슬기 장무침은 약간 짭조름한 맛이 개운한 느낌을 준다. 밥을 비벼 김

에 싸 먹으면 특별한 향취가 있다. 토장탕은 약간 매콤한 된장국물에 아욱을 곁들여 다슬기에서 한층 토속적인 맛이 난다. 맛은 토속적이지만 만나기는 쉽지 않은 요리다. 다슬기 요리의 새로운 영역이다.

다슬기 요리 변주, 향토음식이 어떻게 다양해지고 전문화되는지 보여준다. 어떻게 먹어도 질리지 않는 다슬기의 향연, 다슬기 다양한 얼굴이 부추와 같이 하니 더 온전하고 빛나는 음식이 되었다. 제맛을 담은 곁반찬과 함께 맛과 모양새를 다 갖춘 황홀한 식탁이 되었다. 한식의 전통이 저력이 되는 밥상이다.

『동의보감(東醫寶鑑)』에서는 다슬기를 한

자어로 와라(蝸蠃)라 했다. 전국 어디서나 나므로 우리말 이름은 아주 많고, 경상도 고디, 전라도 대사리, 충청도 올갱이, 강원도 꼴팽이 등 부추처럼 지역에 따라 다르다. 전국 곳곳에 다슬기마을이 있고, 축제를 한다. 다슬기는 국민 식재료인 셈이다.

축제까지 하는 곳은 모두 맑은 물이 흐르는 곳이다. 그중 섬진강 다슬기는 전라도 솜씨와 만나 향토음식 다슬기 수제비탕이 되었는데, 임실, 구례 등이 대표적인 고장이다. 구례는 도처가 다슬기식당이어서 여행의 맛을 더한다. 향토음식을 먹는 것은 지역문화를 체험하고, 키우는 것이기도 하다.

재첩국

벚굴찜

매화식당 재첩국정식, 벚굴찜

섬진강 하면 생각나는 재첩국을 실한 남도 반찬과 함께 먹을 수 있는 집이다. 손바닥만한 봄철 벚굴은 섬진강 계절음식 별미다. 재첩국에 벚굴이라니, 황제도 못 먹었을 음식이다.

전남 구례군 간전면 남도대교로 15
061-783-6577
주요음식 : 재첩국, 벚굴요리

전라도답게 제맛 담은 찬이 한상 가득이다. 재첩국 없이도 밥 한 그릇 너끈히 비울 만한 찬이다. 재첩국은 숟가락으로 건져보니 재첩이 뚝배기로 하나다. 이 작은 재첩을 어떻게 까서 이렇게 소복이 넣었나. 섬진강에 와야만 먹을 수 있는 진귀한 재첩을 이렇게 푸지게 먹을 수 있다니, 의외의 호사가 믿어지지 않을 정도다.

많이 넣어야 제맛이 난다고 고집하시는 할머니가 호복하게 넣은 재첩이 뿌옇고 진한 국물에 우러나 있다. 마치 곰탕국물처럼 진하지만 투명한 빛깔은 약간 쌉쏘롬하면서도 든든한 맛을 낸다. 부추와 청양고추는 더 강한 풍미를 만든다.

갖가지 나물, 눈요기로 내놓은 것이 아니라 제때 막 무쳐서 내온 산뜻한 찬이다. 제집 식구를 위한 밥상 같다. 방풍나물, 피

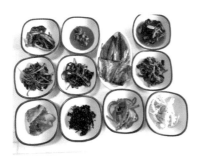

마자(아주까리)나물, 머위나물에 이어 죽순 나물까지 다양하고 푸짐하다. 취나물은 입 안 가득한 향에 신선한 식감이 제철 맛을 제대로 낸다. 아주까리나물은 오래전에는 지천이었지만 요즘은 만나보기 힘든 귀한 재료다. 말려서 무쳐 내온 나물은 특유의 뻣뻣한 느낌이지만 담고 있는 향이 좋다.

파김치, 갓김치, 배추김치, 김치도 갖가지다. 배추김치가 익지 않고 신선하게 재첩국과 어울린다. 갓김치 탱탱한 식감이 의아했는데 아니나 다를까, 야생 갓을 캐온 거란다. 돌산갓만큼이나 향과 맛이 좋다. 밥상이 자연을 품었다. 파래무침에는 톳도 함께했다. 덕분에 통통한 맛에 엷은 자줏빛이 음식에 변화를 더한다. 일대 매화천지 매화마을에서 난 매실장아찌무침도 현지 음식, 탱탱한 식감에 향긋한 맛이 입안 가득 느껴진다.

3, 4월 짧은 절기에만 먹을 수 있는 벚굴, 강굴이라고도 하며 중국, 일본에서도 먹을 수 있는데, 한국은 섬진강 기수역에서 주로 잡힌다. 물속에서 벚꽃처럼 예뻐

서, 벚꽃과 함께 왔다 가서 벚굴이다. 보통 굴의 10배도 넘는 커다란 벚굴, 굴 요리를 자랑하는 프랑스와 이탈리아에서도 먹어 볼 수 없다. 익혀 먹어야 한다는 벚굴, 몇 입에 나누어 먹어야 하는 엄청난 크기 덕에 한두 개에 배가 부르다. 그야말로 황제의 음식이다.

작은 나라에서 이렇게 다양한 향토음식을 즐길 수 있는 나라는 다시 없을 거 같다. 다른 나라 사람들도 불러다가 먹이고 싶다. 지구상에 이런 음식도 있단다. 우리 같이 누리자.

나주

羅州

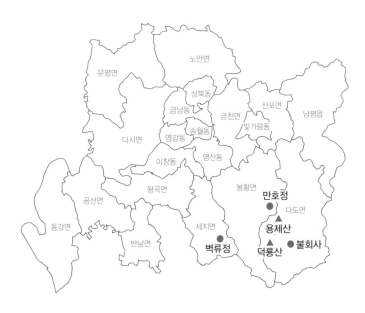

문평면
노안면
성북동
금남동
금천면
산포면
남평읍
송월동
빛가람동
다시면
영강동
이창동
영산동
왕곡면
봉황면
만호정
다도면
공산면
용제산
동강면
세지면
덕룡산
불회사
반남면
벽류정

나주 불회사 석장승

　전남 중서쪽에 있다. 용제산(龍帝山), 덕룡산(德龍山), 금성산(錦城山) 등의 산이 있으나 대부분 구릉지이거나 평야이다. 황룡강(黃龍江), 극락강(極樂江)이 남류하다가 지석강(砥石江)과 합류한다. 토지가 비옥하고 농사가 잘된다. 배가 유명하고, 곰탕으로도 이름이 났다.

나주 알기

버들잎이 맺어준 왕건의 인연

왕건(王建)이 고려를 건국하기 전 나주에서 10년간 머물렀다. 어느 날 위쪽의 산 아래에서 오색의 상서로운 구름이 일어 가보았다. 샘에서 아리따운 여인이 빨래를 하고 있었다. 왕건이 물 한 그릇을 청하자, 여인은 버들잎을 띄워 주었다. 급하게 물을 마시지 않게 하기 위한 배려였다. 그 샘을 빨래샘 또는 완사천(浣紗泉)이라고 한다.

왕건은 총명함과 미모에 끌려 그 여자를 아내로 맞이했다. 그 여인이 장화왕후(莊和王后) 오씨(吳氏) 부인이고, 그 몸에서 태어난 아들이 제2대 혜종(惠宗)이다.

● 마실 물에 버들잎을 띄워 주는 여인의 배려가 역사를 돌려놓았다.

불회사

고려의 국사 원진(圓眞)이 신라 때 창건한 불회사(佛會寺)의 대웅전을 중

불회사 대웅전

건할 때의 이야기이다. 원진에게 은혜를 입은 호랑이의 도움으로, 경상도 안동 땅에서 시주를 얻어 대웅전의 중건이 이루어졌다. 원진은 좋은 날을 택해 상량식을 가질 예정이었으나, 일의 추진이 늦어져 어느 사이에 하루 해가 저물고 말았다. 그러자 원진은 산꼭대기에 올라가 기도를 하여 지는 해를 붙잡아두고, 예정된 날짜에 상량식을 마쳤다고 한다. 원진이 기도했던 자리에 지은 암자가 일봉암(日封庵)이다.

● 호랑이의 도움을 받은 것과 해를 붙잡은 것이 어떤 관련을 가지는지 안다면 지나치고 모른다면 모자란다.

꿈속의 노인이 일러준 여울

고려 말 왜구 토벌에 나선 이성계(李成桂)가 꿈에 어느 노인의 계시를 받고 이 강을 건너 왜구를 섬멸할 수 있었다. 이곳을 꿈여울이라는 뜻에서 몽탄강(夢灘江)이라 부르게 되었다.

- 전설의 최소 형태이다.

금정산의 신

『신증동국여지승람』에 기록이 있다. 금성산사(錦城山祠)는 사전(祠典)에 소사(小祀)로 기록되었다. 사당이 다섯 개 있으니 상실사(上室祠)는 산꼭대기에 있고, 중실사(中室祠)는 산허리에 있으며, 하실사(下室祠)는 산기슭에 있고, 국제사(國祭祠)는 하실사(下室祠)의 남쪽에 있으며, 미조당(禰祖堂)은 주성(州城) 안에 있다.

고려 충렬왕 4년에 이 사당의 신이 무당에게 내려서 말했다. "진도(珍島)와 탐라(耽羅)의 정벌에 나의 공이 있었는데, 장병들은 모두 상을 타고 나만 빠졌으니 어째서인가. 나를 정녕공(定寧公)으로 봉해야 한다." 고을 사람 보문각대제(寶文閣待制) 정흥(鄭興)이 왕에게 말해 작위(爵位)를 주게 했다. 그 고을의 녹미(祿米)를 모두 받지 않고 해마다 5석을 이 사당에 바쳐 춘추로 향과 축문과 폐백(幣帛)을 내려 제사지냈다. 본조(本朝)에 와서도 향과 축문을 내린다.

속설에 말한다. "사당의 신은 영험하여 제사를 지내지 않으면 재앙을 내리므로, 매년 춘추에 이 고을 사람뿐 아니라 온 전라도 사람이 와서 제사를 지내는 이가 연락부절했다. 남녀가 혼잡하게 온 산에 가득하여 노천에서 자는 까닭에 남녀가 서로 간통하여 부녀를 잃는 자가 많았다."

매일 밤 기생 네 명이 사당 안에 윤번으로 숙직했는데, 성종 10년에 예조에 명해서 금하게 했다.

나주 금성산에 영검스러운 신이 있었다. 그 고을 목사가 부임하면 해마다 파직이 되어 목사로 갈 사람이 없게 되었는데, 한 목사가 자원하여 부임하였다. 부임 도중 금성산 앞을 지나려 하자 통인이 하마하기를 권하였다. 그대로 지나면 신령의 힘으로 말이 발을 전다는 것이다. 목사는 신령을 보기 위해 굿을 하도록 하고, 신령이 보이라고 했다.

굿이 진행되어가자 쉰댓 자 머리를 드리운 처녀가 나타났다. 목사가 인간은 신령이 아니므로 참된 신령을 보이라 하니, 이번에는 큰 뱀으로 변신하여 나타났다. 목사는 포수를 시켜 이 뱀을 쏘아 죽이고 불살랐다.

그러자 뱀이 바둑돌로 변신하여 서울 종로 네거리로 날아갔다. 때마침 제주의 강씨 형방, 한씨 이방, 오씨 형방이 서울에 진상하러 갔다가 그 바둑돌을 주웠다. 그랬더니 진상이 수월하게 잘 되고, 보답도 많이 받았다. 귀로에는 바둑돌을 던져버리고 배를 타려 했는데 태풍이 불어 올 수가 없었다. 문점(問占)을 하고 굿을 하니 순풍이 불어 항해가 좋았다. 오다 보니 바둑돌이 배 속에 있었다.

배가 제주에 닿자 바둑돌은 여인으로 변하여 내리고, 신이 차지하지 않은 마을을 찾아 토산리로 가서 좌정했다. 그 뒤 모심을 받기 위해 6월 보리방아를 찧는 강씨 처녀가 급병에 걸려 굿을 하도록 하고, 급병을 풀어주었다. 좌정한 신이 그 뒤에 마을사람 전체의 모심을 받게 되었다.

● 앞의 자료는 금성산의 신을 국가에서 제사 지내고 민간에서도 독자적인 방식으로 섬긴 것을 말해준다. 국가의 제사가 선행하지 않고 민간신앙이 드세 국가에서도 인정하지 않을 수 없었다고 보는 것이 마땅하다. 남녀 혼숙을 나무라면서도 금하지 못했다.

신의 정체는 여인으로 변신하는 뱀이라고 제주도의 전승인 뒤의 자료에 나타나 있다. 나주 목사가 뱀을 죽여 불태우자, 뱀이 바둑돌로 변해 제주 사람들을 따라 제주로 가서 여인의 모습을 하고 배에서 내려, 마을에서 섬기는 신으로 좌정했다고 한다. 나주 금성산의 뱀 신앙이 본고장에서는 탄압이 심해 제주도로 자리를 옮겨 번창했다는 말이다.

황현, 나주를 지나며 시를 남기다

돌아오며 나주를 지나다(還過羅州)　　　　　　　황현(黃玹)

하늘 끝 다녀온 저물녘 나그네　　　　　　　天涯游子晚

또다시 금성 고을을 지난다.　　　　　　　重過錦官城

바닷가 나무는 가을에도 잎이 지고,　　　　海樹秋先落

추위를 타는 벌레는 낮에도 운다.　　　　寒蟲晝更鳴

오래 가물어 추수 늦을까 걱정되고,　　　　久晴憂晚稼

늙어 갈수록 먼 길 가기 두렵다.　　　　　垂老畏長程

굽이굽이 돌아가는 강물은　　　　　　　　曲曲濚江水

참으로 갓끈 한 번 씻을 만하다.　　　　　眞堪一濯纓

● 시인의 마음이 착잡해 보이는 것마다 쓸쓸하지만 희망을 잃지 않았다. 1902년(광무 6)에 지은 시인 줄 알고 읽으면 뜻이 더 깊다. "금성"은 나주의 다른 이름이다. "갓끈 한 번 씻을 만하다"는 것은 굴원(屈原)의 「어부사(漁父辭)」에서 "창랑의 물이 맑으면 나의 갓끈을 씻으면 될 것이요, 창랑의 물이 흐리면 나의 발을 씻으면 될 것이다(滄浪之水淸兮 可以濯我纓 滄浪之水濁兮 可以濯我足)"라고 한 데서 가져왔다. 세상이 깨끗해 아직 희망이 있다는 말이다.

벌이 나온 명당

반남면 신촌리에 벌명당 전설이 있다. 반남 박씨(潘南朴氏)의 시조 박응수(朴應洙)의 아들 의(宜)는 아버지가 죽자 지관을 불러 명당을 잡아줄 것을 부탁했다. 지관은 명당을 잡았으나, 그 자리를 알려주면 천지조화의 비밀을 누설했다고 하늘로부터 벌을 받을까 두려워 박의에게 거짓 명당을 소개했다.

이를 눈치챈 박의는 지관이 소개해준 거짓 명당을 버리고, 지관이 숨긴 명당을 알아내 묘를 쓰려고 땅을 파기 시작했다. 그러자 땅속에서 커다란 벌이 솟아나와 지관을 쏘아 죽였다. 박씨의 후손은 날로 번성했다. 그곳을 벌명당이라고 한다.

● 반남 박씨의 시조는 천지조화를 간직했다고 하려고, 딴소리를 한 지관이 벌을 받아 죽었다고 했으니 지나치다. 벌[蜂]이 벌을 내렸다고 말을 묘하게 해서 의문이 생길 틈을 주지 않았다.

나주 즐기기

하얀집 수육곰탕, 곰탕

역사가 찬란하여 지명도가 높은 하얀집 곰탕, 집도 하얗고 맛도 맑다. 밑반찬 김치와 깍두기도 잘 어울려 먹기에 좋다. 나주 관아 앞 전통 있는 노포에서 우리 음식에 대한 역사와 의미를 되짚어보는 것도 맛을 더한다.

전남 나주시 금성관길 6-1
061-333-4282
대표음식 : 곰탕, 수육

국물 맛이 맑고 깊어 개운하다는 것을 먼저 말하지 않을 수 없다. 고기 양도 많아 먹고 나면 포만감이 기분 좋다. 맛깔스럽고 탐스러운 느낌이 시골의 인심과 넉넉한 손맛을 보여준다. 서울이나 다른 지역으로 진출한 나주곰탕과는 확실히 달라 회수 건너기 전의 귤을 만난 느낌이다.

수육곰탕은 머릿고기를 주로 써 부드럽고 질기지 않은 식감이 좋다. 수육은 콜라겐 부위를 내놓아 초고추장에 먹게 되어 있다. 보통 곰탕, 말하자면 정통 곰탕도 전체적으로 잡내가 없어 국물도 고기도 아주 깔끔한 맛이다. 신김치, 김장김치가 곰탕 맛을 살린다. 깍두기는 덥석덥석 큰 조각인데, 시지 않아 신 김치와 상보적이다. 부족하면 얼마든지 더 갖다 먹을 수 있다.

밥은 토렴해서 말아준다. 먹는 동안 국물이 밥알에 먹혀 부족해지면 푸지게 채워준다. 전라도 인심이다. 전라도 음식 맛의 태반은 넉넉한 인심에서 나온다는 생각이다. 이런 인심을 누리고 어떻게 다시 오지 않겠는가.

하얀집은 음식 맛도 좋지만 더 좋은 것은 역사 맛이다. 하얀집의 역사는 그대로 한식과 곰탕과 식당의 역사이다. 관아 앞에 선 오일장에서 소를 잡으면 국밥을 만들어 판 것이 나주곰탕의 시초다. 시초는 주막과 다름없는 형태로 시작하여 시장 장꾼들을 기반으로 성장하였다. 110년이 넘었다는 하얀집 역사, 4대를 이은 나주곰탕은 전국의 나주곰탕집과 대기업 생산의 냉동식품으로 성장했다. 전통 한식 발전의 축이 된 것이다.

의식주 전통 생활문화 중 의복과 주택은 사라지고 음식만 남았다. 음식은 다행히 외세나 공권력의 간섭을 받지 않고, 민중 주도의 발전이 지속되었다. 전통을 지키면서 새로운 변화를 찾아내 끊임없는 확장을 지속해간다. 그러한 음식문화 발전의 현장을 목도한다.

그렇게 지역 음식문화가 한식의 주역이 되어 가는데, 민중의 일원인 나도 한 그릇 곰탕을 먹으며 참여한다. 요리사도 손님도 모두 음식문화 발전의 주역이다. 여행과 역사 참여를 동시에 하니 여행의 의미가 배가된다.

홍어1번지 홍어요리

다양한 홍어요리를 맛볼 수 있다. 삭히지 않은, 조금 삭힌, 많이 삭힌 홍어로 등

홍어삼합

급을 올려가며 순차적으로 요리가 나온다. 초보자도 삭힌 홍어에 적응하게 하면서 홍어요리 팬을 늘리려는 전략이 아닐까? 식사가 끝난 후 어느새 홍어 팬이 되어 있는 것은 대단한 요리 솜씨의 공도 크다.

전남 나주시 영산3길 2-1(영산동)
061-332-7444
주요음식 : 홍어요리

삭히지 않은 홍어에서부터 순차적으로 많이 삭힌 홍어 요리에 이르는 동안 부담스럽지 않게 다양한 홍어요리에 접근할 수 있다. 코스가 진행되면 한식의 한 정점을 마주하고 있다는 생각에 이른다. 그 점에서 뛰어난 홍어 요리사를 부르는 '홍어명인'은 참으로 적절해 보인다.

몇 가지 곁반찬과 함께 나오는 홍어요리는 그야말로 무소불위다. 껍질과 간, 홍어회, 홍어탕수, 홍어삼합, 홍어김치, 홍어튀김, 홍어전, 홍어찜, 홍어젓, 홍어애국 등

홍어탕수

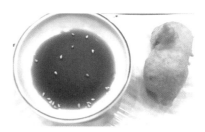

홍어튀김

홍어애국

홍어찜

등이다. 정력에 좋다는 홍어코와 만만하다는 '홍어 거시기'도 나와서 홍어 부위 대부분을 맛볼 수 있다. 이중 특히 놀라운 음식은 홍어김치와 홍어사합, 홍어애와 홍어애국 등이다.

홍어를 넣은 신 홍어김치를 홍어와 싸니 맛이 상승작용을 한다. 보통 홍탁삼합이라 하여 돼지고기와 삭힌 홍어를 김치에 싸서 막걸리를 곁들이는데, 여기서는 김을 더했다. 김 위에 돼지수육, 홍어, 김치 순으로 놓고 싸먹는 4겹 사이로 삭힌 홍어 가스가 살짝 새어 나와 맛 이상의 맛을 낸다. 홍어김치도 4합도 모두 새로 개발한 음식이다.

홍어애는 홍어간이다. 푸아그라보다 몇 배 대단한 맛이다. 더 대단한 것은 홍어애국이다. 홍어애, 보리순, 그리고 시래기를 넣고 끓인 탕이 모양새는 추어탕이나 생선매운탕 비슷하지만, 전혀 다른 색깔의 맛을 낸다. 독특한 홍어애 맛을 중심에 두고 보리순을 부재로 한 홍어애국은 고래로 남도의 별미다.

제사상에 반드시 오르는 홍어는 전라도 음식의 대명사로 불린다. '홍어장수 문순득'이 사러 다닌 흑산도 홍어는 오래전부터 유명했다. 그 홍어가 영산포로 오는 사이 삭힌 홍어가 되었다. 흑산도 홍어는 처음 고려조에는 왜구를 피해 왔지만, 이제는 거래를 위해 스스로 영산포 와 '홍어의 거리'를 만들었다. 인천 대청도에서 많이 나는 홍어도 삭혀서 파는 곳은 남도이다. 삭히면 값이 10배로 뛴다.

홍어껍질과 간

홍어전

    우연히 발견한 발효의 지혜가 식재료의
부가가치를 높이고, 미각의 영역을 넓히고,
새로운 음식의 개발로 이어져 음식의 지평
을 넓히는 데 이르렀다. 홍어요리는 전라
도 음식이 맛있는 이유 중 하나가 적극적
인 미각의 확장 때문이라고 추측할 수 있
는 예증이 된다.

담양

潭陽

용면

용마루길

추월산 금성산성

월산면 금성면

죽녹원

담양읍

수북면

대전면 무정면

면앙정

봉산면

고서면

명옥헌 창평면 대덕면

식영정

소쇄원

가사문학면

담양의 죽림

　전남 북쪽에 있다. 독립된 고을이던 창평(昌平)을 합병했다. 북쪽에 추월산(秋月山), 금성산(金城山), 금성산성이 있고, 남쪽은 평야이다. 조선시대의 이름난 정자 면앙정(俛仰亭), 식영정(息影亭), 송강정(松江亭) 등이 있으며, 이들 정자를 배경으로 가사가 많이 창작되었다. 가사문학관에서 자료를 보관하고 전시하고 있다. 소쇄원(瀟麗園)은 아름답기로 이름난 전통 정원이다. 대나무가 많은 고장이다. 죽녹원(竹綠園)이라는 대나무 숲이 있다. 대나무를 이용한 죽세공품을 잘 만든다. 죽순(竹筍) 요리도 잘 한다.

담양 알기

담양의 전우치

전우치(田愚治)는 담양 전씨(潭陽全氏)이다. 수북면 황금리에 전우치 이야기가 전한다.

해적이 들끓고 관리의 탐학이 심하여 당시 백성들은 도탄에 빠져 있었다. 그러자 전우치가 동자 한 쌍과 함께 구름을 타고 중국으로 건너갔다. 구름 위에서 궁중을 내려다보며 "나는 선관이며, 옥황상제가 지상의 임금들에게 황금 들보를 하나씩 거두어 오라 하여 왔다"고 하면서 황금 들보를 거두었다. 황금 들보의 일부는 팔아 쌀을 사서 나누어주고, 나머지는 때를 만나면 쓰기 위해 지금의 황금리에 묻어두었다.

불행하게도 전우치는 역적으로 몰려서 죽었다. 금을 찾기 위해 그 일대를 파헤친 사람이 많았으나 뜻을 이루지 못했다고 한다.

● 소설『전우치전』에 나오는 것과 같은 이야기인데, 금을 땅에 묻어두어 찾도록 한다는 말은 소설에 없다.

걸어오는 애기바위

담양댐 근처에는 고구마같이 생긴 애기바위가 있다. 이 바위와 관련된 이야기가 전해 온다. 옛날 금성면에 6대 독자를 둔 금 부자 부부가 살았다. 좋은 며느리를 얻어 후손을 많이 보는 것이 소원이었다. 아들이 혼기가 차 혼인을 시켜놓고 조바심이 난 금 노인은 1년 사이에 며느리를 여섯씩이나 갈아 들였다. 이상한 일은 여섯 며느리가 모두 말이 많았다는 것이다. 산신령이 나타나 여자들이 너무 말이 많아 삼신을 쫓았으니 새 며느리가 말이 많지 않으면 자식을 얻을 수 있을 것이라고 했다. 금 노인은 그날부터 일곱 번째 새 며느리에게 말조심을 시켰더니, 과연 1년 안에 태기가 있어 아이를 낳게 되었다. 며느리의 꿈에 산신령이 나타나 "날이 밝거든 나를 찾아오되 나를 만나기 전까지는 입을 열지 말라"고 했다.

다음 날 며느리는 산신 제단이 있는 철마산을 찾아 나섰다. 그런데 산등성이에 이르렀을 때 집채만 한 바위가 걸어오는 것을 보고 그만 입을 열고 말았다. "어매, 먼 바우가 걸어온다냐?"고 말하는 순간 바위가 걸음을 멈추며 며느리를 깔고 앉아버렸다.

후손을 보려는 금 노인의 꿈은 결국 허사가 되고 말았다. 그 뒤 이 바위를 애기바위라고 불렀다. 이 지역 여자들은 말이 없이 살아가게 되었다.

● 자손을 보겠다고 며느리를 갈아치우는 노인과 말 많은 며느리 가운데 어느 쪽이 더 잘못되었는지 따지지 않을 수 없다. 산신령이 고약한 노인은 그대로 두고, 말을 하지 말고 오라는 금기를 어긴 며느리에게 벌을 내린 것은 부당하다. 신령마저 그 모양이라 세상이 아주 그릇되었다고 말하려고 했는가?

외로운 어머니와 효자 아들

담양읍 지침리의 옛 지명은 효자리였다. 옛날 한씨 부인이 그 마을의 전씨 집안에 시집와서 아이를 낳기도 전에 남편을 잃고 말았다. 부인은 유복자를 데리고 품팔이를 하며 고생스럽게 살았다. 열다섯이 되던 해 새벽에 눈을 뜬 아들은 잠자리에 어머니가 없는 것을 보고 찾다가 부엌에서 치마를 말리고 있는 것을 보았다.

아들은 어머니에게 곡절이 있다고 생각하여 밤중에 집을 나서는 어머니 뒤를 밟았다. 어머니는 서당의 홀아비 훈장을 만나러 갔다가 오던 길에 새벽 이슬에 젖은 치마를 말렸던 것이다. 아들은 그 뒤 산길의 풀을 말끔히 베고, 어머니와 훈장이 한 집에서 살 수 있도록 했다. 이에 감동한 사람들이 이 마을을 효자리라 불렀다고 한다.

● 흔히 있는 이야기인데, 부엌에서 치마를 말렸다는 것이 예사롭지 않은 감동을 준다.

송순의 풍류가 담긴 「면앙정가」

송순(宋純)은 벼슬이 우참찬에 이른 다음 만년에 고향인 전라도 담양으로 돌아가 여러 문인과 교류하며 여생을 풍류로 즐겼다. 그런 생활을 「면앙정가(俛仰亭歌)」로 나타내, 은일가사의 본보기를 정극인의 「상춘곡」에 이어서 다시 보여주었다.

「상춘곡」보다 시야를 더 넓혀, 「면앙정가」에서는 자랑스러운 고장에서 우뚝하게 서서 구김살 없는 마음으로 산수를 바라보면서 저절로 얻는 흥

면앙정

취를 자랑했다. 격식에 맞는 수식을 피하고 구어체를 많이 사용했다. 사철의 경치마다 흥겹다고 하고, 결사에서 다음과 같이 읊었다.

인간을 떠나와도 내 몸이 겨를 없다.
이것도 보려 하고 저것도 들으려 하고,
바람도 헤려 하고 돌도 맞으려 하고,
밤이란 언제 줍고 고기란 언제 낚고.
시비(柴扉)란 뉘 닫으며 진 꽃이란 뉘 쓸려뇨?

● 계속 움직이면서 분망하게 살아간다고 했다. 생동하는 자연의 움직임에 동참하는 즐거움을 누리느라고 잠시도 한가한 겨를이 없다. 바람과 돌을 무릅쓰고 나서서 걷고 싶다고 하고, 밤을 줍고 고기 낚는 일을 열거했다. 시비를 닫고 꽃을 쓰는 것도 자기를 바쁘게 하는 일이라고 했다.

탈속한 경지에서 노닐다

면앙정에 올라(登俛仰亭)   양경우(梁慶遇)

아름다운 정자 층층 언덕 아득히,   華亭縹緲壓層皐
지팡이로 오르니 지치지 않네.   杖策登攀不厭勞
남은 해 넓은 평야에서 지려고 하고,   殘照欲沈平楚闊
하늘은 무한하다 높은 봉우리들 위로.   太虛無閡衆峯高
그대의 풍류 멀다고만 하지 말라.   休言相國風流遠
시 짓는 신선은 호기가 있게 마련.   自有詩仙意氣豪
누가 구름 가에서 피리를 부나,   誰捻雲邊一聲笛
저문 산 송죽 소리만 소소하네.   晚山松竹響騷騷

● "동악영공에게 보인다(示東岳令公)"는 부제가 있다. "동악"은 이안눌
(李安訥)이다. 면앙정에 올라 탈속한 경지에서 노닌다고 했다.

식영정을 노래한 시편들

정철의 「성산별곡」

  정철(鄭澈)은 창평 성산에 있는 식영정(息影亭)이라는 정자를 찾아가, 주
인 김성원(金成遠)이 산수에 묻혀 지내면서 모든 시름을 잊고 있는 거동을
칭송한「성산별곡(星山別曲)」을 지었다. 송순의「면앙정가」를 본받았으면서
경치를 그리고 흥취를 나타내는 데서는 한층 뛰어나다. 은일가사의 완성
형을 보여주면서 은거해야 하는 이유를 밝히는 데서 선행 작품들보다 더
나아갔다. 김성원이나 자기나 "적막강산(寂寞江山)"을 선경으로 여기는 것
은 현실에 대한 불만이 있기 때문이라고 했다.

인심(人心)이 낮 같아서 볼수록 새롭거늘,
세사(世事)는 구름이라 머흐도 머흘시고.

과거의 역사를 들추어보고 성현과 호걸의 자취를 찾다가 이렇게 탄식했다. '인심'이 밝고 깨끗하며 나날이 새롭다고 했다. 세상일이 구름처럼 험하더라도, 밝고 깨끗하고, 새로운 마음을 가지면 어려움을 헤쳐나갈 수 있다고 했다.

● 인심을 도심(道心)과 구별하지 않고 그 자체로 긍정한 것을 주목할 만하다. 그 점에서 당대의 지배적인 이념인 주자학과는 다른 성향을 보였다.

기대승의 「식영정에서」

무등산을 다 돌아보고,	歷盡山無等
오면서 식영정을 찾는다.	來尋息影亭
앉은 자리 촛불을 멀리 하니,	坐間排玉燭
소나무 뒤에 성근 별 보인다.	松裏見疎星
취흥에 술잔을 던져버리고,	醉興渾抛盞
미친 마음으로 뜨락에 눕고 싶다.	狂懷欲臥庭
내일 아침에 무슨 일 있겠는가,	明朝有何事
돌길 그윽해 빗장이 필요 없다.	幽磴不須扃
맑은 바람 늙은 나무에 불고,	清風吹老樹
밝은 해는 봄 정자를 아름답게.	白日麗春亭
좋은 술 삼해주를 기울이고	美酒傾三亥
아름다운 나물 오성을 대한다.	嘉蔬對五星

조용히 산수를 바라보고,	從容見山水
흡족하게 문 안 정원에 있다.	偃蹇在門庭
그대 나와 함께 취미 같으면,	君與吾同趣
구름 가득한 창가에 배회하자.	徘徊雲滿扃

    기대승(奇大升)의 「식영정에서(次息影亭韻)」는 식영정에서 자기를 되돌아 보았다. "돌길 그윽해 빗장이 필요 없다"는 것은 시골에 묻혀 지내면 경계 할 것이 없다는 말로 이해된다. "三亥"는 음력 정월의 세 해일(亥日)에 담 근 좋은 술이다 "五星"은 금성(金星)·목성(木星)·수성(水星)·화성(火星)· 토성(土星) 다섯 별인데, 여기서는 맵고 시고 짜고 쓰고 단 다섯 가지 맛의 여러 가지 나물 반찬을 가리킨다.

담양 보기

배롱나무 숲에 패옥 소리 울리는 명옥헌

명옥헌(鳴玉軒)은 전라남도 담양군 고서면 산덕리 후산마을에 있다. 명승 제58호. 조선 인조 때 한림원 기주관(사관의 하나)을 지낸 명곡 오희도 (1583~1623)의 넷째 아들 오이정(1619~1655)이 건립한 정자다. 나주 오씨가 이곳 후산마을과 인연을 맺은 것은 오희도가 어릴 적에 모친을 따라 외가 인 순천 박씨들이 사는 이 마을로 이주하고부터다.

오희도는 성인이 되면서 광해군 치하의 어지러운 세상을 개탄하여 집 옆에 망재(忘齋)라는 작은 서재를 짓고 자연과 벗하면서 은거했다. 1620년 무렵 능양군(후의 인조)이 반정 동지를 규합하기 위해 이 마을에 들렀을 때 능양군과 인연을 맺었고 그 후 반정은 성공했다. 알성문과에 급제한 오희 도는 예문관 관원으로 천거되었으며, 어전에서 사실을 기록하는 검열에 제수되었다. 그러나 아쉽게도 얼마 안 있어 신병으로 세상을 떠나고 말았 다.

그가 떠난 지 30여 년 후 넷째 아들 오이정이 아버지의 뜻을 기리기 위 해 경관 좋은 도장계곡에 정자를 짓고 이름을 명옥헌이라 했다. 오이정은

배롱나무 숲으로 덮인 명옥헌   '명옥헌', '삼고' 편액

자호를 장계(藏溪)라 했는데, 명옥헌의 다른 이름인 장계정은 여기서 유래
된 것이다. 100여 년의 세월이 흘러 정자가 퇴락함에 따라 후손 오대경이
중수했는데, 정자 뒤편에 도장사(道藏祠)가 있어 한때 도장정(道藏亭)으로
불리기도 했다.

　명옥헌은 정면 3칸 측면 2칸 규모의 팔작지붕 정자다. 마루를 지면에서
약간 높여 설치하고, 가운데 칸에 온돌방 하나를 들였다. 평난간을 사방을
돌아가며 둘렀고, 뒤쪽에 계단을 놓아 정자에 오르기 쉽게 했다. 기둥마다
정자의 품격을 높이는 주련이 걸려 있고, 앞쪽 처마 밑에는 '鳴玉軒(명옥
헌)' 편액이, 오른쪽 마루 안쪽에는 '三顧(삼고)'라고 쓴 편액이 걸려 있다.

　'鳴玉'은 '패옥(佩玉 : 금관조복에 늘여 차는 옥)을 울리다' 또는 '패옥 소리'
라는 뜻이다. 때로 물이 바위에 부딪히는 소리를 미화하여 이렇게 표현하
기도 한다. 그런데 '鳴玉'은 그 뜻을 '三顧'와 연결시키면 '명옥예리(鳴玉曳
履)'의 의미를 갖게 된다. '명옥예리'는 '패옥 소리를 내며 비단신을 끌면서

걷는다'는 뜻으로, 흔히 높은 관직과 후한 녹봉을 비유하는 말로 쓰인다. 그리고 '三顧'는 인재를 구하기 위해 인내하며 노력한다는 의미다. 현명한 왕은 혼자 천하를 다스리거나 수만 가지 정사를 도맡아 하려고 생각지 않는다. 훌륭한 신하를 얻기 위해 어떤 어려움도 감수하는 것이다. 정자 이름 '鳴玉'과 같은 공간에 걸린 '三顧' 편액은 이러한 의미로 연결돼 있는 것이다.

명옥헌 정자 마루에 걸터앉아 전방을 바라보면 도장곡에서 흘러내린 물을 담고 있는 길이 약 40미터, 너비 약 20미터 정도 되는 연못이 눈앞에 펼쳐져 있다. 연못가에는 배롱나무 고목들이 숲을 이루고 있고, 못 가운데 조성된 섬에도 배롱나무가 촘촘히 자라고 있다. 여름철에 이 배롱나무들이 일제히 꽃을 피우면 명옥헌 정원은 홀연히 선계로 탈바꿈한다.

명옥헌 뒤쪽에 작은 방지(方池) 하나가 있다. 크기는 작지만 큰 연못에서 볼 수 없는 또 다른 풍광을 선물한다. 수면 위에 떨어져 떠다니는 배롱나무 꽃잎들이 석양을 받아 빛나는 모습은 다른 어떤 꽃과 비교하기 어려울 정도로 아름답고 환상적이다. 배롱나무는 정원에 아름다움과 생명력을 불어넣을 뿐만 아니라 다소 빈약한 주변의 산수 경관을 완벽하게 보완한다. 배롱나무는 명옥헌이 있어 더욱 아름답고 명옥헌은 배롱나무가 있어 그 존재의 의미가 더욱 깊어진다. 만약 둘 중에 하나라도 사라져버린다면 명옥헌 정원은 서먹해질 것이 뻔하다.

선비의 철학이 구현된 정원, 소쇄원

소쇄원(瀟灑園)은 전라남도 담양군 남면에 소재하는 조선 중기의 정원으로, 윤선도의 보길도 부용동 원림과 함께 조선 시대 별서 정원을 대표

한다. 명승 제40호. 소쇄원 주인 양산보(1503~1557)는 15세 때 부친을 따라 한양으로 가서 조광조를 사사했다. 유교적 이상 정치 구현을 위해 개혁을 시도했던 조광조가 양산보에게 끼친 교육적, 정서적 영향은 지대했다. 양산보는 17세 되던 해에 현량과에 급제하여 관에 진출했지만, 기묘사화로 조광조와 그 일파가 죽거나 실각당하자 전남 창평(담양) 땅으로 내려와 소쇄원 원림을 조성하고 은둔했다. '소쇄'는 기운이 맑고 깨끗하다는 의미다. 맑고 깨끗한 기운은 속세를 떠나 산수와 더불어 살면서 마음을 비울 때 얻어진다. 양산보는 이 점을 누구보다 잘 알고 있었다.

소쇄원 원림 조성의 역사는 대봉대(待鳳臺) 건립에서부터 시작된다. 그로부터 20여 년이 지난 1540년대에 이르러 소쇄원은 일정 규모를 갖춘 정원으로 자리 잡았다. 이곳에는 김인후, 송순, 정철 등 당대 내로라하는 문인들이 자주 드나들었다. 그들은 수려한 원림 풍광을 즐기며 소요음영했고, 애착심에서 정원 경물마다 이름을 붙여주기도 했다. 김인후가 지은 「소쇄원 48영」과 목판에 새긴 〈소쇄원도〉는 소쇄원 정원 모습이 얼마나 아름다웠고, 당시 문인들이 소쇄원을 얼마나 사랑했는지 잘 보여준다.

임진왜란 병화로 한때 목조 건물들이 소실되는 아픔을 겪었으나 손자 양천운의 노력으로 고암정사와 부훤당(지금은 빈자리만 남아 있다)을 제외한 대부분 건물이 회복되었다. 지금의 소쇄원은 양산보 → 양자징(아들) → 양천운(손자)으로 이어지는 삼대가 약 70여 년의 시간에 걸쳐 이루어낸 것이다. 양천운의 『소쇄원사실』에 이런 대목이 있다. "할아버지께서 어느 하나 시적 대상이 아닌 것이 없었던 풀 한 포기 나무 한 그루의 자연을 손수 가꾸어 이 동산에 살아 계시니 참된 삶이 무엇인지를 가르쳐주시는 듯하다." 그 역시 할아버지 양산보의 조원 철학과 경관 미학을 계승하고 있었던 것이다.

소쇄원 죽림   대봉대

곳곳에 투영된 은인 처사의 정신세계

소쇄원 입구에는 대나무 숲이 무성하다. 위·진 시대에 죽림칠현이 노장사상을 숭상하여 술과 청담을 즐긴 곳이 대숲이고, 주자가 말년에 은둔한 곳 역시 죽림이다. 미풍에 흔들리는 대나무 숲을 보고 정자(程子)는 "대숲에 바람이 불면 대나무는 무심한 상태로 느껴 반응한다"(『계곡집』)라고 했다. 유교 성현들을 존숭했던 조선의 선비들은 대나무와 관련된 성현들의 행적을 흠모해 마지않았다. 소쇄원 주인에게도 대나무 숲은 단순한 숲이 아니라 옛 성현들의 자취를 회상하는 풍류 현장이었다. 양산보와 절친했던 김인후는 「소쇄원 48영」에서 죽림은 "밤낮으로 대피리를 불어준다"라고 노래했다. 그만큼 옛 선비들에게 대나무는 단순한 나무가 아니었던 것이다.

소쇄원 구성 요소 중 흥미로운 것은 초정 대봉대(待鳳臺)와 그 부근의 오동나무다. 정자 건물 자체는 현대에 복원한 것이지만 액호의 내용은 옛날

방지　　　　　　　　　　　　　　　오곡문

그대로다. 『산해경(山海經)』에서, 봉황은 아무리 배가 고파도 조[粟] 따위는 먹지 않는 청렴한 성품을 지녔으며, 대나무 열매를 먹고 오동나무에 둥지를 튼다고 했다. 대숲과 오동나무, 대봉대를 갖춘 소쇄원은 이미 봉황을 맞이할 준비가 다 된 것이다.

　대봉대 아래쪽에 작은 연못이 있다. 이곳에서 물고기가 헤엄치는 것을 보고 김인후는 「소쇄원 48영」에서, "물고기가 주인 그림자를 희롱하는데, 무심히 낚싯줄을 드리워놓네(魚戱主人影 無心垂釣絲)"라고 노래했다. 그는 심안을 통해 이 연못에서 장자 '어락(魚樂)'의 경지와 민낚시를 즐긴 위수의 강태공을 본 것이다. 당시 선비들의 의식 속에서 낚시꾼은 물외한객으로 살아가는 은자의 모습 그 자체였다. 봉황대를 지나 상류 쪽으로 가면 담장이 꺾이는 곳에 오곡문(五曲門)이 있다. 경내로 흘러든 계류가 '之'자 모양으로 다섯 번 굽어 흐른다고 해서 붙여진 이름이다. 문이라고는 하지만 계류 흐름을 방해하지 않기 위해 밑을 비워두고 쌓은 담장일 뿐이다.

자연을 거역하지 않으려는 소쇄원 주인의 조원 철학이 빛을 발하는 현장이다.

정원 경물로 삼은 바위

광풍각에서 바라보이는 경관의 중심은 폭포가 흘러내리는 큰 바위다. 이 바위는 조성된 것이 아니라 선택된 것이다. 서양은 훌륭한 암산과 바위가 많아도 그것을 정원의 경물로 삼는 경우는 드물다. 이유는 간단하다. 애호심이 없기 때문이다. 반면에 동양의 선비들은 바위를 무척 사랑했다. 겉보기에 평범할 뿐 아무 관심을 끌 만한 요소가 없어 보이는 바위에서 그들은 특별한 의미를 찾아내었다. 바위는 언제나 그들에게 인간 조건의 불완전성, 변절성을 초월한 어떤 절대적인 힘을 계시하는 존재였다. 그 힘은 바위 자체의 현실적 실존에서 연유한 것이 아니라, 유교적 가치관과 자연관에 기초해서 터득된 것이다.

윤선도는 그의 저작인 「오우가」에서 "고즌 무슨 일로 픠여서 쉬이 지고, 플은 어이하여 프르는 듯 누르나니, 아마도 변치 아닐 손 바회뿐인가 하노라"라면서 바위의 불변성을 상찬했다. 그가 조성한 부용동 정원에 널린 크고 작은 바위들은 모두 윤선도가 이곳에 오기 전부터 그 자리에 있었던 것들이다. 소쇄원 광풍각에서 바라보이는 큰 바위 역시 양산보가 이곳에 원림을 조성하기 오래전부터 그 자리에 있었던 것이다. 자연계의 모든 꽃과 풀이 계절과 타협하거나 굴복하지만, 바위는 그런 것을 초월하여 태초의 견고성을 그대로 유지한다는 점에서 양산보에게 바위는 벗 삼을 가치가 있었던 것이다. 광풍각을 이 자리에 세운 이유가 바로 여기에 있었던 것이다.

광풍각 앞 너럭바위 　　　　　　　　광풍각

삽상한 바람과 맑고 밝은 달—광풍각과 제월당

광풍각은 방문객들이 머물거나 원림을 감상하면서 풍류를 즐기는 자연 친화적 정자다. 처음에는 '침계문방(枕溪文房)', '계당(溪堂)' 등으로 불렸으나, 1614년, 손자 양천운이 고쳐 지은 후 광풍각이라 칭했다. 광풍각과 짝을 이루는 건물이 사랑채 제월당이다. 전혀 별개의 건물이지만 광풍각과 함께 '광풍제월(光風霽月)'이라는 통합된 의미로 엮어져 있다.

'광풍제월'은 '맑고 상쾌한 바람과 밝고 산뜻한 달'이라는 뜻이다. 송나라 황정견이 성리학자 주돈이의 인품을 평하여, "인품이 매우 높아 가슴속의 시원함이 마치 광풍제월과 같다(人品甚高 胸懷灑落 如光風霽月)"(『송사』「주돈이 열전」)고 말한 바 있다. 두 건물을 광풍각, 제월당으로 명명한 배후에는 옛 성현의 인품과 사상을 공유하여 자기화하려는 소쇄원 주인의 마음 작용이 있었다. '청풍명월(淸風明月)'이라는 말이 있다. 옛사람들은 맑고 산뜻한 바람과 달을 쌍청(雙淸)이라 했다. 광풍각, 제월당은 곧 쌍청의 상

제월당

광풍각, 제월당 편액

징이다. 그러므로 소쇄원 주인은 쌍청당의 주인이기도 한 것이다.

제월당 아래쪽 담장 아래에 매대(梅臺)가 설치돼 있다. 선비들이 매대를 마련하고 매화를 심은 뜻은 대개 학을 자식으로, 매화를 아내로 삼아 은일 생활을 즐긴 송나라 처사 임화정의 매화 사랑과 연결돼 있다. 반드시 그렇지 않다고 해도 잔설 속에서 피어나는 매화의 고결한 자태와 운치를 감상하는 것은 양산보와 같은 은둔 처사에게는 각별한 즐거움이자 행복이었을 것이 틀림없다.

양산보는 자기의 눈과 마음이 닿지 않은 구석이 없는 이 정원을 매우 아끼고 사랑하여, "남에게 팔지 말고, 상함이 없게 잘 보존할 것이며, 후손의 어느 한 사람에게 물려주지도 말라"는 유언을 남겼다. 그 후 흘러간 세월이 어언 450여 년, 양산보의 후손들은 15대를 이어 내려오는 동안 그의 유언을 받들어 소쇄원을 가문의 자랑으로 여기면서 지금까지 잘 보존해오고 있다.

자미탄 경관   식영정

그림자에 몸을 감추는 정자, 식영정

식영정(息影亭)은 전라남도 담양군 남면 지곡리에 있는 조선 시대 정자이다. 명승 제57호. 지금의 식영정은 목조 기와집 형태로 돼 있지만 「식영정기」에서는 "띠풀로 이엉을 얹고 대나무로 벽을 두른 배와 같다"라고 묘사되어 있다. 식영정 입구 쪽 언덕 아래에 부용당과 서하당이 자리 잡고 있고 길 건너편에는 증암천이 광주호로 흘러들고 있다. 과거에는 이 개천을 자미탄이라 불렸는데, 주변에 배롱나무[紫薇]가 무성했기 때문이다. 당시 자미탄 건너편에 있는 환벽당의 손님들이 나룻배로 자미탄을 건너 식영정을 오갔다고 한다. 주변 일대의 한적하고 수려한 풍광은 이곳에 식영정이 자리 잡게 된 이유다.

식영정 주인 임억령(1496~1568)은 을사사화(1545) 때 동생 임백령이 소윤 일파에 가담하여 대윤의 선비들을 추방하자, 자책하여 벼슬을 그만두

고 창평(담양의 옛 이름) 땅으로 돌아왔다. 그때 제자이자 사위인 김성원이
그에게 정자를 지어 올리면서 이름 짓기를 청하니 임억령은『장자』잡편
「어부(漁夫)」의 우화를 상기하여 '식영(息影)'으로 할 것을 권했다. 「어부」의
내용은 이러하다.

공자가 하루는 은행나무(혹은 살구나무) 아래서 쉴 때 제자들은 책을 읽고
공자는 거문고를 탔다. 이때 한 백발 어부가 나타나 한 곡조를 다 듣고 난
후 공자를 본 소감을 제자에게 이렇게 귀띔하고 사라졌다. "인(仁)은 인(仁)
임에 틀림없으나 그 몸은 화를 면치 못하리라." 이 말을 전해 들은 공자는
급히 어부를 뒤쫓아가 스승으로 대접하고 가르침을 청했다. 공자가 어부
에게 물었다. "스스로 잘못이 없다고 생각하는데 비방의 대상이 된 이유가
무엇입니까?" 어부가 답했다. "그대는 정말 깨우치지 못했소. 어떤 사람이
자기 그림자가 두렵고 발자국이 싫어서 벗어나려 했는데, 발을 빨리 놀리
면 놀릴수록 발자국이 더 많아졌고, 빨리 뛰면 뛸수록 그림자는 그의 몸을
떠나지 않았소. 그래서 그는 아직도 느리기 때문이라 생각하고 쉬지 않고
더 빨리 뛰다가 결국 지쳐서 죽고 말았소." 이어서 어부는 그 이유를 이렇
게 말하고 사라진다. "이 사람은 그늘에 처하면 그림자가 사라지고 고요히
쉬면 형적이 멈춰진다는 것을 몰랐으니, 어리석음 역시 심한 것이다(不知
處陰以休影, 處靜以息迹, 愚亦甚矣)."

'처음식영(處陰息影)'이라는 말이 이로부터 생겨났다. 조선 선비들이 선
비로 처신함에 있어 가장 중요시했던 것이 '출처의 의리[出處之義]'였다. 대
부로서 세상에 나아가든 처사로서 숨어 살든 모두 의리에 맞아야 한다는
것이다. 당시 창평의 처사들 중에는 자의 혹은 타의로 낙향한 사람들이 많
았다. 임억령, 김성원이 그랬고 고경명, 기대승, 양산보, 정철 또한 그랬
다. 당대 일류 문사였던 이들은 인의(仁義)의 가치를 잘 알고, 시비를 구별

서하당과 부용당　　　　　〈성산계류탁열도〉(『서하당유고』) 중
　　　　　　　　　　　　　식영정, 서하당 부분. 호남명현유묵전
　　　　　　　　　　　　　(광주 은암미술관) 전시

할 줄 아는 사람이었지만 상대방의 비방과 화를 면치 못했다. 이들은 식영
정에서 그림자에 몸을 감추고 산수 감상과 시작(詩作)을 즐겼다. 도피적 도
가사상과 의로운 출세간의 욕망이 버무려진 정철의 「성산별곡」, 「사미인
곡」을 비롯하여 식영정을 중심으로 활동한 문사들이 남긴 문학작품들은
한국 문학사에서 중요한 위치를 차지하게 된다. 끝으로 식영(息影)의 함의
가 잘 표현된 이규보의 시 한 수를 소개한다. 『동국이상국집』에 수록되어
있다.

벼슬길에서 곧은 말 거리낌 없이 하였으나　　　　　畏途不忌搖長喙
한가히 사는 지금엔 수염이나 세고 있소　　　　　　閑境如今數短鬚
이미 숨어 살아 형적을 감추었는데　　　　　　　　已喜處陰方息影
무엇 하러 탐내어 어리석은 짓 또 하리요　　　　　何須惱日更驚愚

담양 즐기기

덕인관 떡갈비, 대통밥

맛을 넘어 식당 품새도 식탁 차림새도 품위가 뚝뚝 듣는다. 외국인도 맛보면 좋겠다는 생각이 담박에 든다. 맛은 외양보다 더 기가 막히다. 식감과 깊은 맛과 풍부한 맛에 전통성마저 갖춘 음식이다. 조리법과 식당의 역사가 전통성을 갖추었다. 한우만을 고집하는 식재료도 믿을 만하다. 소문난 식당에 소문난 음식이 있었다.

전남 담양군 담양읍 죽향대로 1121(백동리 408-5)
0507-1342-7881
주요음식 : 떡갈비, 대통밥

맛깔스러운 찬이 품위 있는 모습으로 오른 식탁엔 진귀한 음식도, 일상적인 음식도 있다. 맛만은 상향 평준화되어 열 가지 정도 오른다. 콩가루 묻힌 어린깻잎무

대통밥과 시래기된장국

침, 쌉쏘름한 도라지튀김, 자연의 맛 도토리묵, 쫄깃거리는 잡채, 향긋한 두부, 개운하고 깊은 시래기된장국에 떡갈비와 대통밥이다. 대통밥에선 화려하지 않고 은근한 대나무 기운이 그대로 느껴진다. 눈 감아도 전라도 밥상인 줄 알겠다.

무엇보다 주연인 떡갈비는 품새도 맛도 최상의 상태를 보여준다. 누구든 한 입만 먹으면 반하지 않을 수 없는 높은 격조의 풍미와 실속 있는 식감을 갖추었다. 갈빗대를 그냥 조리하여 갈비뼈가 가운데 있다. 고기를 갈지 않고 좃아서 느끼하지 않고, 결마다 다른 미세한 질감의 차이가 느

떡갈비

껴진다. 살짝 오도독거리며 씹히는 맛이
좋다. 질기지도 않으면서 안에 풍성하게
간직한 육즙, 잡고기 섞이지 않은 향긋한
고기의 자연스러운 맛이 화려하지 않은 양
념으로 그대로 전달된다.

광주 송정동의 떡갈비는 돼지고기와 소
고기를 함께 재어 석쇠에 구워 내온다. 떡
갈비와 비슷한 서울 마포의 바싹불고기도
석쇠구이다. 여기서는 철판구이다. 불 맛은
떨어지나 부드러운 맛이 더 강하고, 숯불
에 타는 부위가 없는 것은 장점이다. 광주
의 대중화와 담양의 역사 품격이 만나 떡
갈비의 지평이 확장된다.

대통밥과 떡갈비, 지구촌 환상의 음식이
다. 옛날 수라상도 평소에는 의외로 소박
했다. 정조도 모친 혜경궁 홍씨의 회갑연
때마저 자신의 밥상은 간소하게 차리라고
당부했다. 왕들은 나라에 어려운 일이 있
으면 찬을 덜어내는 감선을 수시로 했다.
혹 수라상만은 못하다 해도 상층 양반의
밥상은 되고도 남는다. 근대 한국의 상향
평준화가 밥상에서도 실현되는 것 같다.

역사상 제일 화려하달 수 있는 대한민

국 시대, 한국인들 참 복되게 살고 있다.
언제나 어디서나 열심히 살고 공동체 정신
으로 이웃 배려하며 사는 데 대한 보답이
라고 생각하면 지나친 자화자찬일까.

진우네집국수 비빔국수

국수 전문점, 물국수와 비빔국수, 거기
에 국수로만은 허해질 속과 영양 불균형을
염려하여 삶은 달걀을 더했다. 세 가지가
똑같이 인기 있고 맛있다. 우선 국수국물
이 그만이다. 비빔국수의 양념은 매운 감
이 있으나 감칠맛이 있다. 한 우물을 파온
국수를 제대로 맛볼 수 있다.

전남 담양군 담양읍 객사3길 32(객사리
211-34)
061-381-5344
주요음식 : 국수

국수거리를 만들어낸 집답게 높은 솜씨
를 보여준다. 시원하고 깊은 맛이 다소 굵
은 면발, 잔칫집 분위기 나는 중면에서 느
껴진다. 단지 멸치나 무만으로는 낼 수 없
는 복합적인 감칠맛이 느껴진다. 감칠맛은
재료가 다양해야 더 깊어진다. 재료마다
다른 성분이 섞이면서 혀의 수용체를 활성
화하기 때문이다. 깊은 맛은 여러 가지 맛
이 다양하면서 각각의 제맛을 유지하고 있
어야 한다. 깊은 맛은 미각세포를 많이 자

비빔국수

물국수

극하여 미각을 활성화한다. 한 우물 노하우가 국물 맛에 그대로 녹아 있다.

비빔국수는 맛있지만, 매운맛이 다양한 맛을 압도한다. 먹을수록 매운맛에 입안이 얼얼하다. 매운맛에 밀린 다양하고 깊은 맛을 살려내면 어떨까. 반찬은 콩나물, 김치, 단무지무침이 나온다. 단무지무침은 그 옛날 도시락 반찬으로 자주 애용되던 그 향수의 맛을 담고 있다.

국숫집에서 삶은 달걀이라니, 좀 의아했다. 흰자에 누르스름한 국물 색이 배어 있다. 간이 밴 흰자가 쫀득쫀득, 간도 육질의 단단함도 입에 붙는다. 염분 있는 국물에 삶아 찬물에 넣지 않아도 껍데기가 잘 까져서 먹기도 좋다. 달걀은 맛만 좋은 것이 아니라, 탄수화물인 국수만으로는 허전한 속을 메워주고, 단백질과 무기질로 영양의 균형도 잡아준다. 매운 비빔국수를 먹은 속도 부드럽게 달래준다.

요리라고 할 것은 국수밖에 없는 단조로운 메뉴판, 다양한 요리에 분산되는 힘을 국수 한 가지에만 쏟아서 저렴한 가격에 대중과 함께하려는 의지가 드러난다.

달걀 또한 국수의 파생물이다. 겨울에 찬 달걀을 따뜻하게 덥혀주려고, 뜨거운 국물에 끓여줬던 것이 이제는 별도의 명물이 된 것이다. 맛과 정성에 대한 믿음이 일어난다.

국수 한 그릇에 대한 신뢰는 거리를 바꾸고 문화지형을 바꾸어놓는 데 이르렀다. 맛을 찾는 많은 사람이 모여 국수거리를 만들어내고, 죽제품 시장을 끈질기게 지켜 플라스틱에 밀린 담양 죽제품을 현재화하고, 영산강을 끼고 죽녹원과 담양관방제림을 잇는 자연 문화벨트를 활성화시켰다. 대중을 감동시키는 음식문화의 가시적인 힘을 본다. 국수 한 그릇의 나비효과다.

황토방국밥 모둠국밥

순대와 부위별 고기가 그득하여 푸짐한 인심이 먼저 눈에 들어오는데, 국물 맛은 더 알차다. 시원하면서도 부드러우면서 풍성한 맛을 제대로 표현할 길이 없다.

전남 담양군 창평면 사동길 14-7
061-381-7159
주요 음식 : 국밥, 순대

고기 가득한 진한 국물이 이렇게 시원
할 수 있다니, 믿어지지 않을 정도다. 술국
으로도 그만이겠다. 어떻게 고기에서 이처
럼 고기를 넘어선 맛이 나오는 것일까? 모
둠국밥은 가장 인기 있는 간판 음식이다.
가격도 저렴한 데다 일품음식으로 먹기도
간편하다. 손님이 너무 많을 때는 아예 모
둠국밥만 한다. 메뉴판에도 꼭대기에 있다.
내장에서부터 머릿고기까지 다양한 부
위로 이루어진 건더기는 고기국물을 우려
낸 주연이면서도 탱탱한 식감과 고기 맛
을 그대로 간직하고 있다. 거기다 양도 오
지게 많아 어지간한 장정도 만족할 수준
이다. 국밥 속 순대도 그만이다. 순대 속에
콩나물이 들어 있는 것이 특별하다. 순대
속 콩나물은 시원한 맛과 씹는 식감을 동
시에 안겨준다.
국물도 고기도 각기 제맛과 식감을 유
지하며 통합적인 맛을 낸다. 국물은 고기
삶아낸 국물에 무 등 여러 재료를 넣고 오
래오래 끓여낸 맛이 감지된다. 진하고, 시
원하고 풍부한 감칠맛이 누구나 매료될 진
국이다. 반찬은 배추김치와 깍두기, 고추
속젓무침이 나온다. 깍두기가 적당히 익어
아삭거리고 시원해서 고기와도 국밥과도
잘 어울린다.

모둠국밥

맛있는 비빔밥이나 김밥은 혼합하는 음
식 재료 하나하나가 제맛을 품고 어우러져
야 맛있다. 성미당을 비롯 유명한 전주비
빔밥은 대부분 재료를 하나하나 정성으로
간 맞춰 만들어서 얹는다. 김밥에도 생당
근을 넣으면 간도 식감도 다 놓친다. 비빔
밥의 원리가 국밥에서도 통한다. 건더기가
하나하나 제 간과 맛을 품고 있어야 국물
과 어우러져 맛이 더 온전해진다. 이 국밥
은 순대뿐 아니라 고기 또한 따로 수육으
로 먹는 것과 진배없이 탱탱한 맛을 고기
대로 즐길 수 있다. 맛있는 건더기와 국물
이 만나 최고의 조화를 이뤄냈다.
국밥은 예로부터 서민음식으로 손님에
겐 싸고 맛있고, 주인에겐 차리기 간단한

경제적 음식이었다. 복잡한 장터에서는 어김없이 국밥을 팔았다. 장 한켠에서 펄펄 끓고 있는 국밥은 그대로 장터의 전형적인 모습이었다. 창평장도 그랬다. 그러더니 장은 사라지고 국밥만 남아 국밥거리를 만들어냈다. 국밥거리에 남은 민속전통은 거꾸로 장까지 살려내서 명맥을 잇도록 한다. 조연이 주연이 되어, 사라져간 주연을 불러내지만 아무래도 흘러간 물인 거 같다.

생활풍속은 바뀌어도 음식문화는 연속성을 갖는다. 전통적인 음식일수록 오히려 더 힘을 가지는 현재형 문화가 된다. 한국을 알려면 한식을, 지역을 알려면 향토음식을 만나야 한다.

목포

木浦

목포 고하도 이충무공 비각

전남 서남쪽에 있다. 유달산(儒達山)이 솟아 있고 영산강(榮山江)이 흐르는 항구이다. 삼학도(三鶴島)를 비롯한 13개의 섬이 펼쳐져 있다. 세발낙지가 특산물이다. 김우진(金祐鎭), 박화성(朴花城), 차범석(車範錫) 등 많은 문인이 배출된 곳이다.

목포 알기

왜군을 물리친 노적봉

유달산에 있는 큰 바위가 노적봉이다. 임진왜란 때 이순신이 적은 군사로 많은 왜적을 물리치기 위해 이 봉우리에 이엉을 덮어 아군의 군량미를 쌓아놓은 노적가리로 위장해 왜군이 전의를 상실하고 도망가게 했다고 한다.

● 이야기는 범속한데 산 모양이 비범해 다시 보게 한다.

삼학도의 냉혹한 장사

유달산에서 한 젊은 장사가 무예를 닦고 있었다. 절벽 같은 암벽을 오르내리기도 하고, 바위와 바위 사이를 건너뛰기도 하고, 활로 날아가는 새를 쏘아 떨어뜨리고, 큰 칼로 호랑이의 숨통을 끊기도 했다. 그런 가운데 아침마다 마을에서 올라와 물을 길어 가던 세 처자가 이 늠름한 장사의 모습에 연정을 품게 되었고, 장사 역시 날마다 마주치게 되는 처녀들에게 마음이 끌려 무예를 닦을 수 없었다.

장사는 무예 수업을 마치기도 전에 마음이 흔들리는 것을 몹시 자책하면서 마음을 굳게 다져먹었다. 하루는 산에 오른 세 처사에게 자신의 심정을 토로했다. "당신들을 사랑하게 되어 혼란스러워진 마음에 무예를 익힐 수 없으니 수업이 끝날 때까지 멀리 떨어진 섬에 가서 기다려달라." 이 말을 들은 세 처녀는 어느 맑은 날 돛단배에 몸을 싣고 먼 섬으로 향했다.

이 광경을 숨어서 지켜보던 장사는 "세 처자가 살아 있는 한 마음을 가라앉힐 수가 없다"고 생각해 유달산에서 배를 향해 화살을 마구 쏘아 날렸다. 천하장사의 화살을 연거푸 맞은 배는 두 동강이 나면서 목포 앞바다 한가운데 가라앉고 말았다. 그러자 그 자리에 세 마리의 학이 솟아오르면서 슬픈 울음을 남기고 하늘 높이 날아갔다. 곧이어 세 개의 바위가 솟아오르면서 섬이 되었는데 이것이 삼학도라 불리게 되었다고 한다.

● 삼학도의 유래를 그럴듯하게 이야기하려다가 납득할 수 없는 졸작을 만들었다. 경치가 너무 좋으면 그림을 제대로 그리지 못하는 것과 같다.

갓바위가 전하는 비극

갓바위는 전라남도 목포시 용해동 인접 해역에 있는 풍화혈(風化穴)이다. 삿갓을 쓴 사람 모양이라서 갓바위라고 한다.

아주 먼 옛날 이곳에 병든 아버지를 모시고 사는 소금장수 아들이 있었다. 살림은 궁했지만 효성이 지극했다. 아버지의 병이 깊어지자 청년은 약값을 마련하느라 이웃 부잣집에 농번기 한철 머슴으로 갔다. 한 달간 열심히 일했으나 못된 주인이 품삯을 주지 않아 전전긍긍하다가 아버지 걱정에 빈손으로 집에 와보니, 이미 아버지의 손발이 싸늘하게 식었다.

한 달이 훨씬 넘게 병간호를 못해 아비를 죽게 했음을 통탄하며 아버지가 저승에서나마 잘 지내도록 양지바른 곳에 묻어주려 했다. 배로 관을 운반하다가 그만 실수로 관을 바다에 빠뜨리고 말았다. 바다에 들어가 자맥질을 하며 아비의 관을 건지려 했으나 찾을 수 없었다.

아들은 견딜 수 없었다. 자신은 하늘을 바로 볼 수 없는 불효자라 통회하면서 이곳에 갓을 쓰고 앉아서 굶어 죽었다. 아들이 죽은 이곳에 갓을 쓴 모양의 바위 두 개가 솟았다. 큰 바위를 '아비바위', 작은 바위를 '아들바위'라고 이름 지었다. 아들 바위의 옆모습을 보면 마치 하늘을 향해 울부짖고 있는 것 같다.

● 이 불운한 아버지와 아들이 바위가 되게 하고서 신령이나 부처가 할 일을 했다고 시치미를 떼도 되는가? 역전이 제대로 이루어지지 않아 밋밋하게 끝난 이야기를 만든 것은 누구 잘못인가?

목포의 눈물

〈목포의 눈물〉은 문일석(文一石) 작사, 손목인(孫牧人) 작곡, 이난영(李蘭影) 노래의 대중가요이며, 1935년에 발표되었다. 작사자와 가창자가 모두 목포 출신이다. 모두 3절로 된 노랫말의 1절은 다음과 같다.

사공의 뱃노래 가물거리며
삼학도 파도 깊이 스며드는데
부두의 새악시 아롱젖은 옷자락

이별의 눈물이냐 목포의 설움

● 이 노래를 기리는 최초의 대중가요 노래비가 유달산 중턱에 있어, 목
포를 더욱 빛낸다.

덕인집 삼합

톡 쏘는 흑산도 홍어가 쫀득거리는 돼지고기 수육에 묵은지를 만나 삼합이 되었다. 홍어의 본고장이라는 목포에서 음식은 입으로만 먹는 것이 아니라 코로도 오감으로 먹는다는 것을 배운다. 맛보는 후각의 즐거움으로 감각이 열린다.

삼합

전남 목포시 무안동 4-5
062-242-3667
주요음식 : 홍어, 삼합, 민어찜, 애탕 등

흑산도에서 가까운 목포에 와서 먹는 흑산도홍어, 당연히 삭힌 홍어다. 긴장했으나 많이 삭지는 않았다. 겁먹었던 것보다는 약한 자극이다. 초심자도 겁내지 않고 먹을 수 있다. 상차림은 조금은 촌스러운 시골 잔치상 풍모다. 맛은 촌맛이 아니라 전문가의 맛이다. 신천초 무침, 갈치속젓이 눈에 띈다. 신선초는 약간 쌉쏘롬한 맛이 형용하기 어려운 토속적인 기운을 남긴다.

돼지고기·홍어에 묵은지 얹은 삼합, 묵은지 진한 맛 사이로 어김없이 홍어의 쏘는 맛이 감지된다. 쏘는 맛은 코끝에서 잠깐 퍼졌다가, 금세 돼지 수육으로 잠겨든다. 홍어 맛을 모르면 맛을 논하지 말라고 맛의 저 높은 곳에서 홍어가 말하는 듯하다. 홍어삼합의 매력은 다른 식재료 삼합으로 끊임없이 확장되며 한식의 지평을 넓히고 있다.

홍어애

홍어애, 즉 간 또한 삭아 있어 코를 쏜다. 크림같이 부드러운 식감이나 맛은 강하고 특별하다. 신기한 것은 삭았는데도 금방 잡은 것처럼 탱탱한 모양과 식감을 내는 것, 볏짚과 참숯으로 삭힌다는 기술이 예술이다.

푸아그라처럼 동물을 학대하지 않아도 이런 자연 음식을 만들어내는 기술이 한식의 깊이를 보여준다. 소금에 고추가루와 참기름을 넣은 양념소금, 참 간단한데 애를 찍으니 맛이 한층 더 올라간다. 토속적으로 보여도 맛을 제대로 즐기기 위해서는 얼마나 섬세한 배려가 필요한지 알 수 있다. 홍어국은 국물이 쏘는 맛을 그대로 담고 있다. 홍어 건더기도 흐물어지지 않고 맛은 맛대로 낸다. 홍어의 변주다. 차진 밥이 홍어국에 그만이다.

홍어는 미각을 넘어 후각도 동원한다. 미각에서 감당 못 하는 암모니아 발효가스를 맛봐야 한다. 오감으로 느끼는 이 맛을 발견한 것은 조상의 행운이었지만, 오늘날도 이어받아 즐기는 것은 후손의 복록이다. 이제는 남도 사람 아니어도 삭힌 홍어를 즐겨서 복을 누리는 사람이 늘어난다. 맛을 느끼는 데 더 많은 감각을 요구하는 홍어는 미각력도 키우고, 맛에 대한 공감각(共感覺)도 키워서 더 큰 즐거움을 준다.

더 많이 삭힌 홍어를 원한다면 옥암동의 금메달집으로 가야 한다. 물론 가격은 더 올라간다. 삭히는 데 드는 공정, 더 즐거워지는 건강한 오감을 생각하면 아깝지 않을 것이다.

뚱보횟집 낙지호롱이, 낙지회

낙지의 고장 목포에서 조리법에 따라 어떻게 낙지의 맛과 모양새가 달라지는지 보여준다. 곁반찬 해물도 목포에 오니 다르다.

전남 목포시 해안로 271(광동 1가 3-3)
061-244-4508
주요음식 : 생선요리

통통 탱탱한 낙지, 이 이상의 식감이 있을까 싶은 양질의 식재료다. 잘게 탕탕 쳐서 참기름을 곁들이고 깨소금, 파, 당근 등으로 고명을 했다. 낙지회는 조리된 음식이 아니므로 식재료의 선도와 질이 맛을 좌우한다. 세발낙지보다 조금 굵은 듯, 제법 통통하여 식감이 충분히 만족스럽다.

'탕탕' 쳤지만 여전히 움직인다. '뻘 속의 산삼'이라 해도, 살아 움직이는 것을 먹

낙지호롱이

낙지회

는 것은 여전히 부담이다. 목구멍에 들러붙지 않게 하는 참기름을 넣었다 해도 접시에 붙고 입천장에 붙는다. 으레 그러려니 하므로 안 움직이면 또 신선도에 의심이 가기도 한다. 산 낙지를 먹을 때마다 가지는 이중성이다. 산 낙지는 삭힌 홍어와 함께 먹는 방식의 특수성이 한식의 극점이다. 남도음식의 넓은 파장이다.

낙지호롱이는 양념한 세발낙지를 나무젓가락에 둘둘 말아 양념해서 구운 것이다. 이름이 왜 호롱이일까. 탕탕이는 탕탕 쳐서 탕탕이다. 호롱은 등잔을 말하니 의미 전용은 아니겠고, 아마 생긴 모양을 표현한 의태어인 듯하다. 강아지를 멍멍이, 돼지를 꿀꿀이라 하며 의성어를 명칭으로 사용하는 언중의 힘이 낙지요리 명명에서도 발휘된 셈이다. 낙지의 한자어 석거(石距)도 돌틈에 살아서 붙인 말이라 우리말로 '돌틈이' 정도 될 테니 모두 음성상징어 명명인가.

옛날에는 낙지를 나무젓가락 아닌 볏짚에 말아 구워 제사상에 올렸다. 조선시대부터 먹었다는 오래된 요리이다. 고추장 양념이 달착지근하고 뒷맛이 개운하다. 다

른 찬 갈치속젓도 신선하고 생동거리는 맛이 인상적이다. 남도에 왔구나, 젓갈도 이렇게 감동을 주다니.

낙지회는 탱탱할 때 재빨리 먹으면서 생육질을 그 자체로 즐긴다. 양념하여 불맛을 입힌 낙지호롱이는 작은 세발낙지를 길게 말아놓아서 천천히 풀어가며 놀이처럼 굽이굽이 맛을 즐긴다. 전통 요리의 양극단인 두 가지 요리를 먹으니 낙지 맛을 다 본 거 같다.

숙회, 연포탕, 볶음, 덮밥 또한 전통적인 낙지 요리라면 불낙, 갈낙탕, 소낙탕탕이, 박속낙지탕 등은 진화하는 현재형 요리다. 『자산어보』에서는 낙지는 사람의 원기를 돋우는 음식으로 야윈 소도 낙지 너댓 마리를 먹으면 일어난다고 하였다. 최고의 보양식이 맛도 좋은데, 먹는 방법을 다양하게 개발하니 먹을 기회가 더 많아진다. 갯벌에서 잡는 낙지는 주민들에게는 황금으로 불리는 고소득 해물이다. 누구에게나 최고의 선물인 낙지, 산지에서 다양한 선물을 받는다.

민어회

민어전

영란횟집 민어 코스요리

오래된 민어 전문식당이다. 전라도 토속적인 솜씨로 하는 다양한 민어 요리를 제대로 맛볼 수 있다. 신안과 다투는 민어 본고장다운 맛이다.

전남 목포시 번화로 42-1(만호동 1-78)
061-243-7311
주요음식 : 민어회

코스요리를 주문하면 회와 무침회와 전을 먼저 먹고, 매운탕을 곁들인 한상을 받아 본격적인 식사를 한다. 생선회와 여러 요리를 함께 먹는 것은 우리식 생선회 차림이다. 중국 요리에는 회가 없고, 생선회의 고장인 일본에도 무침회, 전, 매운탕이 없다. 대신 생선 맑은탕(지리, ちりなべ)을 먹지만, 회와 같이 먹는 일은 드물다.

우리는 무침회를 먹는다. 세계에 흩어진 동포들도 먹는다. 카자흐스탄 동포들도 '해'라고 부르며 먹는다. 투박하게 뜬 회 모양새 또한 우리식이다. 투박한 접시에 무침회와 전, 이어지는 밥상, 우리 상차림으로 민어를 즐긴다.

민어회 가운데는 껍질회가 놓여 있다. 호랑이 같은 민어 껍질회는 단단해서 씹기 힘들 정도로 뽀드득 잘깃거린다. 제일 맛있는 것은 역시 부레. 최상의 아교 재료라는 부레, 껌처럼 쫀득거리는데 지방이 많아서 진하고 고소한 느낌이 확 퍼진다. 기름소금이 풍미를 살린다. 민어는 부위마다 맛이 다르다는 말이 실감난다.

민어는 기름이 많아 묵은지와 곁들이면 더 담백해지며 맛이 깊어진다. 그래서 민어회는 김치에 싸서 먹고, 갓 부쳐 내온 민어전도 김치와 함께하면 맛이 배가된다. 신안에서는 접하지 못한 섭취 방식이다. 김치는 묵은지인지 햇지인지 구분이 안 될 정도로 청량한 맛이다. 음식 경륜은 요리 방식을 넘어 먹는 방식에서도 나타난다.

초무침회는 양념을 중시하는 전라도 조리법이다. 압권은 역시 매운탕, 쑥갓 향 아

민어 매운탕

껍질회 부레

래 부드럽고 깊으면서 알맞은 간은 밥반찬
으로 딱이다. 푹 고아서 곰탕처럼 보양식
으로 먹는다는 매운탕 마무리로 뒷맛이 개
운하다.

무침회

　동해의 방어와 짝을 이루는 서해의 민
어, 전에는 서해 일대가 민어 천지였다. 지
역마다 다르고, 크기와 암수에 따라서도
다른, 무수한 이름에 전성기의 흔적이 남
아 있다. 요즘은 목포와 신안이 주산지이
다. 월동을 하는 제주에서도 민어를 만날
수 있다. 남도에 오면 민어를 즐겨야 허전
하지 않을 터이다.

　50년이 넘은 이 식당은 민어 요리의 역
사와 민어 거리의 중심이다. 실내 분위기
도 음식 차림새도 수더분한데, 옹골찬 솜
씨만은 찬란한 역사와 명성을 그대로 보여
준다.

무안

務安

백학산
▲

해제면

현경면
망운면
무안읍

운남면
청계면
몽탄면

▲승달산

초의선사 탄생지
●
삼향읍

일로읍

무안 법천사

　전남 서남쪽 서해변에 있다. 노령산맥의 한 지맥이 서남단에 무안반도(務安半島)를 형성하였고, 다시 여기서 갈라져 나간 해제반도(海際半島)와 망운반도(望雲半島)가 있다. 해안선이 길다. 몇몇 하천이 영산강으로 흘러든다. 초의(草衣)가 이 고장 사람이다. 연안에 2개의 유인도와 25개의 무인도가 있다. 갯벌이 길고, 생태갯벌센터가 있다. 낙지로 유명한 고장이다.

몽탄의 유래

무안군 몽탄면과 나주시 동강면을 연결하는 영산강 하류를 몽탄(夢灘)이라고 일컫는 유래가 있다. 후삼국시대 왕건(王建)이 나주성에 웅거한 견훤(甄萱)과 한판 승부를 겨루기 위해 동강면 옥정리 몽송(夢松) 마을에 진을 치고 있었다. 견훤의 군대가 사방을 에워싸고 공격하기 시작했다. 포위된 왕건군이 혈로를 뚫고 도망하려 했으나 강물이 범람해 가능하지 않았다. 밤이 깊어서야 견훤군은 공격을 멈추었다.

그때 군막에서 막 잠이 든 왕건의 꿈에 백발노인이 나타나 지금 강물이 빠졌으니 건너가라고 일러주었다. 이에 꿈에서 깨어 즉시 군사를 강 건너로 옮겨 파군천에 매복시켜놓았다가 추적해 오는 견훤군을 크게 무찔렀다. 현몽을 받아 건넌 여울이어서 몽탄이라고 부르게 되었다고 한다.

● 꿈에 나타난 백발노인이 없으면 전설이라고 하기 어렵다. 사실 여부를 따져 전설을 판별하는 것은 아니다. 현실을 넘어서는 비약이 있어야 전설이라고 할 수 있다.

수수께끼의 백학산 전설

해제면 대사리의 백학산(白鶴山)에 전하는 이야기가 있다. 고려 말에 속성(俗姓)이 고씨(高氏)인 고승이 이 산에 들어와 절을 세우고 수도했다. 어느 해 가뭄으로 온 동리가 아사지경이 되었을 때 한 노인의 간청에 따라 불공을 드려 비가 오게 했다. 하지만 다음 세상에 중들이 수난을 당할 것을 예견하고 상좌들을 피신시킨 다음 자신은 백학이 되어 구름을 타고 날아갔다고 한다.

● 고승의 속성이 고씨라는 말이 왜 필요한가? 간청을 한 노인은 누구인가? 비가 오게 한 것과 다음 세상에 중들이 수난을 당하는 것이 어떻게 관련되는가? 백학이 되어 구름을 타고 날아가는 것이 어떻게 가능했는가? 풀리지 않은 의문이 겹쳐 긴장된 전설을 만들어냈다.

다선일미(茶禪一味) 초의선사

이 고장 출신의 승려 초의(草衣) 의순(意恂)은 정약용(丁若鏞)이나 김정희(金正喜)와 가까이 지냈으며, 차를 가꾸고 마시는 데 힘써 널리 알려졌다. 차에 관해 알아두어야 할 사항을 정리해 적고 「다신전(茶神傳)」이라고 했다. 차를 기리는 노래 「동다송(東茶頌)」은 더욱 널리 알려졌다. 차의 내력과 종류를 자세하게 밝히고, 끝으로 차를 마신 느낌을 다음과 같이 노래했다.

명월은 촛불이 되고 벗이 되며,　　　　　　　　　　明月爲燭兼爲友
백운이 자리 펴고 병풍 두른다.　　　　　　　　　　白雲鋪席因作屏

대 젓대 솔 파도 맑기도 하구나.	竹籟松濤俱蕭凉
청한이 뼛속까지 밝혀 마음을 깨워주네.	淸寒瑩骨心肝惺

밝은 달과 흰 구름이 아늑하게 감싸준다고 했다. 대나무와 소나무에서 일어나는 바람이 맑은 기운을 전해준다고 했다. 청한한 느낌이 심신을 정화하고 각성시켜준다고 했다. 차를 마시는 것을 불교의 깨달음을 얻는 것과 동일시해서 그렇게 말했다.

「도암십영(道庵十詠)」 같은 선시를 지으면서 선의 경지를 따로 분리시키지 않고 일반 문인들의 탈속한 취향과 부합되는 표현을 얻으려 했다. 「진묵선사유적고(震默禪師遺蹟攷)」를 지어, 파격적인 기행을 일삼았던 진묵대사 일옥에 관한 민간전승을 수록하고 민중불교로의 전환을 꾀한 것 같은 말을 서문과 발문에다 남겼다.

무안 즐기기

낙지예찬 생선예찬 낙지정식

낙지를 주메뉴로 생선을 보조메뉴로 하여 한상을 차린다. 식재료의 상당수가 무안 특산으로 이루어진 향토음식이다. 여러 곁반찬이 올라와 한정식 느낌이 난다. 해물이 하나하나 때와 간을 맞춰 오르고, 곁반찬 하나하나 모두 맛의 완성도가 높다. 무안 방문 손님들에게 권할 만한 대표 음식이다.

전복, 낙지숙회, 갈치구이,

전남 무안군 무안읍 무안로 544
061-454-6696
주요음식 : 낙지 등 해물

세발낙지, 발이 가늘어 세발낙지, 새끼 낙지다. 그럼 세족(細足)낙지여야 할 거 같은데 왜 세발인지, 그래서 발이 세 개인 낙지라고 오해도 받는데 말이다. 갯벌에 사는 세발낙지는 무안에서 많이 난다. 전남 갯벌이 전국의 42%, 그중 무안이 5.9%나 되기 때문이다. 영산강 하굿둑 덕에 무안에 낙지 생산이 더 집중되었다. 게르마늄이 다량 함유된 무안 갯벌의 낙지는 맛과 영양이 더 좋다.

낙지숙회, 역시 쫀득쫀득 맛있다. 살짝 데쳐 참기름소금을 뿌렸다. 싱싱한 낙지숙회는 오히려 산 낙지보다 좋다. 산 낙지와 비근하게 쫀득거리면서 부담은 없기 때문. 전복찜은 길게 빠지는 이빨근이 제거되어 개운하다. 먹기 찝찝한 것을 제거해주는

메로구이

돼지감자장아찌

섬세함이 고맙다. 황태국은 국물에도 황태에도 맛과 간이 잘 배어 있다. 육수는 따로 끓여 넣고, 간은 일부 새우젓으로 맞췄다. 시원하면서도 깊고 풍부한 맛을 낸다. 감태무침, 풀치볶음, 메로구이 등 해물찬이 어느 한 가지 눈에 선 것이 없다. 메로구이의 육즙은 감동 수준이다.

돼지감자장아찌, 사각거리면서도 부드럽고, 너무 달지 않고 신선한 맛이 좋다. 지금은 햇양파철이다. 햇양파 올양파는 오래 두고 먹기는 어렵지만, 달고 육즙이 많아 맛있다. 양파김치는 작은 양파로 담궈 간이 잘 배고 먹기도 편하다. 아삭거리면서 다디단 양파김치, 참으로 놀라운 솜씨의 별식이다. 양파는 무안의 특산물, 황토 흙밭이어서 양파가 잘돼 전국 20%를 생산한다. 못난이 양파는 한우의 사료로 사용해 한우도 맛이 좋다.

마늘쫑조림, 이거 한쪽 먹어보면 나머지 음식 맛을 죄다 짐작할 수 있다. 깊은 솜씨가 그대로 느껴진다. 간도 식감도 적당히 달달한 맛도 다 좋다. 김치에서는 완전히 프로 냄새가 난다. 젓갈을 그리 많이 쓴 거

같지 않고, 양념도 단순해 보이는데, 깊고 싱싱한 맛을 익은 김치가 다 담고 있다. 밥 또한 탱글거리는 쌀알의 식감이 생선과 같이 먹기에 그만이다.

무안에 와서 단 한 번 식사할 기회가 있는 분에게 권하고 싶은 식당이다. 무안 대표 식재료와 남해안의 식재료에 깊은 맛을 담은 대단한 밥상이다. 누군가의 어머니, 할머니가 만들어 온 전라도 밥상이다. 이런 음식을 만들어오면서 이름 내세우지 않고, 잘 먹어주는 것만 보람으로 여기며 사셨던 그분들에게 머리 조아려 감사한다.

보성

寶城

문덕면

대원사

복내면

율어면

존제산

벌교읍

벌교홍교

노동면   미력면   겸백면

조성면

충렬사

보성읍   득량면

제암산

웅치면

정음민예적비

회천면

보성 차밭

전남 남부의 중앙 남해변에 있다. 동쪽에는 존제산(尊帝山), 망일봉(望日峰) 등이, 서쪽
에는 제암산(帝巖山), 천봉산(天鳳山) 등이 있다. 보성강이 북류하다가 섬진강과 합류한
다. 유인도 4개, 무인도 17개가 있다. 갯벌이 길고, 꼬막의 명산지이다.

보성 알기

이장곤과 물 긷는 처녀

연산군 때의 인물인 이장곤(李長坤)이 혼란한 정국을 피해 도망다니다가 미력면 도개리 정자 마을에 당도하여 냇가에서 물 긷는 처녀에게 물 한 그릇을 청했다. 처녀가 물에 버들잎을 띄워주므로, 이상히 여겨 연유를 물으니 갈증이 심한데 급히 냉수를 마시면 해를 입을 것 같아 천천히 물을 마시도록 하기 위해서라고 했다.

그 말을 들은 이장곤이 감격해 처녀를 따라가 데릴사위를 자청해 유기장이의 집에서 살았다. 3년 뒤 유기를 납품하러 관가에 갔다가 옛 동료인 원님을 만나 중종반정 소식을 듣고, 원님의 주선으로 온 가족이 서울로 가서 잘 살았다고 한다.

● 슬기로운 처녀 이야기가 특정 인물의 행적에서 요긴하게 쓰였다.

용왕의 딸과 혼인한 관노

옛날 어느 관노(官奴)가 중요한 문서를 가지고 지금의 문덕면 문반[文田]으로 가는 길에 용문교 근처에 이르렀다. 한 청년에게 잡혀 고기구덕에서 떨고 있는 자라를 보고 불쌍하게 여겨 돈을 주고 사서 물속에 넣어주었다.

관노가 볼일을 끝내고 돌아오는 길에 한 남자아이가 "나를 따라오세요" 하며 막대기로 냇물을 두들기니 냇물이 갈라지며 길이 나타났다. 관노는 그 길을 따라서 대궐 같은 기와집에 이르렀다. 그 자라는 바로 용왕의 딸이었다. 용왕은 딸의 생명을 구해주었으니 딸을 데리고 살라고 권하면서 융숭하게 대접했다. 아름다운 용왕의 딸을 아내로 맞은 관노는 그 뒤 재산이 계속 늘어 부자가 되었다.

그런데 고을 원님이 관노의 처가 예쁜 것을 알고 관노를 죽이기 위해 이무기가 사는 연못의 물고기를 잡아오라고 시켰다. 그러나 이를 알아차린 관노의 아내가 예쁜 구슬을 입에 물고 연못에 들어가 물고기를 잡으라고 했다. 관노가 물고기를 무사히 잡아오자 이를 이상히 여긴 원님이 관노의 몸을 뒤져서 구슬을 빼앗고 다시 물고기를 잡아오라고 하니 이무기에게 잡아먹히고 말았다.

이 소식을 들은 관노의 아내가 연못으로 달려와 "나군아!" 하고 외치니 이무기가 물 밖으로 나와 죽었다. 관노의 아내는 이무기의 배를 가르고 남편의 시체를 꺼내 장사를 지냈다. 그 뒤 원님은 관노의 아내를 여러 차례 불러도 오지 않자, 부하를 시켜 잡아오게 하였다. 붙들려온 관노의 아내는 마지막으로 영혼을 위로하고 돌아오게 해달라며 소원을 간청했다. 원님이 갔다 오도록 놓아주니 그 길로 도망치려 했다.

원님이 부하를 시켜 뒤쫓아 잡게 하므로 위기를 느낀 관노의 아내는 깊은 연못 속에 빠져 죽고 말았다. 원님이 보낸 부하들은 겨우 치맛자락만 움켜잡았을 뿐이었다. 그 때 갑자기 뇌성이 일고 비가 뿌려 연못은 오늘날의 방죽이 되었으며, 그 뒤로 '주름방죽'이라 불려오고 있다.

● 관탈민녀형(官奪民女型) 설화의 한 본보기인데, '민'이 관노이고, '여'가 용왕의 딸인 것이 예사롭지 않다. 관노는 용왕의 딸을 구해주고 아내로 맞이했으며, 원님은 관노의 아내가 예쁜 것을 보고 빼앗아 자기 소유로 삼으려고 했다. 선이 악에게 유린되고 만 것을 결말로 삼고 역전은 없어, 원님에 대한 분노가 커지도록 했다.

살아서는 복내에, 죽어서는 노동에

'생거복내(生居福內) 사거노동(死居盧洞)'이라는 말이 있다. 어떤 아낙네가 노동에서 살다가 개가해서 복내에서 살았다. 그 아낙네가 죽자 어디로 가서 무덤을 쓸 것인지 정하기 어려웠다. 노동에는 원래의 아들이 있고, 복내에는 개가해 낳은 아들이 있어, 어디로 장지를 정해야 할 것인가 원님에게 물었다. 원님이 "살았을 때는 복내에 있었으니, 죽어서는 노동으로 가거라"라고 했다. 그래서 "생거복내 사거노동"이라는 말이 생겼다.

● '생거진천(生居鎭川) 사거용인(死居龍仁)'과 같은 말이다. 이에 관한 전설을 경기도 용인에 모아놓았다.

임방울이 명창이 된 내력

임방울(林芳蔚)은 판소리로 유명한 명창이다. 명창이 태어난 내력에 관한 말이 있다. 복내면에 개산당이라고 하는 큰 산이 있다. 거기서 굽이쳐서 내려오는 곳에 적대봉이 있다. 피리 적(笛) 자 적대봉이라고 하는데, 영락없이 피리와 같이 생겼다. 그 적대봉에다가 임방울 증조부 묘를 썼다. 임방울이 판소리로 명창이 된 것은 그 묘의 발복이라고 한다.

● 단순하고 명료해서 신뢰해야 할 것 같은 풍수설화이다.

거북의 도움

보성읍에서 한 3킬로미터 가면 용문리란 데가 있다. 옛날 용문리에 가난한 자매가 살고 있었다. 부모는 늙고 능력이 없기 때문에 둘이 나서서 나무를 하고 나물을 캐고 밭을 갈아야 식량을 해결할 형편이었다.

어느 가을이었다. 두 자매가 나무를 하러 가서, 아우가 낙엽을 긁다가 보니 뜻밖에 뭔가가 있었다. 보니까 거북이었다. "옳다. 이거 잘 되었다. 이걸 가지고 가서 부모님께 고아드려야지." 이렇게 말하고 가지고 가기로 했다. 형도 낙엽 속에서 거북을 주웠다. 그것도 부모를 봉양하려고 가지고 갔다.

집에 가서 거북 두 마리를 삶으려고 하니까, 거북이 그 물에서 튀어나와서 말했다. "우리는 용궁에서 왔다. 하도 가난하기로 도와주려고 왔다." 거북이 알을 주면서, "이것을 가지고 있으면 얼마 후에 거북이 생길 것이니 그놈을 가지고 살아라" 하고 떠났다.

며칠 안 돼서 그 알에서 거북 두 마리가 생겼다. 거북들이 모든 걸 알아, 시키는 대로 하면 실패가 없었다. 그 덕분에 윤택하게 되었다.

● 효성이 지극해 하늘이 도왔다고 하는 것은 납득할 수 있고, 형제가 둘이니 거북도 둘인 것인 것도 그럴듯하다. 그러나 거북의 출현과 도움은 낯설기만 하다. 거북이 알을 주고 가서 태어난 다음 대의 거북이 도움을 맡은 것은 무슨 까닭인지 전연 알 수 없다.

보성 즐기기

다성촌 꼬막정식

꼬막정식, 아구찜, 복탕 등 해물 전문 식당이다. 시장터를 벗어난 동네 어귀에 있어 비교적 한적하고 여유 있게 먹을 수 있다. 꼬막을 이용한 각종 음식, 꼬막초무침 · 꼬막된장 · 삶은 꼬막 · 꼬막전 · 꼬막장 등등이 각각 같으면서 다른 풍미로 여한 없이 꼬막을 다양하게 즐기게 한다.

전남 보성군 벌교읍 녹색로 5380(척령리 145-1)
061-857-1503/1477
주요음식 : 꼬막요리

먼저 주메뉴인 삶은 참꼬막, 차진 진흙펄에서 자란 참꼬막을 제대로 즐겨야 한다. 꼬막은 헤모글로빈이 들어 있다는 붉은 육즙을 먹어야 제대로 먹는 거다. 입을 벌리지 않도록 삶은 전문가 솜씨 덕에 육즙이 고스란히 찰랑찰랑 들어 있다. 입을

꼬막정식

다문 꼬막을 꼬막까기집게로 까 먹는 맛도 재미지다. 육즙 맛이 진하고 깊다.

나머지 꼬막은 새꼬막이니 우선 참꼬막을 즐기는 데 몰두해야 한다. 꼬막 그대로보다 요리로 즐기고 싶으면 달걀에 부쳐낸 싱싱한 꼬막전, 짜지 않은 꼬막장이 더 당길 듯하다. 꼬막된장, 꼬막은 된장국에서도 이렇게 담백하고 구수한 맛을 내는구나, 가르쳐준다. 꼬막초무침은 김가루와 참기름을 넣고 비벼 꼬막비빔밥으로 먹는데, 초무침이어서 청량한 맛을 낸다.

양태구이(장대구이)는 담백한 맛으로 해물 음식의 풍미를 살려준다. 다른 찬도 자

리만 채우는 경우는 없다. 각기 신선하고 정갈한 맛으로 '정식' 이름값을 한다. 꼬막은 12월부터 3월까지가 제철이다. 겨울을 나기 위해 비축한 영양분이 그득한 계절이기 때문이다. 벌교 꼬막은 좋은 개펄과 추운 겨울 덕에 최고를 자랑한다. 최고의 주연과 조연이 만났다.

올 때마다 그득한 손님들, 한눈에도 외지인보다 내지인 마을사람들이 많다. 마치 동네에서 마실 오듯이 편안한 모습으로 온 가족 단위 손님들, 수수한 아낙들과 할머니 그룹 손님들이다. 일하다가 장화를 신고 오고, 흙냄새 물냄새 나는 작업복도 입고 온다. 일과 휴식이 어우러진 전라도 풍경이다.

동네 일터에 자리한 깔끔한 식당에서 새참을 만들어 소쿠리에 이고 내가던 손, 밭두둑에서 먹던 탁배기 한 사발에 새참을 먹던 손이 합쳐진다. 들일·물일·부엌일 하는 손이 대접을 받는다. 모두 소쿠리 아닌 우아한 밥상에서 모두 편한 밥, 맛있는 밥을 여유있게 즐긴다.

풍성한 식재료를 바탕으로 닦아온 수준 높은 입맛과 적극적인 흥취 덕에 동네 맛집이 자라난다. 급기야 멀리서 온 나그네들까지 불러들여 높은 안목의 혜택을 나눈다. 전라도 마을 사람들의 높은 안목과 취향 덕에 판소리가 자라나 국민 공연물이 되었듯이 말이다. 그냥 먹어도 맛있는 꼬막을 가지가지 음식예술로 만드는 수용층의 현장을 목도하는 듯하다.

봇재가든 쌈밥

보성 차·보성 꼬막 등 보성 대표 식재료를 사용했지만, 재료보다 솜씨를 더 뽐내는 집이다. 식당은 재료 위주, 솜씨 위주의 식당으로 나눌 수 있다. 이 집은 재료도 좋으나 재료에 기죽지 않는 솜씨가 돋보여 둘 다 즐길 수 있다. 입맛으로 구분하는 보성 사람들의 솜씨다.

전남 보성군 회천면 남부관광로 2299
061-852-3500
주요음식 : 쌈밥

쌈밥

상짜임, 식재료 신선도, 조리의 전문성 모두 최상 수준이다. 비빔밥에는 강된장과 생청국장과 솔무침을 넣고 기호에 따라 꼬막무침도 넣도록 하였다. 제육볶음은 채소쌈에 갈치속젓과 고추를 넣고 양념장으로 강된장도 넣도록 하였다. 맨밥은 청국장에 김치나 꼬막무침과 깻잎을 먹도록 하였다.

꼬막무침, 강된장

한 끼에 세 끼 효과가 가능하도록 하였다. 그러면서 찬이 모두 제 나름의 고유한 맛과 깊은 맛을 낸다. 강된장과 생청국장은 비빔밥의 맛을 깊이 있고 포근하게 해준다. 상추쌈에는 열무청을 더해 싸는 맛을 더해주었다.

14가지 재료를 넣었다는 강된장, 우렁도 싱싱하고 큼지막해서 식욕을 돋운다. 쌈밥에 청국장이 나오는 것은 처음이다. 비비면 낱알이 아니라 포곤포곤 모두 합쳐서 맛을 낸다. 소화에도 영양에도 그만인 음식이 맛까지 잡았다. 열무가 확 입맛을 일게 한다. 돼지고기와 만나 사근사근한 맛이 더 살아난다. 어지간한 꼬막 전문점보다 맛이 낫다. 싱싱한 꼬막과 채소에 양념을 푸지게 넣은 속에서 손맛이 느껴진다. 식초의 신맛이 가볍지 않게 입안에 신선함으로 남는다.

봇짐을 지고 쉬어 가던 재라 하여 '봇재', 보성 차밭을 내려다 보고 있는 재 이름이다. 봇재가든답게 차를 주제로 식탁을 차렸다. 강된장이 얼굴음식인데, 차를 넣어 만든 된장이다. 보성의 얼굴 꼬막도 빼놓지 않았다. 돌솥밥이 아닌데도 막 퍼온 것처럼 밥이 좋다. 상큼한 밥의 향과 적당히

촉촉하면서도 쫄깃거리는 식감이 다 좋다.

밥을 싸 먹을 때는 차 된장을, 비벼 먹을 때는 꼬막을 넣는 것이 좋다. 상호까지 봇재를 가져와 명실공히 보성의 대표 식당 자격을 갖추었다. 뛰어난 식재료의 위용에도 재료가 아닌 솜씨를 철저하게 우위에 놔서 전라도 아낙의 솜씨를 유감없이 발휘한다. 더구나 차는 주재료 아닌 양념에 불과, 주재료는 꼬막뿐이다. 보성 산물을 음식에 담으려는 보성 사랑의 결과로 택한 식재료일 뿐이다.

뛰어난 솜씨가 보성 산물을 만나 음식 예술작품을 빚는다. 전라도는 학문보다 예술이 승한 고장이다. 판소리가 나오고 완판본이 나왔다. 권력에서 소외된 여성들의 영역인 음식문화의 영역에서도 그 예술적 풍모가 발휘되었다. 전라도 문학의 특성으로 여성성을 드는데, 여성성은 음식에서 제대로 드러난다. 아름다운 율포해수욕장의 해안도로를 낀 이곳에서의 한 끼는 예술작품 감상을 넘어, 먹는 행위로 완성되는 음식예술 참여다.

순천

順天

봉두산 ▲

황전면

월등면

주암면

승주읍

서면

모후산 ▲

송광면

● 선암사

송광사 ●

삼산동

향동   왕조동

고동산
▲
낙안면

▲ 금전산

상사면

외서면

도사동

해룡면

● 낙안읍성

별량면

순천 선암사 강선루

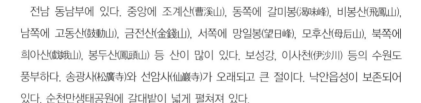

전남 동남부에 있다. 중앙에 조계산(曹溪山), 동쪽에 갈미봉(渴味峰), 비봉산(飛鳳山), 남쪽에 고동산(鼓動山), 금전산(金錢山), 서쪽에 망일봉(望日峰), 모후산(母后山), 북쪽에 희아산(戱峨山), 봉두산(鳳頭山) 등 산이 많이 있다. 보성강, 이사천(伊沙川) 등의 수원도 풍부하다. 송광사(松廣寺)와 선암사(仙巖寺)가 오래되고 큰 절이다. 낙안읍성이 보존되어 있다. 순천만생태공원에 갈대밭이 넓게 펼쳐져 있다.

순천 알기

송광사에 얽힌 전설들

삼보 사찰 중 승보(僧寶) 사찰로 유명한 송광사의 연기 설화는 신라 말엽의 이야기이다. 백제의 고승 혜린대사(慧隣大師)가 제자들과 깊은 산속에서 수도하고 있었는데, 제자들이 전염병에 걸리고 맹수의 위협으로 시달림을 당했다. 제자들의 고통을 본 혜린대사는 정결한 곳을 찾아 부처님에게 구원을 빌다가 문수보살의 돌부처를 발견했다. 그 앞에서 7일 기도를 하니 마지막 날 꿈에 석가여래가 나타나, 이제 불법을 모두 터득했으니 새로운 절을 세워 중생 구제의 큰일을 행하라고 했다.

깨어보니 제자들의 병이 모두 나아 있었다. 대사는 다시 돌부처 앞에서 가는 길을 인도해달라고 기도했다. 그러자 늙은 스님이 나타나 석가모니의 불보를 전해주며 송광산에 절을 지어 모시라고 하였다. 대사가 국가의 보조를 얻어 송광사를 세웠는데, 태자 보천이 왕위도 버리고 불교에 귀의해 득도한 곳도 바로 이곳이다.

고려 때 보조국사(普照國師) 지눌(知訥) 스님이 정혜결사(定慧結社) 터를 잡을 때 모후산(母後山)에서 나무로 깎은 솔개를 날렸더니 지금의 국사전 (國師殿) 뒷등에 떨어져 앉았다. 솔개의 사투리인 '솔갱이' 절이라는 말이 송광사가 되었다고도 한다.

보조국사가 절을 세우려 할 때, 그곳에 수천 명이나 되는 도둑 무리가 있어서 무리에게 다른 곳으로 옮겨가라고 했으나 거부했다. 그러자 국사 가 신력으로 나뭇잎을 수천 마리의 범으로 변하게 해서 도둑들을 항복시 켰다. 국사는 도둑 무리가 머물 곳을 정해주었는데, 그곳에는 마실 물이 없어서 국사가 육환장으로 땅을 뚫어 샘물이 솟도록 했다.

보조국사가 도둑들을 쫓아내려 할 때 그들이 국사의 신통력을 시험하 려고 살아 있는 물고기를 공양하자, 국사가 이를 받아 삼켰다. 도둑들이 국사의 파계 행위를 비난하며 해하려 하자, 국사가 물가로 가서 물고기들 을 모두 산 채로 뱉어냈다. 그것이 지금의 송광사 능허교 아래에서 노니는 물고기 떼의 원조라고 한다.

산에 소나무 관솔인 솔갱이가 많아 '솔메'라고 했다. 이 말에서 유래해 산 이름을 송광산이라 하고, 절 이름도 생겼다고 한다.

'송(松)'은 '十八(木)+公'을 가리키는 글자로 18명의 큰스님을 뜻한다. '광(廣)'은 불법을 널리 펴는 것을 말한다. 18명의 큰스님들이 나서 불법을 크게 펼 절이어서 송광사라고 했다.

● 송광사에 관한 전설이 여럿 있으나, 짜임새나 전개가 빼어난 것은 없 다. 절의 위세에 눌려 하는 이야기는 초라한 것 같다.

송광사를 노래한 시들

순천 송광사(順天松廣寺)   윤기(尹愭)

어금니같이 둘러 있는 봉우리에,	峯齾遞呀若
가람이 갑자기 나타나는구나.	招提來突如
마루의 낙엽 바람이 빠르게 쓸고,	葉軒風掃疾
구름 허벅 물방아 천천히 돌아가네.	雲碓水舂徐
숲이 우거져 오던 새 길을 잃고,	林密迷歸鳥
못이 맑아 뛰는 물고기 세겠다.	池淸數躍魚
노승은 연세가 몇이신가?	老僧年幾許
나는 그 원초를 묻고 싶네.	吾欲問原初

● "그 원초를 묻고 싶네"는 노승이 도를 닦는 본래의 성품을 묻고 싶다는 말이다.

송광사라는 절 이름 세상이 다 아니,	寺名松廣世皆知
보조국사는 언제 이 터를 잡았던가.	普照何年相此基
차가운 불상 대웅전에 높이 앉았고.	冷骨佛依金殿聳
마음 보려는 승려는 염주를 희롱한다.	觀心僧假念珠嬉
개울은 혜대처럼 굽이굽이 오묘하고	溪如蕙帶回回妙
산은 연꽃처럼 겹겹이 기이하다.	山似蓮花疊疊奇
봄 해는 더디고 나그네는 나른해	春日漸遲行客倦
선방의 물색이 시 짓기에 맞춤이네	禪房物色正宜詩

● "蕙帶"는 혜초라는 풀로 만든 띠이다.

기이한 행적 선가의 으뜸이라고,	奇徵異蹟最禪家
송광사 승려가 나에게 자랑한다.	松廣寺僧向我誇
능견난사는 신령이 만든 그릇이고,	能見難思神造器
대대로 전하는 보배는 부처 어금니다.	相傳爲寶佛留牙
작은 감실의 여러 불상은 후극을 비웃고	寸龕衆釋嗤猴棘
욕조 두 짝의 미투리가 금란가사보다 낫다	一浴雙鞋勝錦袈
다시 보조국사가 남긴 사리가 있어	更有國師遺舍利
오늘 연화대 얹어놓았다고 다투어 말한다.	爭言是日坐蓮花

● "能見難思"는 발우이다. 능견난사는 중국 금나라의 장종(章宗)이 보조국사(普照國師)께 보내온 접시이다. 전설에 당시 금나라 황후가 병을 오래 앓았는데, 보조국사가 이를 멀리서 알고 즉시 신통력으로 날아 금나라에 가서 황후의 병을 고쳤다고 한다. 장종이 감사의 표시로 이 발우와 함께 그의 셋째 아들을 보내는데, 그가 바로 송광사 16국사 중 제9세 국사인 담당국사(湛堂國師)이다.

능견난사는 제작 기법이 교묘해 수백여 개의 접시들의 크기가 같은데도 위아래로 딱 맞게 포개진다. 원래의 명칭은 응기(應器)였는데, 이 발우의 신비함을 전해들은 조선 숙종이 장인들에게 명하여 똑같이 만들라고 명하였다. 그러나 반복된 시도에도 불구하고 번번이 실패했다. 그 때문에 숙종이 "볼 수는 있으나 이치를 알 수는 없다"는 뜻으로 능견난사(能見難思)라 불렀다고 한다. 처음에는 500점이 있었다고 전하는데, 1828년에는 50점 정도 남았고, 현재는 30점이 남아 있다. 재료는 동철이고, 지름이 16.7센티미터이다. 1972년에 전남유형문화재 제19호로 지정되었다 "猴棘"은 대추나무 가시 끝에 새긴 원숭이란 뜻으로 솜씨가 매우 정교함을 뜻하는 말이다.

꽃도 보고 경도 보려 누대 강산 다니다가

송광사 돌아들어 삼일풍류 즐겼으니

아마도 무궁춘정은 보애인가

● 이세보(李世輔)의 시조이다. 옛사람도 절을 찾아가 봄놀이를 즐겼다. "보애(寶愛)"는 "보배롭고 사랑스러운 것"이라는 말이다.

또 하나의 명찰, 선암사

선암사(仙巖寺)   김윤식(金允植)

짜임새가 마음과 눈에 놀랍고,	結構駭心目
날아가는 용마루 첩첩히 이어졌다.	飛甍疊相連
쉰세 개나 되는 금부처,	五十三金佛
장엄함으로 묘법연화를 알려주네.	莊嚴喻妙蓮
뜻 있는 마음이 귀의처를 얻어,	志心得歸依
사람과 하늘의 대복전이네.	人天大福田
진리 설법하니 비둘기 날아와 듣고,	說眞鳩聽經
신령 내려오니 사자가 하늘을 가리킨다.	降靈獅指天
사르는 향이 공중에 가득하여	焚香滿虛空
마치 기산 앞에 와 있는 듯하네.	如在耆山前

● 선암사가 대단한 절이라고 거듭 말했다. "후법당(後法堂)에 순묘(純廟, 순조)께서 유년 시절에 쓰신 어필 '인천대복전(人天大福田)' 다섯 글자가 있다." "대각법사(大覺法師)가 선암사에서 설법할 때 비둘기들이 날아와 경 읽는 것을 경청했다고 한다." 이 두 가지 설명을 했다. 대각법사는 의천(義天)이다. "耆山"은 기도굴산(耆闍崛山)이다. 인도(印度) 마갈타국(摩揭陀國)

동북쪽에 있으며, 세존(世尊)이 설법한 장소이다.

은둔처사의 수행처, 불재

낙안에서 순천으로 가는 길목에 있는 고개가 불재이다. 이 고개 이름의
유래에 관한 전설이 있다.

옛날 처사님 한 분이 굴속에서 득도하기 위해 공부를 하고 있었다. 마침
낙안에서 승평, 지금의 순천을 가기 위해 군수가 이 고개를 넘게 되었다.
고개에 다다르자 군수가 나졸들을 시켜 처사에게 "군수가 지나가니 내려
와서 인사를 올리도록 하여라"라고 명령을 내렸다. 그러나 처사는 못 들
은 척하고 꼼짝도 하지 않았다.

화가 난 군수가 나졸들을 시켜 처사를 잡아오게 했다. "감히 군수에게
인사를 하지 않다니 무엄하도다" 하고 호통을 치며 벌을 내리려고 하자,
처사가 말했다. "내가 군수에게 인사할 아무런 이유가 없다. 공부하는 것
도 죄가 되느냐?"

이렇게 큰소리를 치며 군수에게 "마침 불이 없어 밥을 하지 못하니, 온
김에 불씨나 좀 얻어 가겠소"라고 했다. 군수는 화가 많이 났지만 꾹 참고
처사를 골려주고 싶어서 말총으로 만든, 밀가루 치는 체에다가 불씨를 담
아 가도록 했다. 처사가 불씨를 어떻게 가지고 가나 궁금하여 살금살금 뒤
따라 가보니, 아무 탈 없이 체에서 숯불이 활활 타는 것이 보였다. 군수는
처사가 능력이 신통하여 보통 사람이 아닌 것을 알고, 자기가 경솔하다는
것을 깨달았다. 그래서 고개를 '불재'라고 부르도록 했다.

● 처사가 숨은 능력을 조금만 보였다. 이야기가 더 있는가, 아니면 무

엇이든 감추어 더 없는가?

누이와 겨뤄 낙안읍성을 쌓은 임경업

낙안읍성(樂安邑城)을 임경업(林慶業) 장군이 누나와 내기해 하룻밤에 쌓았다는 전설이 있다.

임경업과 누나가 내기를 했다. 임경업은 하룻밤에 성을 다 쌓기로 하고, 누나는 하룻밤에 베 한 필을 짜서 동생 옷 한 벌을 짓기로 했다. 누나는 베를 짜서 옷을 다 지어놓고 마지막으로 옷고름을 다는 일만 남았다. 하지만 임경업이 성을 다 쌓지 못한 것을 보고 누나가 일부러 옷고름을 달지 않아 임경업이 내기에서 이겼다고 한다.

● 임경업이 1626년(인조 4)에 낙안 군수로 부임해 왔을 때, 낙안읍성을 중수한 사실을 오뉘힘내기 유형의 성 쌓기에 맞추어 이야기로 만든 것으로 보인다.

선비 조현범의 순천 사랑

순천의 선비 조현범(趙顯範, 1716~1790)은 「강남악부(江南樂府)」에서 자기 고장의 내력을 말하는 시를 쓰면서, 역사서에 오르지 않은 인물들의 행적을 많이 찾아내 널리 알리고자 했다. 사회적 처지가 서로 다른 많은 사람이 각기 자기 나름대로 삶을 누린 모습을 인상 깊게 그린 것이 특히 평가할 점이다. 한 대목을 들어보자.

상춘당이여,	賞春堂
당은 높고 봄날은 길도다.	堂高春日長
봄날은 길도다.	春日長
주인이 당 한가운데 오래 있네.	主人長在堂中央
당 가운데 무엇이 있나.	堂中何所有
술이 따뜻한 옥항아리에 봄이 가득하네.	酒暖玉缸春茫茫

상춘당(賞春堂)을 짓고 봄을 즐기는 사람들의 거동을 그린 「상춘당」 전반부이다. 조륜(趙倫)과 조신(趙信)이라는 선비 형제가 출세를 바라지 않고 조용히 지내는 거동이 아름답다고 했다. 특별히 자랑할 것은 아니지만, 자기 고장이 살 만한 곳임을 알려주는 데 소중한 기여를 한다.

여우가 벼락을 맞은 불고개

낙안의 불고개굴은 "사람으로 변한 여우가 벼락 맞아 죽은 곳에 생겨난 굴"이라고 하는 이야기가 전한다. 어느 봇짐장수가 밤에 고개를 넘다가 소나기를 만나 근처의 초가집으로 피신했다. 그 집은 상여를 두는 집으로 귀신이 덤벼들었으므로 봇짐장수는 가까스로 도망쳐 나왔다. 한참을 가다 소복을 한 여인이 큰 나무 밑에서 울고 있는 것을 보고, 숨어서 여인이 하는 양을 살펴보았다.

여인은 무덤으로 가서 시체를 파내 두개골을 꺼내들고 뛰기 시작하였다. 그때 벼락이 떨어져 봇짐장수는 정신을 잃고 다음 날 아침에야 깨어났다. 그 앞에는 흰 여우 두 마리가 죽어 있고, 큰 굴이 생겨나 있었다. 이후 이 고개에서는 귀신이 나오는 일이 없어졌다. 그때부터 이 고개는 '불고개'가 되었고 그 굴은 '불고개굴'이 되었다.

● 여우 귀신에게 홀린 듯한 충격을 주는 이야기이고, 그 이상은 아니다.

순천 보기

선종의 대가람 선암사

선암사는 9세기 후반에 창건된 선종 사찰로, 전라남도 순천시 조계산에 있다. 종합 승원으로서 긴 역사를 자랑하는 선암사는 애초에는 산천비보(山川裨補) 사찰로 개창되었다. 창건자 도선국사(827~898)는 신라 말기의 풍수지리 대가로, 배산역수(背山逆水, 임금이 있는 곳의 반대쪽으로 산과 물이 달림)의 땅에 절을 세우고 불상을 봉안하면 나라가 평안해지고 국운이 번창한다는 산천비보설을 주창했다. 명당화는 국토를 사람 살기 좋은 곳으로 만드는 일이므로 불교의 차안정토 개념과도 합치된다는 것이 그의 지론이다. 실제로 그는 호남, 영남 지방에 세 암사(巖寺), 즉 선암사, 운암사(광양 백계산), 용암사(진주 영봉산)를 세웠는데, 모두 산천 비보(裨補) 사찰이었다.

고려 제찰사(提察使) 박전지(1250~1325)의 「영봉산 용암사 중창기」에 삼암사 창건 내력이 전해진다. 내용인즉, '도선국사가 지리산 성모천왕으로부터 삼암사를 창건하면 삼한이 합쳐 한 나라가 되어 자연히 전쟁이 종식되리라'는 내용의 비기(秘記)를 은밀히 부촉 받고, 헌강왕 연간에 직접 삼

승선교와 멀리 보이는 강선루 　선암사 대웅전(보물 제1311호)과
삼층석탑(보물 제395호)

암사를 개창했다는 것이다. 세 절 중 운암사는 1990년에 복원돼 오늘에
이르고 있으며, 용암사는 승탑(보물 제372호), 석불좌상(경남지방유형문화재
제4호) 등 몇 점의 석조 유적만 사지에 남긴 채 사라져버렸다. 선암사는 창
건 후의 지속성과 불교적 역사성, 그리고 불전 건축 기술의 우수성이 높게
평가되어 2018년 6월 30일, 통도사(양산) · 부석사(영주) · 봉정사(안동) · 법
주사(보은) · 마곡사(공주) · 대흥사(해남)와 함께 '산사, 한국의 산지 승원'이
라는 이름으로 유네스코 세계유산에 등재되었다.

진입로에 펼쳐진 선계

선암사 경역 진입은 승선교((1698)(보물 제400호)에서부터 시작된다. 이
석교의 내력을 기록한 '선암사 계류동 승선교비'에서는 이 일대를 계류동
이라 칭하고 있다. '동(洞)'은 골짜기 또는 선계를 의미하는 말이고, 승선은
'선(仙)의 경지에 오른다'는 뜻이니, 선암사 승선교는 현실 세계와 이상세

계를 구분함과 동시에 두 세계를 연결하는 상징적 다리인 셈이다. 승선교 상류 쪽에 보이는 누각 이름이 강선루다. '신선이 하강하는 누각'이라는 뜻이니 천선(天仙)이 지선(地仙)을 만나러 내려오는 장소인 것이다. 승선교와 강선루는 이 주변 일대를 선계로 탈바꿈시키는 역할을 한다.

도교 신선 사상에서는 현실적 모순과 부조리를 초월한 이상세계를 선계(仙界)라 부른다. 이에 대해 불교에서는 극락 또는 불국정토라 한다. 불교의 '空'과 도교의 '無'는 서로 비슷한 개념이다. 실제로 도교에서는 부처님을 '크게 깨친 금빛 나는 신선'이라는 뜻으로 '대각금선(大覺金仙)', 또는 줄여서 '금선(金仙)'이라 부르기도 하는 것이다. 이것은 도교와 불교가 선(仙) 개념을 공유하고 있음을 보여주는 하나의 예시이다. '仙'이라는 글자에 이미 암시가 있듯이 도교에서 신선은 산과 밀접한 관련을 맺고 있다. 선암사 진입로에 도교의 신선계가 펼쳐진 것은 한국의 불교가 일정 부분 한국 선도와 사상을 공유하고 있음을 보여주는 훌륭한 예라 할 것이다.

말에서 내리고 성역으로…

강선루를 지나 절을 향해 발길을 재촉하다 보면 불전 영역 입구임을 알리는 하마비가 나타난다. 하마비는 원래 궁궐, 종묘, 문묘, 향교 등 유교적 권위 공간에 들어갈 때 누구나 말에서 내려 경의를 표하라는 경고 표식으로, 비면에는 대개 '大小人員皆下馬(대소인원개하마)', '過此皆下馬(과차개하마)', 또는 '下馬碑(하마비)'라는 문구가 새겨진다. 과거에는 말 탄 사람이 이 비가 있는 곳에서 말에서 내리지 않으면 범마(犯馬)라 하여 크게 꾸짖음을 당했다.

일주문과 범종루를 거쳐 중정에 이르면 정면으로 중심 법당인 대웅전이 나타난다. 대웅전 앞마당에 삼층석탑 2기가 마주 보고 서 있는데, 이것은 선암사가 쌍탑가람의 전형을 갖춘 사찰임을 보여주는 것이다. 불탑은 원래 석가여래의 진신사리 봉안처 또는 그 상징형이지만 쌍탑의 경우는 법당의 부처님을 포함한 삼신(三身, 법신·응신·화신)을 상징화한 것이라는 견해가 있다.

중정 좌우의 요사채 이름은 각각 심검당, 설선당이다. 이 두 건물은 설선당 서쪽의 적묵당, 해천당 등과 함께 선암사 승방의 한 무리를 이룬다. 승방의 수가 많다는 것은 참선 수행하는 승도들이 그만큼 많다는 뜻과 같다. 당호 '尋劍(심검)'은 '검을 찾는다'는 의미다. 취모리검(吹毛利劍)이라는 검이 있는데, 이것은 터럭을 날에 대고 불기만 해도 갈라질 만큼 날카롭다고 한다. 해탈을 이루기 위해 취모리검을 찾아 마지막 무명의 머리카락을 잘라내려는 선승의 의지가 심검당이라는 당호에 투영돼 있다.

설선당(說禪堂)은 선을 설한다는 의미이고, 적묵당(寂默堂)은 입을 다문 채 말과 생각을 끊은 경지를 일컫는다. 석가여래를 '능인적묵(能仁寂默)'이라 하는 것은 양단을 끊고 해탈 경계에 이르렀기 때문이다. 이 밖에 '선불장(選佛場)'은 부처님을 선출하고 부처님을 다시 태어나게 하는 곳이라는 의미이고, '수선당(修禪堂)'은 선정(禪定)을 닦는 곳이라는 뜻이다. 이 밖에 선암사 경내에는 대웅전 좌우에 지장전, 응향각이 있고 그 뒤편에 불조전, 원통각, 팔상전, 장경각, 노전이 있으며, 응진당 영역에는 미타전, 진영당, 달마전, 산신각이 있고, 각황전과 주전이 있다. 이들 불전과 전각들은 선암사가 독립된 신앙과 생활공간을 갖춘 종합 승원임을 보여준다.

선종 대가람의 높은 위상 — 조사당

대웅전 뒤편의 조사당과 진영당(眞影堂)은 선암사의 선종 사찰로서의 성격과 높은 위상을 드러내고 있다. 조사당은 선종을 연 조사(祖師)를 봉안한 곳이다. 지금 조사당에는 중국에 선을 처음 전한 달마대사와 육조 혜능, 마조 도일 등 중국의 5대 선사의 진영과 우리나라 태고종 종조인 태고보우국사, 선암사의 선을 널리 알린 침굉현변선사 진영이 봉안되어 있다. 개창조 외에 여러 선사의 영정을 함께 모셔놓은 것은 유교에서 공자묘 대성전에 공자뿐만 아니라 제자와 유교 성현들을 함께 모신 것과 비슷한 것이다.

선종은 경전에 근거를 두고 있는 교종과 달리 이심전심(以心傳心)의 심법에 의지하는 바 크기 때문에 스승과 제자의 관계가 돈독해질 수밖에 없다. 수행승들에게 선사들은 존경의 대상이며 그들의 사상과 행적은 수행의 모범이 된다. 제자들은 수행하면서 깨달음의 정도와 경계를 인증받아 스승의 법을 전수하기 위해 노력한다. 조사당에 모신 조사들 영정을 조석으로 대하면서 그들의 사상이나 삶을 모범적 선례로 삼아 자신의 깨달음 정도를 짚어보고 정진의 각오를 새롭게 하는 것이다. 이런 점에서 선사 영정은 눈에 보이는 것으로써 마음을 깨닫게 하는 현실적 효용성이 큰 인물화라 할 것이다.

한편 진영당에는 도선·서산·무학·지공·나옹 등 고승과 33조사(祖師)들의 영정(보물 제1554호)이 봉안돼 있다. 이것은 이 절이 단순히 뭇 승려들의 수행처로 그치는 것이 아니라 고승 대덕의 행적을 기리며 그들의 정신을 따라 배우는 교육 현장임을 말해주고 있다. 고승 대덕의 영정을 모신 전각으로 유명한 것으로 승보사찰인 순천 송광사의 국사전이 있다. 그곳에는 송광사가 배출한 국사들의 영정이 봉안돼 있다. 조사에 대한 존숭의 마음은 부도와 탑비 건립으로 이어지는데, 선종 사찰 경역 내외에 부도가 많은 것도 이 때문이다.

선암사 일주문 현판

심검당의 투각 문양

水天需 괘

사찰 비보를 위한 장식 문양과 현판

심검당 판벽에 '☵(감괘)'와 '☰(건괘)', '水'와 '海'가 투각된 것을 볼 수 있다. 먼저 괘에 대해 말하자면, 『주역』의 8괘 중에서 감괘는 물을 상징하고, 건괘는 하늘을 상징한다. 이 둘을 상하로 조합하면 대성괘 수천수(水天需)를 이루는데, 이것은 건천(乾天) 위에 물이 얹힌 형국으로 비[雨]를 상징하며, 괘명에서 '需'는 기다린다는 의미를 가지고 있다. 그러므로 심검당 판벽의 투각된 괘상은 결국 비가 내리는 형국을 상징한다고 볼 수 있다. 믿음과 확신이 있는 기다림은 두려움이 없다. 선암사 승도들은 수천수 괘를 판벽에 새기고 불이 나지 않는 것을 의심치 않았던 것이다.

한편 '水' 자와 '海' 자는 물과 바다, 곧 수기(水氣)를 상징한다. 이들 투각 문양들은 수기(水氣)로써 화기(火氣)를 제압하려는 목적에서 시문된 것으로 믿어진다. 화마를 막기 위한 노력은 이것으로 그치지 않는다. 일주문 안쪽에 '古淸涼山海川寺(고청량산해천사)'라는 현판이 걸려 있는데, '해천사'는 통일신라 헌강왕 때 도선국사가 지금의 선암사를 창건할 때의 이름이다. 사명 앞에 '古'자가 붙은 것은 이 때문이다. '海'와 '川'은 물과 관련이 있다. 도선국사가 사명을 해천사로 명명한 것은 수기로써 산천을 비보하고 화기를 제압하기 위해서였다. 한편, 오늘날 선암사를 찾아온 객승들이 묵고 가는 객사의 당호가 해천당(海川堂)이다. 이 역시 화기 제압에 그 뜻이 있다.

이처럼 물을 상징하는 문양을 판벽에 시문하거나 물과 관련된 글자를 사명과 액호에 포함시킨 것은 모두 화재에 취약한 선암사의 풍수지리적 약점을 보강하기 위한 묘책이다. 같은 목적에서 조성된 것이 또 있으니 그것은 불전 영역 초입의 연못, 삼인당(三印塘)이다. '三印'은 제행무상, 제법무아, 열반적정의 불법 진리를 일컫는다. 심오한 불교적 의미가 부여돼 있지만, 조성 목적이 화기 제압에 있음은 의심의 여지가 없다.

보문시현의 상징, 원통전의 토끼 문양

불전 문의 궁창(널을 끼운 부분)에는 보통 귀면(鬼面)이나 연꽃 문양이 장식된다. 그런데 이 절 원통전 출입문에는 방아 찧는 토끼 한 쌍이 새겨져 있다. 결론부터 말하자면 이 문양은 보름달을 토끼로써 상징화한 것이다. 불교에서 보리심을 심월(心月) 또는 만월에 비유한다. 이유는 밝고 깨끗하며 천지에 광명을 두루 비춰 분별됨이 없는 것이 보름달 같기 때문이다. 관음보살의 화현(化現) 중 달과 관련된 이름을 가진 보살로 만월보살, 수월보살, 월광보살 등이 있다. 보살을 이처럼 달과 관련된 이름으로 부르는 것은 그의 보리심이 밝고 깨끗하며 원만하기 때문이다.

보름달의 기하학적 속성은 원이다. 둥근 원은 시작도 끝도 없는 점의 연속이다. 시작과 끝이 없는 원은 영원성과 상통한다. 원은 또한 크기의 대

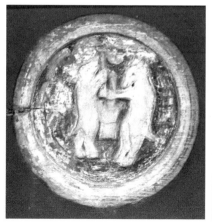

원통전 출입문의 토끼 문양　　　　　가사에 장식된 토끼와 달 문양

소를 불문하고 그 자체로써 완전성을 확보하고 있으므로 불교의 원만(圓
滿), 원통(圓通), 원공(圓空) 등의 개념과 통한다. 관음보살을 원통교주라고
말하는 것은 관음보살이 모든 곳에 두루 원융통(圓融通)을 갖추고 중생의
고뇌를 소멸시켜주기 때문이다. 관음보살의 원만, 원통의 의미를 드러낼
수 있는 가장 이상적인 상징형은 무엇보다 보름달이다. 실제로 동래 범어
사 관음전 같은 곳에서는 벽면에 커다란 보름달을 그려 보살의 원통의 경
지를 나타내고 있다. 선암사 원통전 출입문의 토끼는 원통전의 주인인 원
통교주 관세음보살이 보문시현(普門示現)을 통해 나타낸 또 하나의 관음보
살의 형상이기도 한 것이다.

　토끼 문양 중에는 석존의 전생설화(前生說話)와 관련이 있는 것도 있다.
이 토끼는 헌신과 희생의 상징형이다. 어느 날, 여우와 원숭이와 토끼가
불심(佛心)을 터득한 것을 자랑하려고 제석천을 찾아갔다. 이들을 시험하
기 위해 제석천이 시장기가 돈다고 하니 여우는 즉시 잉어 새끼를 물어 오

고 원숭이는 도토리 알을 들고 왔으나, 토끼만 어떻게 하지 못하고 빈손으로 왔다. 그런데 토끼가 제석천 앞에서 모닥불을 피우더니 불 속에 뛰어들면서 익거든 내 고기를 잡수시라고 했다. 제석천이 토끼의 진심을 가상히 여겨 중생들이 유해(遺骸)나마 길이 우러러보게 하려고 토끼를 달에다 옮겨놓았다. 이렇게 해서 토끼가 달에서 살게 되었다는 얘기다.

승보사찰 송광사

송광사(松廣寺)는 대한불교조계종 제21교구 본사로, 전남 순천시 송광면 조계산 자락에 있다. 수려한 경관을 자랑하는 조계산과 산의 반대편 기슭의 선암사와 함께 사적 및 명승 제8호로 지정돼 있다. 신라 말 혜린선사에 의해 창건될 당시의 사명은 송광산 길상사였다. 이후 고려의 보조국사 지눌이 정혜사(定慧寺)로 고쳤고, 희종 때 칙령으로 수선사(修禪寺)로 개명했다. 지금처럼 조계산 송광사로 불린 것은 고려 말 또는 조선 초기부터라고 알려져 있다. 송광사는 고려 후기 보조국사 지눌의 법맥을 이은 16국사를 배출하면서 불교계를 주도했다. 불교가 크게 위축되었던 조선 초기에도 법등을 유지하면서 호남 지역 불교계를 이끌었다. 조선 후기에는 대대적인 중창 불사를 일으킨 부휴대사를 비롯한 유력 고승들이 주석하여 높은 사격(寺格)을 유지했다.

법보사찰 해인사, 불보사찰 통도사에 대해 송광사는 보조국사를 비롯한 많은 고승 대덕을 배출한 사찰이라는 점에서 승보사찰로 불린다. 초창기부터 간화선 수행처로서의 명성이 높았던 송광사는 오늘날에도 선종 종찰로서의 높은 위상과 품격을 유지하고 있으며, 특히 일반 사찰에서는 볼 수 없는 승보전, 상·하사당(上·下舍堂) 등 전각들은 참선 수행을 종지로

청량각(극락교)

삼청교와 우화각

삼는 송광사의 성격을 뚜렷이 드러내 보여주고 있다.

문수보살의 주처(住處) — 청량산을 거쳐 극락세계로…

조계산 계류를 따라 올라가다 보면 극락교와 교상 누각인 청량각(淸涼閣)을 만나게 된다. '청량'은 '맑고 서늘하다'는 뜻이지만 누각 통과는 영장(靈場) 진입이라는 의미가 있다. 『화엄경』에서 청량산을 문수보살의 주처(住處)로 설하고 있어 불자들은 청량산을 문수 시현(示現) 도량으로 믿고 있다. 극락교를 건너 좀 더 올라가면 일주문이 나오고, 그 안쪽에 세월각(洗月閣)과 척주당(滌珠堂)이 보인다. 지장전에서 영가 천도재를 거행하기에 앞서 세속의 때를 씻어 청정심을 회복하는 의식을 치르는 곳이다. 이때 여자의 위패는 세월각에, 남자의 위패는 척주당에 모신다.

불전 영역으로 진입하는 정식 통로가 삼청교(三淸橋)와 교상 누각 우화각(羽化閣)이다. '삼청'은 도교의 이상향인 옥청, 태청, 상청을 일컫는다.

우화각의 '우화'는 소동파 「적벽부」의 '우화이등선(羽化而登仙 : 날개가 돋아 신선이 되어 하늘에 오른다)'과 상통하는 의미다. 한편, 계류 건너편에 있는 건물이 임경당(臨鏡堂)이다. 당호를 직역하면 '거울에 임해 비춰 본다'는 뜻이다. 건물 외부에는 '육감정(六鑑亭)'과 '삼청선각(三淸遷閣)' 편액이 걸려 있다. 그러니까 한 건물에 세 가지 의미가 부여된 셈이다. '감(鑑)'은 '거울'의 한자 말이지만 육감이라고 하면 불교적 의미로 전환된다. 눈 · 귀 · 코 · 입 · 몸 · 뜻, 즉 육근(六根)의 허상을 통해 실상을 비춰본다는 뜻이다. 그리고 '삼청선각'의 '선(僊)'은 '선(仙)'과 같은 말이다. 삼청교 상류 쪽 계류 변에는 침계루(枕溪樓, 일명 삼청루)가 있다. '침계'는 '계류를 베개 삼는다'는 뜻이다. 옛사람들의 관념 속의 계류는 서리, 달과 함께 맑기를 다투는 청정의 상징이었다.

삼청교 주변에 감돌고 있는 선적(仙的) 분위기는 송광사뿐만 아니라 우리나라의 다른 대찰에서도 느껴볼 수 있다. 이것은 한국의 선도(仙道)와 불교의 선(禪)이 상통하는 유사성과 보편성을 가졌기 때문에 가능한 현상이다. 한국 선도의 선(仙) 개념은 기본적으로 신라의 고운 최치원이 『난랑비서(鸞郞碑序)』에서 언급한 풍류도와 선사(仙史)에 크게 의지한다. 최치원은 이 글에서 현묘한 풍류도는 유 · 불 · 선 삼교를 포함해서 모든 생명을 접촉하여 감화시키는 것이라고 갈파한 바 있다.

불 · 보살전과 참선 수행자들의 공간

우화루, 사천왕문, 종고루를 지나 경내로 진입하면 주불전 대웅보전이 앞에 보인다. 불전 내의 불단에는 과거 · 현재 · 미래 삼세의 부처인 연등불 · 석가모니불 · 미륵불 삼존과 관음 · 문수 · 보현 · 지장 네 협시보살이 봉안돼 있다. 이런 봉안 법식은 시방삼세(十方三世)에 두루 부처님이 존재

육감정, 삼청선각, 임경당, 침계루 편액

국사전 내부

한다는 불교적 세계관에 바탕한 것이다. 경내에는 석가여래의 영축산 회상을 구현한 영산전, 동방유리광세계 교주 약사여래를 모신 약사전, 비로자나불·석가모니불·노사나불의 삼신불과 53불을 봉안한 불조전, 그리고 자비로 중생의 고통을 구제하는 관음보살의 관음전, 지혜를 상징하는 문수보살의 문수전, 지옥 중생들을 구제하는 지장보살의 지장전 등 다양한 불·보살전들이 자리 잡고 있다.

송광사에는 불·보살전 외에 특별한 성격의 전각들이 많다. 그중 대표적인 것이 대웅보전 뒤쪽의 국사전(국보 제56호)이다. 송광사의 초석을 놓은 보조국사 지눌에서부터 16대 고봉화상에 이르기까지 송광사가 배출한 16국사의 진영을 모시고 있다. 당(堂) 또는 각(閣)이라 부르지 않고 전(殿)으로 명명한 것은 국사의 위상을 불·보살 수준으로 승격시키기 위함이다.

경내에는 보조국사의 사상, 행적과 연관된 이름의 전각들이 여럿 있다. 대웅보전 뒤쪽의 수선사(修禪寺)는 보조국사가 개설한 참선 수행 공동체인

정혜문

하사당

수선사(修禪社) 정신을 계승한 전각이며, 진입문 이름 '정혜문(定慧門)'은 정(定)에 의지하여 혜(慧)를 체화하고 다른 사람에게까지 베풀어 침체된 선풍을 일으킨 보조국사의 높은 뜻을 지향한 문이다.

　대웅보전 오른쪽에 있는 승보전(僧寶殿)은 이 절이 승보사찰임을 표상한다. 내부에 10대 제자, 16나한, 1,250 비구 등 석가모니의 영산회상 참여 청중들을 재현해 놓았다. 하사당(下舍堂)과 상사당(上舍堂)은 교학과 더불어 참선 수행을 강조한 보조국사의 뜻을 이어가기 위한 건물이다. 하사당은 신참 납자(衲子)가, 상사당은 구참 납자가 수행처로 사용하는데, 수행 기간과 깨우침 수준에 따라 공간을 분리한 것에서도 간화선을 중시하는 송광사의 종지(宗旨)가 드러난다. 간화선은 문자를 떠나서 심성을 바로 보는 참선법으로, 석가모니불이 가섭에게 전하여 28대 만에 달마에게 전해졌다.

스승의 법맥을 이은 선승들의 자취 — 부도

부도는 입적한 승려의 유골이나 사리, 유품 등을 봉안하기 위한 석조 묘탑이다. 어떤 사찰에 부도가 많다는 것은 그만큼 전등(傳燈)의 역사가 깊다는 것을 의미한다. 송광사는 보조 · 진각 · 청진 · 진명 · 원오 · 원감 · 자정 · 자각 · 자오 · 혜감 · 자원 · 혜각 · 각진 · 정혜 · 홍진 · 고봉 등 16명의 국사를 배출한 사찰이다. 제1세로서 정혜결사를 일으킨 보조국사의 부도는 지금 송광사 경내 관음전 뒤쪽에 세워져 있다. '불일보조국사감로탑'으로 불리는데, '불일(佛日)'은 시호, '감로(甘露)'는 탑 명이다.

다른 국사 부도의 경우를 살펴보면, 광원암에 진각, 청진암 터에 청진, 묘적암 터에 원감, 불일암에 자정, 감로암에 자각, 광원암 터에 고봉 국사의 부도가 남아 있고. 대원사와 불갑사에는 원오국사 부도와 각진국사 부도가 남아 있다. 한편, 부도암 부도전에는 조선 후기에 송광사를 대대적으로 중창한 부휴대사(浮休大師)와 그의 법맥을 이은 제자들의 부도가 안치돼 있다. 유교 문중의 묘역처럼 단(壇)의 높이를 달리하여 아랫단으로 내려가면서 후대에 조성한 부도가 배치되어 있는데, 이것은 스승과 제자의 계보를 중시하는 전통이 조선 후기까지 이어졌음을 보여준다. 부도암 부도 중에는 일제강점기 때 다른 곳에서 옮겨온 풍암영주탑, 묵암화상탑, 벽담당탑, 회계당영주탑 등이 포함돼 있다.

보조국사 부도

부도가 조성되기 시작한 것은 신라 말 고려 초기에 남종선이 우리나라에 전해지고부터다. 고려 말기 이전까지는 한 절에 한 부도만 조성했으나 조선 시대에는 여러 개를 조성하는 새로운 전통이 생겼다. 그것은 스승에 대한 예우가 높아진 것과 고대 인도의 분사리(分舍利) 풍습, 그리고 불탑 해체 후 사리를 분배하여 불탑 여럿을 건립하는 전통과 맞닿아 있다.

금성가든 흑염소떡갈비

맛있는 흑염소를 먹으며 생각해 본다.
삼면이 바다에, 70%가 산지(山地)인 한국,
거기에 호남 지역은 평지 곡창지대로 세계
5대 갯벌까지 끼고 있다. 다양한 식재료가
생산되는 자연조건을 거의 구비하고 있는
셈, 아쉬운 건 초지에서 나는 양고기다. 이
건 흑염소로 대신하면 어떨까.

전남 순천시 승주읍 죽학리 351-5
061-754-6060
주요음식 : 흑염소, 닭백숙

흑염소떡갈비

남도의 푸진 인심과 진한 입맛이 그대
로 살아 있는 상차림이다. 찬이 20여 가지
가 되나 보다. 찬별로 다양하게 맛을 따지
며 음미해보는 것부터가 즐거운 도락이다.
고기는 쌈으로 즐길 수 있다. 상추쌈과 깻
잎쌈에, 여섯 가지 김치와도 함께할 수 있

다. 김치별로 다양한 맛을, 흑염소 고기와
최적의 조화를 찾아가며 즐겨보자.
곁반찬으로는 속도 다습고 입맛도 풍성
하게 해주는 각종 나물들이 상에 오른다.
보기 어려운 음식 노각들깨나물은 노각을

흑염소 뼛국물

익혀 들깻국물에 조려냈다. 시원한 맛과 듬직한 맛이 함께 있다. 고사리, 머윗대, 숙지나물, 목이버섯나물 등등 전통나물이 고루 오른 데다, 드물게 감장아찌까지 나온다. 감은 이곳 순천시를 상징하는 과일이다. 전통적, 토속적, 지방음식이 나오니, 선암사 절경에 여행 온 보람이 더 커진다.

흑염소는 보양식, 식약동원으로 알려져 널리 먹지만, 국산 만나기가 쉽지 않아 탐탁스럽지 않았다. 재래식 흑염소 맛을 제대로 보니 생각이 달라진다. 졸깃거리지만 질기지 않고, 노린내 없는 깊은 맛이 압권이다. 참숯에 구우니 노린내가 확실히 제거되고, 불 맛까지 근사하다. 떡갈비로 먹으니 소고기와 느낌도 비슷하다. 새로운 육류 개척이다.

쫀득거리는 밥에 흑염소 뼛국물, 소금국과 다른 염소 특유의 냄새가 별미를 즐긴다는 느낌을 줘 나쁘지 않다. 뿌연 곰국물에 띄운 파총, 파와 염소 향이 조화롭다. 몸을 덥게 해준다는 흑염소의 진국이 스며드는 느낌이 풍요로운 만족감을 준다.

흑염소는 냄새도 나고, 겁도 없어 키우기에 까다로운 가축이다. 우리 음식은 날씨가 좋아 채소가 탱탱하게 맛이 있고 지리적 여건도 좋아 식재료가 다양하며 맛이 있다. 흑염소가 양고기처럼 생산된다면, 식재료의 확장으로 한식의 지평을 넓힐 수 있다. 또한 소 · 돼지 · 닭으로 편향된 육류 섭취 문제를 줄이고, 영양 다변화도 꾀할 수 있다.

산록에서 많이 키우는 흑염소는 요즘 축산농가가 늘어, 효율적인 사육을 위해 노력하고 있다. 질 좋은 흑염소 공급이 가능해지고, 요리방법이 다양화하고 대중화되면, 양고기 대신을 넘어 새로운 요리 세계를 열 수 있다. 사라져가는 보신탕을 대신하는 것도 또 하나의 효과이다.

진일기사식당 김치찌개백반

푸지고 정갈한 음식이 상을 꽉 채워 너무 많은 찬이 오히려 부담스러울 정도다. 프라이팬에 나오는 김치찌개가 명물인 주요리다. 쫀득쫀득한 밥 한그릇으로도 안심이 안 됐는지 눌은밥까지 잔뜩 준다. 인심과 손맛의 식당이다.

전남 순천시 승주읍 선암사길 48(승주읍 신성리 1017)
061-754-5320
주요메뉴 : 김치찌개백반

김치찌개

전어밤젓

메뉴는 김치찌개백반, 달랑 하나다. 김치찌개가 과연 명물이다. 우선 비계까지 쫄깃거리는 돼지고기의 육질이 토종 돼지라는 것을 말해준다. 김치는 자르지 않고 긴 가닥으로 넣었는데 맛이 깊게 배어 있다.

보기에는 친근한 무청인데 먹으면 아닌 거 같다. 총각김치를 생으로 무치면서 종피나무가루를 넣었단다. 무청이 완전 딴 얼굴로 나타난다. 이 지역에서는 흔히 그렇게 먹는단다. 첨에 이 찬을 내면서는 반응을 살펴봤는데, 싫어하는 사람이 없고, 심지어 어떤 사람은 가루를 더 달라고 해서 범벅을 해서 먹기도 하더란다. 이제는 늘 내는 음식이다. 새로운 음식의 진화를 위해서 상상 불가의 양념을 넣었다. 음식 개발은 이렇게 엉뚱한 창의력에서 출발한다. 이렇게 한식의 끊임없는 진화가 일어난다.

귀한 전어밤젓이 나왔다. 부안에 가면 비교적 흔하게 맛볼 수 있는데 이곳에서까지 찬으로 내올 줄은 몰랐다. 이 저렴한 식탁에 그것도 호복히 주는 밑반찬에 전어밤

젓이라니. 고추를 조금 넣고 무친 젓갈에서 제맛이 충분히 감지된다.

밥과 국에도 인심과 맛이 제대로 담겼다. 밥은 쫀득거리며 입맛을 돋우고, 국은 쌀뜨물로 끓인 시래깃국이 고향의 맛을 그대로 담고 있다. 거기다 눌은밥에는 손자를 거둬 먹이는 할머니의 끊임없는 성화가 그대로 들어 있어, 과식은 피할 수 없다. 한 끼가 하루분 밥상 같다.

메뉴는 한 가지다. 주문도 따로 없이 사람 수대로 밥이 나온다. 하기야 이렇게 찬이 많고 값이 저렴하면서 절기에 따라 바뀌니 다른 메뉴가 필요없을 거 같다. 한국식 오마카세(お任せ, 요리사에게 일임하는 식단을 부르는 일본말)다.

다양한 식재료에 양념이 진하면서 깊은 맛이 나는 전형적인 전라도 밥상이다. 이 모든 것은 푸진 인심이 바탕이다. 맛있는 음식이라도 양껏 먹지 못하면 잘 먹었다, 말하기 어렵다. 물산이 넉넉한 전라도는 전국을 먹여살렸다. 국가 세곡미의 태반이었던 전라도 곡식은 제주도를 구해주는 구휼미였고, 임진왜란 때는 나라를 구해준

충신이었다. 곳간에서 인심 난다. 곳간은 인심만 내지 않고, 맛도 내서 전라도 음식 신화를 만들었다. 넉넉한 식재료를 바탕으로 한 끊임없는 탐구가 전라도 신화를 계속 이어간다. 변방의 이 작은 식당에서 인심과 맛을 지켜가는 넉넉한 세상을 읽는다.

신안

新安

임자면

지도읍

흑산면

□도면

자은면

암태면

암해읍

□금면

□금면 ● ■ 팔금삼층석탑

비금면

안좌면

도초면

장산면

하의면 신의면

신안 천사대교

전남 남서쪽 서해에 있다. 유인도 73개, 무인도 754개의 섬으로 이루어졌다. 안좌도 (安佐島), 압해도(押海島), 도초도(都草島), 임자도(荏子島), 암태도(巖泰島), 증도(曾島), 장산 도(長山島), 하의도(荷衣島), 대흑산도(大黑山島) 등이 큰 섬이다. 연안의 해변은 굴곡이 심하고 수심이 얕아서 대형 선박이 자유롭게 드나들 수 없는 곳도 있다. 해안선이 복 잡하다. 고기가 많이 잡히고, 소금이 많이 생산된다. 정약전(丁若銓)이 흑산도로 유배되 어 『자산어보』(玆山魚譜)를 저술했다.

최치원의 신통력

신라 말 최치원이 열두 살 때에 중국 당나라로 유학을 가던 길에 우이도 진리마을에 도착했다. 때마침 우이도에는 가뭄이 극심해 주민들이 최치원에게 비를 내려주도록 간청했다. 최치원이 즉시 북해 용왕을 불러서 비를 내리도록 명하니, 용왕은 옥황상제의 명령이 없이 마음대로 비를 내릴 수 없다고 하면서 주저했다. 최치원이 모든 책임을 자기가 지겠노라고 하면서 채근하자, 용왕은 하는 수 없이 비를 내렸다.

뒤늦게 이 사실을 알게 된 옥황상제가 용왕을 잡아 죽이라고 명했다. 최치원은 용왕을 도마뱀으로 변신시켜 자기 무릎 밑에 감추어 죽음을 면하게 했다고 한다.

● 어려서 당나라에 유학 간 최치원이 대단한 인물이라는 소문만 듣고 누군지 모르면서 이런 이야기를 지어냈다.

용소의 물이 끊이지 않는 이유

자은도 중심에서 6킬로미터 떨어진 백산리 마을 뒤쪽에 용소가 있다. 맑은 물이 일년 내내 끊이지 않고 솟아나고, 수백 년 동안 큰 한발에도 마른 적이 없었다.

옛날에 이 못에는 승천을 앞둔 부부 용이 살았다. 그런데 서해에서 심한 바람이 불어 바닷가의 모래가 계속 날아와 지낼 만하던 못이 자꾸만 좁아졌다. 참을성 적은 암용이 보다 넓은 곳으로 이사하기를 숫용에게 청하였다. 숫용이 거절하자, 암용은 토라져서 혼자 이웃의 비금섬 용소로 건너가버렸다. 얼마 뒤 숫용이 승천하면서 암용 생각이 나 못물이 솟도록 있는 힘을 다해 꼬리질을 했다. 이때 용소가 생겨 물이 그치지 않고 치솟았다고 전한다.

● 용이 승천하면서 꼬리질을 해 용소를 만들었다고만 하면 싱거워, 암수 용을 등장시키고 다른 말을 보탰다.

할미섬의 이무기 전설

장산면 다수리와 성수골 사이의 조그마한 무인도에 용추가 있다. 옛날에 장산도 사람들이 이 무인도에 와서 해초를 땄다. 한창 일하고 있는데 갑자기 하늘이 어두워지고 천둥 번개가 치면서 비가 내렸다. 사람들이 서둘러 마을로 되돌아오다가 바다에서 용 한 마리가 하늘로 오르는 것을 보았다. 이 광경을 처음 발견한 마을 처녀가 "이무기가 하늘로 오른다!"고 소리를 쳤다. 그러자 승천하던 용이 이무기가 되어 바다에 뚝 떨어지고 말았다.

사람들이 무서워 얼른 장산도로 가려 했으나 이무기가 배를 감고서 말했다. "부정한 여자가 큰 소리 치는 바람에 영영 하늘에 오르지 못하게 되었다. 저 섬에 살겠으니, 소리를 지른 처녀를 내려놓아라." 그 처녀는 할 수 없이 이무기에게 무인도에 갇혀 평생을 홀로 살다가 죽었다. 그 뒤 마을 사람들이 장사를 지내주고, 섬 이름을 할미섬이라고 불렀다.

● 이무기가 용이 되어 승천하다가 여자가 소리를 질러 떨어졌다는 이야기에 이무기가 복수했다는 말을 보태 더욱 흥미롭게 만들었다. 그러면서 말을 함부로 하지 말아야 한다는 교훈을 한층 분명하게 했다.

비극을 부른 겨루기와 떡시루바위

옛날 복룡리에 말타기를 아주 좋아하는 한 장수가 있었다. 어머니는 아들이 장수가 되는 것보다 선비가 되기를 원해 아들과 내기를 하였다. 어머니가 이기면 아들이 글공부를 하고, 어머니가 지면 말 한 마리를 사주는 조건으로, 어머니는 떡 한 시루를 만들고, 아들은 말 타고 섬 한 바퀴를 도는데 누가 빠른가를 겨루는 시합이었다. 마침내 내기가 벌어져, 아들은 말을 탔고, 어머니는 떡을 찌려고 불을 땠다.

그런데 어머니는 잘못하여 불이 치마에 옮겨붙는 바람에 타 죽었고, 떡시루와 함께 돌로 변하였다. 섬을 돌아온 아들은 이 사실을 알고서 바위를 부둥켜안고 통곡하였다. 그리고 지쳐 죽을 때까지 말을 달리다가 쓰러져 죽었다고 한다. 지금도 복룡리에는 떡시루바위가 있다.

● 아들과 시합하던 어머니가 죽어 돌로 변했다는 것은 이해하기 어려

운 돌발사태이다. 그러고는 아들까지 죽었으니, 무엇이 어디서부터 잘못되었는가? 시원찮은 이야기가 심각한 문제를 제기한다.

신안 즐기기

섬마을음식점 민어회

천사대교를 건너 소작쟁의로 유명한 암태도를 지나 안좌도로 들어섰다. 천사대교 개통이 얼마 안 되어선지 시골 맛, 섬 맛이 그대로다. 막회를 연상할 만큼 투박하게 뜬 모양새, 맛도 그대로 투박하게 제철 민어맛이다. 이후 넘치는 손님에게도 이 맛이 전해지면 좋겠다.

전남 신안군 안좌면 중부로 832(읍동리 868-5)
061-262-0330
주요음식 : 해물 요리

목포에서는 낙지와 홍어, 민어지만, 민어 축제를 하는 신안에서는 민어가 낙지보다 먼저다. 동해는 방어(魴魚), 서해는 민어다. 민어(民魚)는 말 그대로 국민생선으로 제사상 필수 생선이다. 여름에 낙지는 금

민어회

어기, 민어가 제철이다. 복더위를 넘기려면 반드시 먹어야 한다. 민어상답게 일본식 '스키다시' 대신 밥상을 채우는 집밥 찬들이 남도 섬마을 풍취를 한껏 풍긴다.

부위별 맛이 접시차림에도 보인다. 민어 껍질은 부레와 함께 민어 백미, 줄무늬가 위로 톡톡 솟아 질감이 그대로 살아 있다. 통통거리며 쫄깃하나 질기지 않다. 양념장을 최소화해 그 자체 맛을 즐기는 것이 좋다. 부레는 민어 살 맛을 응축하여 부드러운 고급 식감이 느껴진다. 최고의 아교 재료답게 쫄깃거리는 맛이 제대로 난다.

농어조림, 게장

매운탕

양파초무침, 비듬나물, 소고기장조림, 농어건정조림에 게장이 두 종류나 나왔다. 신안의 별미라는 '신안건정', 신안의 빛과 바람으로 삐득거리게 말린 생선이다. 건정 농어가 조림으로 나왔다. 쫄깃한 육질에도 말리기 전 풍부한 맛을 그대로 담고 있다. 다 자라도 손톱만 하다는 바닷게, 송동게가 알을 품고 있다. 간장게장과 양념게장이 함께 나왔다. 다리가 가늘어 통째로 씹힌다. 와삭거리는 게장, 국물도 맛있다.

매운탕은 또 다른 별미다. 이미 회만으로도 포만감을 가누기 어렵지만, 밥과 짝하는 탕은 벗어나기 어려운 유혹이다. 맵지도 짜지도 않은 간에 깊은 맛을 더했다.

거기다 투박하게 곁들인 미나리와 깻잎은 국물 맛에 특유의 풍미를 담아 풍부한 맛으로 인도한다.

여행은 보는 맛에 먹는 맛이 더해야 완성된다. 먹는 맛은 향토음식이라야 제맛이다. 식재료가 향토적인 향토음식과 조리법이 향토적인 향토음식, 남도에는 둘 다 있다. 천사대교로 안좌도와 근처 섬들이 열렸다. 닫혀 있던 보석상자가 열리고 섬의 속살이 드러난다. 보석 같은 섬음식이 신세계로 펼쳐진다. 섬이 여행을 부르고, 음식이 여행을 부른다.

신안은 섬세계, 수많은 보물상자다. 신안 우이도의 홍어장수 문순득은 표류하여 다른 세상을 만났지만, 이제는 연육교로 들어가 표류의 시발점 신안의 섬을 만난다. 거꾸로 문순득의 신안 섬세상이 알아야 하는 별세계, 여행을 부르는 음식 섬이 되었다.

고향식당 짱뚱어탕

정갈한 밥상이 정갈한 식당에서 차려진

짱뚱어탕

다. 전라도 입김과 섬 특색을 보여주는 간
단한 찬이 짱뚱어탕을 빛낸다. 뚝배기보다
장맛이라는데 뚝배기도 좋고 장맛도 좋다.
부추 고명이라 보기도 좋은데 먹기는 더
좋다.

전남 신안군 증도면 문준경길 165
061-271-7533
주요 음식 : 짱뚱어탕과 해물 요리

꼬시래기

증도 지천에 널려 있는 짱뚱어로 만든
탕은 오래전부터 먹어온 전통음식이다. 짱
뚱어탕에 꼬시래기, 농게장, 건새우볶음,
파래무침 등이 바다 냄새를 담았다. 깻잎
들깨무침, 메추리알무침, 김치, 깍두기가
깔끔한 고향 상을 만들어낸다.

짱뚱어탕은 냄새나 맛이 부담스럽지 않
아, 추어탕처럼 산초나 부추가 꼭 필요하
진 않지만, 맛과 모양을 산뜻하게 해준다.
짱뚱어를 갈아내 만든 탕은 짱뚱어 요리
의 가장 보편적 요리 방식이다. 갈아서 걸
죽한 국물 맛을 시래기에 담았다. 새우, 호
박 등이 함께 맛과 식감을 돋운다. 맛이 자
극적이지 않고 갈아낸 육즙이 풍성한 맛을
내 보약같이 스미는 느낌이다.

짱뚱어 외에도 증도산 다양한 해산물을
만난다. 이중 꼬시래기는 식초무침을 했다.
싱싱한 꼬시래기가 영근 듯 오독오독 입안
에서 터지는 듯한 식감이 좋다. 바다의 국
수, 냉면이라 불리는 꼬시래기는 사찰요리
로도 인기가 높다. 체내 열을 낮춰주는 여

농게장

름음식으로 남해의 주요 해조류다.

농게는 이 지방 해물, 다리까지 아삭거
리며 씹힌다. 부드럽고 연한 게장 맛에 사
근거리는 식감을 즐길 수 있다. 수컷 농게
는 유난히 한쪽 집게가 커서 한쪽만 있는
거 같다. 큰 집게를 잃으면 다른 쪽 집게
가 자라난다. 농게는 성어가 되어도 2, 3센
티미터 내외, 다리를 뼈째 먹을 수 있어 좋
다.

들깻잎무침, 어린 깻잎을 들깨에 무쳤
다. 들깨즙을 조금만 넣어 깻잎의 신선한
맛을 최대한 살렸다. 증도는 평지가 많아
주민들이 대부분 어업보다 농업에 많이 종
사한다. 신선한 농산물도 넉넉하게 먹을

수 있다.

신안5미는 민어, 병어, 뻘낙지, 흑산홍어, 그리고 짱뚱어탕이다. 증도는 짱뚱어 천국이다. 지느러미가 강해 배를 밀어가며 갯벌에 산다. 주로 연안, 강과 바다가 만나는 기수역에 사는데, 태평염전 옆 염초식물원 아래 뻘밭은 온통 이놈들의 천지였다. 송원(宋元)대의 유물들이 대량 발견된 증도는 소금의 섬이다. 태평염전은 국내 최대 단일염전으로 소금박물관과 함께 근대문화유산이다. 프랑스 게랑드 소금보다 염도는 낮으면서 미네랄은 2배나 되는 소금을 생산한다. 짱뚱어 관광에 소금 관광을 더한다.

여수

麗水

묘도동

율촌면

영취산 ▲
삼일동

소라면

주삼동
여천동
만덕동

시전동
오동도

돌산공원

회양면

돌산읍

향일암

회정면

남면

삼산면

여수 금오도

　전남 남동쪽에 있는 남해안의 반도이다. 기복이 심한 산맥이 북쪽에서 남쪽으로 뻗어 있고 경사가 심하여 평야가 적다. 대포천(大浦川) 가에는 평야가 있다. 유인도 46개, 무인도 268개가 있다. 거문도(巨文島)가 큰 섬이고 교통의 요지이다. 오동도가 절경이다. 한산도에서 여수까지가 한려해상국립공원이다. 이순신의 전적지여서 관련되는 기념물이 곳곳에 있다. 여러 섬이 천연의 방파제가 되어 여수항은 천혜의 양항이다. 공업지대가 들어서고, 엑스포가 열렸다.

여수 알기

오동도의 붉은 동백꽃

오동도에 동백꽃이 피게 된 내력이 전한다. 옛날에 오동도에 귀양 온 부부가 땅을 개간하고 고기잡이를 하며 살고 있었다. 어느 날 남편이 고기잡이를 나간 사이에 도둑이 들어 아내의 몸까지 요구했다. 아내는 달아나다가 벼랑에서 떨어져 죽고 말았다. 고기잡이에서 돌아오던 남편이 물 위에 떠오른 아내의 시신을 거두어 섬 정상에 묻었다. 그 뒤 아내의 무덤에서는 눈보라 속에서도 붉은 꽃이 피어났는데 그 꽃이 동백꽃이고, 이 꽃이 온 섬으로 번져 오늘에 이르게 되었다고 한다.

옛날 자산(尺山)에 살던 토끼가 오동도 구경을 하고 싶어 거북이에게 데려다주면 좋은 보물을 주겠다고 약속하고 거북이 등에 올라 오동도를 구경했다. 구경을 다 한 토끼가 약속을 지키지 않자, 거북이는 토끼의 껍질을 벗기고 가버렸다. 그곳을 지나던 토신(土神)이 토끼를 가련히 여겨 억새 풀밭에 가서 뒹굴라고 일러주었다. 그러자 토끼는 전보다 더 좋은 옷을 입게 되었으나 벙어리가 되어버렸다고 한다.

● 예쁜 꽃과 어울리는 동화 같은 상상이다.

힘세고 의리 있는 오돌래

예전에 삼산면 동도리 죽촌마을의 바닷가에 오척단구(五尺短軀)의 늙은 남자가 정신을 잃고 쓰러져 있었다. 마을의 한 선주가 이를 발견하여 집으로 데리고 와서 몸을 주무르고, 미음을 먹이는 등으로 극진하게 간호했다.

그 사람의 이름은 오돌래(吳突來)인데, 풍랑을 만나 표류하다 정신을 잃었다. 아무것도 묻지 말라며, 일자리나 하나 마련해주면 평생 은혜를 잊지 않겠다고 했다. 마침 울릉도로 가려던 참이라 일꾼이 필요해 쓰기로 했다. 동도를 떠난 지 한 달 만에 울릉도에 무사히 도착해 재물을 가득 싣고 돌아오게 되었다. 그러나 오 영감은 배를 타고 나서부터 계속 먹고 자기만 할 뿐 일할 생각을 하지 않아 다른 선원들이 모두 못마땅하게 여겼다.

배가 바다 한중간에 이르렀을 때, 해적선의 습격을 받게 되었다. 선원들은 오 영감을 발로 차 깨우고, 어찌할 바를 몰라 갈팡질팡했다. 기지개를 켜며 일어난 오 영감은 어이없게도 해적 배가 우리 배보다 훨씬 좋으니 그 배로 갈아타고 고향에 돌아가자며, 돈궤를 짊어지고 다른 선원들을 재촉하며 앞장서서 해적선에 올랐다. 해적들이 빼앗은 재물과 선원들을 싣고 뱃머리를 일본으로 돌리려고 하자, 오 영감은 선수를 빼앗아 동도 쪽으로 돌리고, 돛대를 쑥 뽑아 던져버렸다. 오 영감의 엄청난 용력에 혼비백산한 해적들은 두목으로 받들겠다며, 목숨을 살려달라고 애원했다.

오 영감은 해적들의 재물 절반을 빼앗아 가난한 사람들에게 나누어주고, 절반을 돌려주며 다시는 해적질을 하지 말라고 타일러 보냈다. 그 뒤부터 이쪽 뱃사람들은 해적선을 본 일이 없게 되었고, 힘세고 의리 있는 사람을 일컬어 오돌래 같은 장사라 부르게 되었다.

● 실존 인물의 실화라고 하는 이야기를, 널리 알려진 유형 구조를 따르지 않고 특이하게 전개했다. 특정 지명을 적절하게 연결시켜 실감을 확보하고, 서술과 묘사를 소설처럼 해서 깊은 인상을 남겼다. 전승되는 전설이 한 번 창작한 작품같이 된 소중한 사례이다.

역의암인가 여기암인가

임진왜란 때 이순신 장군이 아군의 병력이 많게 보이기 위해 군사들에게 적·황·녹·흑·청색 군복을 번갈아 입고 바위를 돌게 했다. 그래서 이 바위를 역의암(易衣岩)이라고 한다.

임진왜란 때 어느 기생이 이 바위까지 쫓아온 왜적에게 몸을 더럽히게 되어 몸을 던져 정절을 지켰다고 한다. 그래서 바위 이름을 여기암(女妓岩)이라고 한다는 말도 있다.

● 이름 풀이를 기본 내용으로 한 간단한 전설이다. 위에서 든 것과 극과 극의 관계를 가지고, 전설의 폭을 잴 수 있게 한다.

구한말의 여수 풍경

매영 남문에 올라(登梅營南門)　　　　　　　　　　　　황현(黃玹)

헐린 성터에 지금은 초목이 황량하고,　　　　　　　　　毁堞如今艸樹荒

옛사람이 여기에 경계를 없애 버렸다.	昔人於此鑠封疆
땅은 칠진을 끌어들여 남쪽 고을 으뜸이고,	地彎七鎭雄南服
바다는 뭇 산을 포괄하여 내해가 넓구나.	海擁羣山豁內洋
운상이 새로 만든 배 노를 저으며,	倚棹雲祥新畫本
충무공의 옛 사당에 중을 찾아 간다.	尋僧忠武古祠堂
밤낮으로 변방 바람은 끝없이 불어,	日夜邊風吹不盡
높은 누각서 바라보니 푸른 바다가 겁난다.	危樓一望怯靑蒼

● 한말 우국시인이 여수를 찾았다. "梅營"은 여수에 있던 전라좌수영(全羅左水營)의 별칭이다. "雲祥"은 조선 후기의 무신(武臣)이었던 전운상(田雲祥)이다. 전라좌수사(全羅左水使)로 있을 때 해골선(海鶻船)을 제작했다. 앞은 크고 뒤가 작은 것이 마치 매[鶻] 모양이고, 좌우편에 두 날개 같은 부판(浮板)을 붙여 바람을 타지 않고 운행이 매우 경쾌하고 빨라서 아주 실용적이었다고 한다.

여수 즐기기

할매맛집 서대회, 쏨뱅이탕

여수에, 그것도 금오도에 왔다. 서대, 쏨뱅이 등 뭍에서는 들어보기조차 힘든 생선을 최고의 맛에다 저렴한 값에 만난다. 금오도 특산 해풍 아래 자란 방풍나물은 덤이다. 호사스러운 섬 여행이다.

서대회

전남 여수시 남면 금오로 874(우학리 693-3)
061-666-6933
주요음식 : 서대회, 쏨뱅이탕

서대회와 쏨뱅이탕, 진기한 식재료에 맛까지 겸했다. 곁반찬도 밥 한 그릇 만족스럽게 비울 수 있을 만큼 인심과 손맛이 후덕하다. 식탁 모습도 어지간히 깔끔하다. 섬에서 음식으로 만나는 새 세계가 여행의 참맛을 더한다.

서대회는 몇 가지 채소를 곁들인 무침

회다. 반찬으로 따로 먹기보다 비벼 먹기 적절하다. 서대는 여수를 중심으로 남해에서 주로 나는데, 담백하고 비린내가 없어 생선을 꺼리는 사람에게도 그만이다. 다른 거섶 없이 서대회만으로 비벼 먹으면서 음미해보자. 잘근잘근 씹히는 서대 육질의 풍미가 온 입안으로 느껴진다. 무침회에 넣은 막걸리식초 덕분인지 부드럽고 상쾌하게 입안에 퍼진다. 정조가 사도세자 스승이었던 채제공에게 내린 서대도 이렇게 맛있었을까.

쏨뱅이탕은 맑은 탕으로 나와 서대회의

쏨뱅이탕

방풍나물

매운맛을 부드럽게 해준다. 슬기로운 상차
림이다. 싱싱한 생선에 청양고추를 넣어
칼칼한 국물 맛이 제대로 난다. 국물이 진
한데도 생선살이 팍팍하지 않고, 조림만큼
탄탄한 육질을 보여준다. 툭툭 솟은 지느
러미와 날카로운 가시 등 모양새는 사납지
만, 맛은 제대로다. 모양새가 흉악해도 맛
과 영양이 제일인 아구처럼 말이다. 이름
이 지역마다 다른 쏨뱅이, 경상도와 다른
것은 물론이고 전남에서도 제각각이다. 청
산도는 복조개, 순천은 삼뱅이, 여수는 쏨
뱅이다. 사나운 모양새 덕에 붙은 이름이
다.

겨울 시금치가 신안 섬초처럼 달착지근

하고 쫄깃거린다. 그래도 곁반찬 장원은
방풍나물이다. 바야흐로 방풍나물의 수확
이 한창이다. 금오도는 전국 80% 이상을
생산하는 방풍나물 주산지다. 방풍나물은
염도가 높은 지역에서 잘 자란다. 섬 전역
이 방풍나물 수확에 손끝이 바쁘다. 사근
사근하게 잘도 데쳐 들깨국물과 만나 무침
이 되어서도 탄탄한 식감을 자랑한다. 시
금치보다 조금 더 데치면 된다.

서대에 쏨뱅이에 방풍나물을 만나니 향
토음식 기행이 되었다. 향토음식이면서 식
약동원의 음식이라 치유여행이다. 몸도 마
음도 금오도 바람, 시골 바람에 맡기고 쉬
어보자. 할매식당에 '할매'가 없어도, 맛있
는 음식은 감미로운 멜로디처럼 오감에 감
긴다. '할매'에게 솜씨를 전수받은 따님이
아주머니가 되어 '할매' 이상의 맛을 낸다.
금오도를 돌아보는 아름다운 둘렛길도 험
하지 않으면서 다도해 절경을 끼고 있어
두루두루 풍요로운 여행길이 된다.

금오도 3코스 둘렛길 풍광

서울해장국 선짓국

여수에 '서울'해장국이다. 맛의 고장 남
도에 '서울'이 도전한 거 같다. 그런데 맛
이나 품새는 남도와 한 색깔이다. 우거짓
국은 맛이 실하고 깊다. 위는 가볍게 속은
따뜻하게 한다. 선짓국의 국물 맛도 좋다.
불에 막 구워내 우굴쭈굴한 김이 맛에 신
뢰를 더한다.

선짓국

전남 여수시 통제영5길 11(중앙동 660)
061-662-2195
주요음식 : 국밥

우거짓국도 선짓국도 첫술에 다시 오고
싶다는 생각이 든다. 국물도 우거지 건더
기도 맛있다. 선짓국은 시원한 데다 콩나
물 건더기도 씹는 맛이 좋다. 내가 오고 싶
은 집은 너도 오고 싶은 집, 늘 손님들이
줄서는 이유를 첫술 국물이 말해준다. 저
렴한 밥상에는 맛 말고 정성도 함께 들어
있다. 3대째의 솜씨에다 '서울' 깍쟁이를
대신하는 푸근한 인심도 그대로다.

선짓국은 선지를 넘어서는 시원한 맛이
콩나물국밥보다 더하다. 선짓국물의 시원
한 이 맛을 외국인들은 이해할까, 의아하
다. 이 선짓국을 찾는 손님은 모두 맛으로
묶인 음식문화 공동체다. 우거짓국은 국물
맛이 실하고 깊다. 뭉개지지 않은 우거지
도 껄끄럽지 않고 부드럽다. 전문가 솜씨

우거짓국

가 얍삽하지 않고 포근하다. 밥을 말면 더
온전해진다. 개운하고 따뜻하고 든든하니
속풀이로도 그만이고, 아침으로는 넘치게
호사스럽다. 달걀 프라이와 김은 식당답지
않고 집답다.

살짝 익은 갓김치가 아직도 머금은 갓
향이 좋다. 여수시는 돌산갓 10종의 품종
보호권을 갖고 있다. 그중에 '알싸미'와 '매
코미'도 있다. 알싸미는 털이 없고 녹색,
잎도 줄기도 크지만 연한 배추 잎 형태로
알싸한 맛이 나는 김장용 품종이다. 매코
미는 자주색으로 털이 많은 무 잎 형태, 톡
쏘는 맛이 나며 가을 재배용이다. 그렇다
면 이 갓김치는 알싸미과다. 돌산갓은 다

른 곳에 심으면 맛도 향도 약해진다. 해양성 기후에 바닷바람을 머금고 돌산에서 커서 돌산갓은 여수의 향을 품고 있다.

아침부터 해장국집에서 해장을 하니 어제 여수의 밤이 궁금해진다. 〈여수 밤바다〉를 부르며, 여수 밤바다를 걸었겠지. 미항으로 알려진 여수 밤바다, 산자락에 자리 잡은 시가지와 바다에 떠 있는 배들이 어울렸다. 이쯤이면 나폴리 미항에 비할 만할 거다. 캐나다 밴쿠버도 대단하지. 프랑스 지중해의 앙티브는 숨이 막히게 아름다워 어지럽기까지 해서 '스탕달 신드롬'인가 할 정도였지.

여수항은 이들 항구와 다른, 생활과 결부된 아름다운 어항에 음식까지 품고 있는 동네다. 투박한 여수 음식이 항구를 아름답게 만들어줄 것이다. 어젯밤 낭만에 취해 여수항이 순간 아름다웠다면, 오늘 아침 이 해장은 여수를 장기기억의 공간으로 만들 것이다. 음식은 여행의 곁다리가 아니라 '고갱이'다. 여수는 시각 못지않은 미각(味覺)의 여행지다.

여수 밤바다

영광

靈光

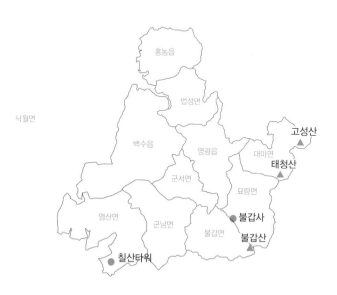

홍농읍

법성면

낙월면

백수읍

영광읍

고성산 ▲

대마면

태청산 ▲

군서면

묘량면

염산면

군남면

불갑면

불갑사 ●

불갑산 ▲

칠산타워 ●

불갑사 향로전과 각진국사비

　전남 북서해안에 있다. 노령산맥이 해안으로 뻗으면서 동쪽 고성산(古城山), 태청산(太淸山), 남쪽 불갑산(佛甲山), 모악산(母岳山) 등이 솟아 있다. 중앙부는 경사가 완만한 구릉지이고 평야이다. 산지 사이에 여러 하천이 흐른다. 유인도 11개와 무인도 51개가 있다. 불갑사(佛甲寺)가 오래된 절이다. 원불교를 창시한 박중빈(朴重彬)이 이곳 출신이다.

영광 알기

육지였던 칠산바다

전남 영광군에는 칠산(七山)바다가 있다. 일곱 개의 섬이 있는 바다여서 칠산바다라고 한다.

먼 옛날 칠산바다는 원래 육지였고, 산봉우리 일곱 개가 있었다. 그곳에 작은 마을들이 있었다. 그 마을에 마음씨 착한 서씨 노인이 살고 있었다. 하루는 웬 나그네가 찾아왔기에 후히 대접해주었다. 다음 날 나그네는 집을 나서면서 은공을 갚으려고 한마디 일러주었다. 이곳은 얼마 안 가서 바다가 될 터이니 이곳을 떠나라고 했다. 서씨 노인은 그 말을 듣고 언제쯤 바다가 되냐고 물었다. 저 산 밑에 있는 돌부처의 귀에서 피가 흐르게 되는 때 바다가 된다고 하고는 떠났다.

이 말을 들은 서 노인은 날마다 아침이면 돌부처의 귀에서 피가 나는지 보러 갔다. 매일 서 노인이 정성스럽게 돌부처에게 왔다갔다 하니 동네 사람들은 궁금했다. 왜 그렇게 자주 다니느냐고 물었다. 서 노인은 부처님 귀에서 피가 흐르게 되면 이곳이 바다가 된다고 해서 다닌다고 말했다. 그러자 동네 사람들은 서 노인이 미쳤다고 조롱하기만 했다.

그러던 중 개백정 하나가 몰래 개 잡던 피 묻은 손으로 가만히 밤에 가서 부처님 귀에다 피를 바르고 왔다. 이튿날 아침 서 노인이 가보니 부처님 귀에서 피가 흘러나오므로 동네 사람들에게 어서 피하라고 외치면서 높은 산으로 올라갔다. 동네 사람들은 오히려 서 노인을 비웃으며 아무도 따라 나서지 않았다.

서 노인은 산으로 올라가다가 소금장수를 만났다. 소금장수는 서 노인에게 왜 그렇게 바쁘게 올라가냐고 물었다. 서 노인은 여기가 바다가 되니 높은 곳으로 어서 도망가자고 했다. 소금장수는 소금지게를 받쳐둔 작대기 밑에까지만 바다가 되니 그만 올라가라고 했다. 그런데 정말로 천둥번개가 치면서 갑자기 비가 쏟아지기 시작했다. 바닷물이 점점 밀려들어 마을을 삼키고, 산 위로까지 차오르기 시작했다. 그런데 점점 불어나던 바닷물이 소금장수의 말대로 작대기 앞에서 멈췄다.

서 노인의 말을 믿지 않던 마을 사람들은 바닷물에 잠겼다. 일곱 개의 산봉우리는 바다 위에 떠 있는 일곱 개의 섬이 되었다.

● 마을 사람들, 개백정, 서 노인, 소금장수, 나그네 순서로 모르고 알고, 어리석고 슬기로운 사람들이 분포되어 있다. 알고 슬기로운 사람이 하는 말을 알아듣고 따르면 모르고 어리석어 생기는 재앙을 면할 수 있다. 소금장수는 이인(異人)이라면, 나그네는 도인(道人)이다. 이인은 나타나는 모습까지, 도인은 근저까지 천지조화에 대해서 안다.

"돌부처의 귀에서 피가 흐르게" 된다는 것이 자연의 변화라고 잘못 생각했다. 그것은 사람이 저지르는 신성 모독, 징벌을 자초하는 자살 행위 외의 다른 무엇이 아니다. 개백정이 개 잡은 피를 부처 귀에 바르자 바닷물이 밀려와 그 일대가 바다가 된 것은 우연이 아니고 필연이다. 인재(人

災)가 천재(天災)를 불러와 피해가 걷잡을 수 없이 확대되는 일이 지금도 흔히 있지만 그 이치를 모르는데, 옛사람들은 꿰뚫어보고 이런 이야기로 경고했다.

지키지 못한 약속, 곧올재

곧올재[古道峙]의 지명 유래담이 있다. 마한 시절 성진이라는 부족국가에 살던 도손이라는 젊은 부부의 이야기다. 이웃 부족국가가 쳐들어오자, 도손은 만삭의 아내를 업고 태청산(太淸山)으로 피난을 가게 되었다. 아내는 이 고개를 넘는 도중 그만 아이를 낳고 말았다. 이때 도손은 산고에 쓸 물건을 구하기 위해 "곧 올게"라는 말을 남기고 마을로 내려오다가 적에게 잡혀 죽고, 아내 역시 남편을 기다리다 숨지고 말았다. '곧올재'라는 고개 명칭은 이때 도손이 남긴 "곧 올게"라는 말에서 유래되었다고 한다.

● 지명 풀이를 위한 간략한 이야기에 역사적 배경을 거창하게 갖다 대 조금 우습게 되었다.

인도 공주 입별의 정표, 불갑사 참식나무

불갑사는 불갑면 모악산(母岳山)에 있는 절이다. 백제 침류왕 1년(384)에 행사존자(行士尊者)가 창건하였다고 하는데, 행사존자는 마라난타(摩羅難陀)의 다른 이름이다. 인도에서 온 승려가 세운 백제 최초의 사찰이라고 한다.

참식나무는 절 뒤편 산 중턱쯤에 있다. 높이는 대략 6미터 내외이며, 군

불갑사 대웅전

불갑사 명경당

데군데 모여서 자란다. 이들 나무에 관한 전설이 있다. 백제 시대에 이 절에 있던 정운이라는 스님이 인도로 유학을 떠나 공부하던 중 인도의 공주를 만나 사랑을 하게 되었다. 이 사실을 알게 된 인도의 국왕은 정운스님을 인도에서 떠나게 했다. 정운스님과의 이별을 슬퍼한 공주는 두 사람이 만나던 곳의 나무 열매를 따서 주었고, 스님이 그 열매를 가져와 심었는데 그것이 자라서 참식나무가 되었다고 한다. 이 자생지의 나무들은 그 나무의 씨앗들이 퍼져 자란 것이라고 전해진다.

상사화로 피어난 스님의 짝사랑

옛날 금실이 좋은 부부에게 늦게 얻은 딸이 있었다. 아버지가 병으로 세상을 떠나자, 딸은 아버지의 극락왕생을 빌며 불갑사에 가서 백 일 동안 탑돌이를 시작했다. 그 절의 큰스님 수발승이 여인에게 연모의 정을 품었으나 스님의 신분이어서 표현하지 못했다. 여인이 불공을 마치고 집으로 돌아가자 스님은 그리움에 사무쳐 시름시름 앓다가 숨을 거두었다고 한다. 이듬해 봄 스님의 무덤에 잎이 진 후 꽃이 피어나니 그 여인을 사랑하여 말 한마디 건네보지 못한 스님의 모습을 닮았다 해서 상사화(相思花)라고 했다.

● 아름다운 상상이다. 탑돌이를 하는 여인을 연모한 스님을 나무랄 수 있는가? 상사화가 많은 것을 말해준다.

원불교의 창시자 박중빈

전남 영광 사람 박중빈(朴重彬, 1891~1943)이 1916년에 원불교(圓佛教)를 일으켰다. 박중빈은 민중종교운동의 여러 교조와 거의 같은 고민을 하고, 최제우(崔濟愚)·강일순(姜一淳)의 영향을 깊이 받아 새로운 종교를 창건했으면서도 교리를 불교와 연결시킨 점이 특이하다. 독자적인 득도 과정을 거친 다음에 깨달은 바가 불교와 합치된다고 하면서 자기 종교 또한 불교라고 했다. 불교인으로 자처하면서 신도를 모았기에 의혹과 시비를 피할 수 있었다.

박중빈의 득도에 관한 전설은 흥미롭게 정착되어 있다. 기본 자료인 「원불교교사(圓佛教教史)」는 나중에 편찬되어 너무 다듬어져 있다 하겠으나, 민중종교 운동을 위한 각성의 과정을 그 나름대로 전하고 있어 주목된다. 전라도 영광 출신의 시골 소년 박중빈은 어려서부터 천지만물에 대해서 커다란 의문을 품고, 산신이나 도사를 만나 깨달음을 얻으려 했으며, 산신제를 지내는 마당바위 앞에서 오랫동안 치성을 드렸다 한다.

그래도 뜻을 이루지 못하고 있다가 성년이 되어 『동경대전』과 『주역』을 가지고 공부를 해도 풀리지 않는 의문을 품고 마침내 스스로 득도를 했다 한다. 그 과정은 신령과의 만남에서 자력에 의한 각성으로, 민간신앙 숭상에서 차원 높은 사상 포용으로의 전환을 뜻한다고 할 수 있다. 교리를 밝힌 「대종경(大宗經)」은 신비적인 요소를 되도록 배제하고 이상과 현실을 근접시키고자 한 특징이 있다.

박중빈도 득도를 한 심정을 술회한 가사를 지었다. 그러나 그 가사는 경전으로 여기지 않았으며, 1940년에 비로소 공개되었다. 1916년 또는 그 다음 해의 작품이라고 하는 「탄식가(嘆息歌)」와 「경축가(慶祝歌)」가 서로 대조되는 내용을 전한다. 「탄식가」에서는 크게 깨달은 바를 일러줄 상대가 없어 갑갑한 심정을 토로하면서, 그때까지 겪은 일신의 고난과 정신적 방황에 관해서 서술했다. 한 대목을 들어본다.

소원성취 이내 일을
어데 가서 의논하며, 어느 사람 알아볼까?
쓸 곳이 전혀 없어, 이리 가도 통곡 저리 가도 통곡.
이 울음을 어찌 하야 그만둘꼬 그칠 곳을 생각하니,
허담허담 노래로다. 산이로다. 산이로다.

자기가 깨달음을 얻어 소원성취한 일을 누구에게 말해도 알아주지 않을 것 같아서 통곡하면서 지내다가 노래를 부른다고 했다. 「경축가」에서는 도를 크게 펴서 세상이 달라지게 할 것을 낙관하고 경축한 노래이다. 1916년부터 1918년 사이에 지었다고 하는 「권도가(勸道歌)」에서는 교리를 해설했다. 가사를 이 밖에도 몇 편 더 지었으나, 1920년 이후의 일이다.

영산원(원불교 최초의 교당)　　　　　　　　　　　원불교 영산성지

● 원불교는 동학 이래의 신흥종교 가운데 가장 안정되고 착실하게 성장했다. 포부를 낮추어 허세가 적고, 일상생활에서 멀리 벗어나지 않아 신뢰를 얻은 것이 다른 종교에서는 찾기 어려운 특징이다.

영광 즐기기

일번지 영광굴비정식

법성포 굴비 거리, 하나의 주제로 형성
된 커다란 거리가 놀랍다. 수많은 굴비 식
당과 굴비 판매점이 있는 세계적인 굴비
거리는 그 자체로 명물이다. 일번지 식당
에서는 전통적인 향토음식 굴비 한정식을
맛볼 수 있다. 조기와 남도음식 솜씨가 만
나서 향토 예술이 된다.

영광굴비정식

전남 영광군 법성면 법성리 650-3
061-356-2268
주요음식 : 영광굴비정식

푸지고 소담한 밥상이 순식간에 차려진
다. 찬마다 전문가의 솜씨가 여실하다. 찬
마다 놀라운 맛에 식사하는 동안 즐거운
기대가 이어진다. 조기구이, 조기찌개, 모
둠전, 간장게장, 해파리냉채, 조개젓 등등
수많은 찬에 담긴 남도 갱미(개미), 제대로

된 남도밥상을 받는 행운을 누린다.

조기구이는 약간 슴슴한 간에 결이 살
아 있는 하얀 육질이 쫀쫀하다. 적절하게
노릇노릇하게 구워낸 솜씨도 예사롭지 않
다. 조기찌개는 압권, 너무 맵지 않은 국
물에 조기 맛과 또 다른 다양한 맛을 깊게
담았다. 비린내가 없고, 지방은 적고 단백
질이 많아서 깔끔하고 담백한 맛이 나는
조기를 다양하게 즐긴다. 양이 많아 다 먹
지 못한 찌개 국물 맛이 귀가 후에도 아슴
아슴 어른거린다.

해파리가 싱싱하고 토실토실한 육질과
바다 풍미가 입안 가득히 머문다. 고기완

조기구이

포에서 말린 굴비는 전국 유통량의 80%를 차지한다. 법성포의 해풍과 공기와 습기라야 법성포 굴비가 되어 맛을 제대로 내기 때문이다. 굴비는 이동과 보관이 편한데다 보기도 먹기도 좋아서 제수용, 선물용으로 보편화되어 부가가치와 문화가 생산된다. 조기를 음식문화로 만드는 중심에 굴비 거리 법성포가 영광이 있다.

자전에 생선전을 함께 담았다. 생선전은 잔가시를 머금은 육질이 탱글거리면서 전의 기름 맛하고 어울려 상급의 맛을 낸다. 게장은 양념무침과 간장게장 두 가지다. 게딱지보다 배 쪽이 살을 더 아금박스럽게 머금었다. 약간 간간해서 오히려 냄새 없고, 전통의 맛이 더 강하게 난다.

조개젓이 이렇게 신선하고 탱글거릴 수 있다니, 역시 해물의 고장이다. 조기만 대단한 것이 아니다. 맛이 최상인 상태로 밥상에 올리는 전문가의 관리 능력도 대단하다. 잡채가 탱글거리면서 풍성한 당면 맛을 담아 자꾸 손이 간다. 거섶이 많지 않은데도 당면 가닥에 맛이 잘 담겨 있다. 모시송편은 영광이 굴비 다음의 특산품으로 자랑하는 상품, 다음 날 먹어도 쫀득거리며 맛있다. 개피한 돔부콩 속이 곱고 달지 않아 좋다.

바다로 바로 통하는 와탄천을 낀 굴비 거리는 세계적 명물 거리다. 경상도는 방어와 문어와 대게를 먹고, 전라도는 조기와 홍어와 꽃게를 먹는다. 조기는 서해에서 나지만 전라도의 생선이다. 이곳 법성

할매보리밥집 보리밥

한정식처럼 많은 찬이 오른다. 불갑사 아래 사하촌답게 나물 채소류가 대부분이다. 밥상 가득히 오른 찬들이 입맛을 돋구고, 찬마다 입에 착착 앵겨 만족할 만한 한 끼가 된다.

전남 영광군 불갑변 불갑사로 351(모악리)
061-352-7844
주요음식 : 보리밥

보리밥

열무청나물

모두 제맛 내는 찬들이다. 실망스러운 허수 반찬은 하나도 없다. 특별히 눈에 띄는 찬은 된장시래깃국, 열무청나물, 방풍나물 등이다. 시래깃국은 엷은 된장기에 쌀뜨물로 국물 맛을 냈다. 부담스럽지 않고 자연스럽게 식재료의 맛을 살려낸다. 어려운 시절 많이 먹던 국이라서인지 편안한 느낌을 준다. 여수 금오도에서 많이 나는 방풍나물은 해풍에 맛이 들므로 바닷가 영광에서 만나는 나물에도 바닷바람이 담겨있다.

열무청나물은 열무청을 삶아서 무쳤다. 여린 배추 잎을 삶아 무치는 숙지나물은 흔하게 접하지만, 열무청나물은 다른 지역에서 만나기 어렵다. 하지만 남도에 오면 흔하게 만나고, 제주도에서도 만날 수 있다. 무청은 보통 시래기무침을 많이 하고, 혹시 생으로 무칠 때는 된장을 넣는 게 보통인데, 여기서는 그냥 참기름에 무쳤다. 보리밥이 보통 열무김치가 아닌 익힌 나물과 짝을 하는 것도 예상을 깼다. 삶아도 아삭아삭 무청 맛이 그대로 살아 있어 열무김치 느낌도 나기 때문일 것이다. 비빔밥

에서도 느껴지는 무청 맛이 상큼하다.

보리밥이라지만 태반은 보리가 아닌 쌀이다. 서울 지역에서는 대개 꽁보리밥을 한다. 꽁보리밥은 다른 이름으로 (보리)곱삶이, 한자어로는 순맥반(純麥飯)이라 하며 대개 완전 보리밥을 말한다. 앞에 '꽁' 자가 빠졌으니 쌀이 섞여 있는 것이 맞는가. 꽁은 '꽁초' 등의 용례로 봐서 완전한 것을 나타내는 의미다. 꽁보리밥은 원래 완전 보리밥을 말하는 것이다.

꽁보리밥을 기대했다가 왜 보리밥에 쌀이 섞였냐고 묻자 종업원이 "그냥 보리만 하면 못 먹어요" 한다. 경상도에서는 꽁보리밥을 먹고 살았다는데, 곡물 풍부한 전라도에서는 꽁보리밥은 못 먹는 음식으로 인식되어 있다는 것에 경상도 사람은 놀란다.

특히 경상북도에서는 생선은 푸지게 먹었으나, 쌀 가난은 면하지 못했다. 쌀을 한 주먹 두어 할아버지 밥을 퍼내고, 장손 밥을 푸고 나면 나머지 식구들은 꽁보리밥을 먹었다. 보리가 없는 계절에는 조를 둬서 먹고, '꽁'조밥을 먹기도 했다. 전라도에서는 보리만을 먹는 집은 별로 없었다. '나라곳간'인 전라도가 그만한 풍요는 누렸던 덕분에 음식이 발달해온 것이다.

이제 살 만한 세상이 되니 어느 곳에서나 가난했던 그 시절 음식을 찾아 건강식이라며 즐긴다. 보리밥 한 그릇에 담긴 전라도 음식 내력을 추적해보면서 이제 온 나라가 함께 풍요로워진 것을 발견한다. 한식 발달도 지역 차이 없이 고르게 이루어지게 된 것을 감사한다.

영암

靈巖

시종면

신북면

도포면

금정면

덕진면

도갑사 · 영암읍
군서면 · 월출산 ▲

서호면

삼호읍

학산면

미암면

영암 도갑사

전남 서쪽에 있다. 강진과 경계를 이루는 남쪽의 월출산(月出山)이 명산이고, 도갑사 (道岬寺)가 명찰이다. 서쪽으로 흐르는 영산강(榮山江) 너머는 무안이다. 일본에 한문을 전해준 왕인(王仁), 신라 말에 지리풍수로 이름난 승려 도선(道詵)이 이 고장 사람이라고 하면서 왕인 축제를 연다.

영암 알기

풍수지리에 능했던 도선

신라 시대 말엽의 일이다. 월출산 기슭 성기동의 처녀가 겨울에 빨래를 하고 있으니 오이가 하나 떠내려왔다. 처녀는 오이를 물에서 건져 씹어 먹었다. 처녀의 배가 퉁퉁하게 불렀다. 그 뒤 몇 달이 지나자 우람하게 잘생긴 아들을 낳았다.

아버지가 호령해 아이를 공동묘지가 있던 국사봉의 갈대밭에다 버렸다. 사흘만에 가보니, 비둘기 떼가 아기를 감싸고 있었다. 아기는 어머니를 보고 방긋 웃었다. 어머니는 아기를 안고 집으로 왔다. 부모는 깜짝 놀라 "아직도 살아 있더냐?" 하고 물었다. 비둘기 떼가 아이를 보호하고 있었다는 말을 하니, 부모는 아이가 보통 아기가 아님을 알고 집에서 키우도록 허락해 주었다.

아기는 무럭무럭 자라났고 아주 총명했다. 글공부도 뛰어나고, 또 활쏘기, 말타기 등 무술에도 뛰어난 재주를 보여 주위 사람을 무척 놀라게 했다. 월산 뒤쪽 초수동이라는 곳에 월암사라는 절이 있었다. 아이가 열두 살 무렵에 그 절에 출가해 도선(道詵)이라는 승려가 되었다.

그 무렵 중국에서 풍수지리에서 득도한 일행이라는 스님이 있었다. 일행스님은 천기를 보더니, 신라 월출산 밑에 사는 도선을 데리고 오게 했다. 도선을 제자를 삼아 중국을 이롭게 하려는 계산이었다. 그러나 도선은 일행스님에게서 풍수지리를 배워 더 높은 경지에 이르고는 고국으로 돌아왔다.

"스님, 일은 잘되었는지요?" 하고, 중국의 황실의 고관이 일행스님에게 물었다.

"네, 아마 도선은 제 나라에 돌아가 우리를 이롭게 할 것입니다."

"다 일행스님 덕분이지요."

"그런데, 도선의 나라 신라에서는 인물들이 많이 나와 우리나라를 위협해 올 것인데, 그게 걱정이오."

중국의 고관은 깜짝 놀라며 일행스님에게 말했다.

"어찌하면 좋겠소, 스님."

"글쎄요."

"스님께서 좋은 방도를 일러주시구려."

일행스님은 고관에게 신라를 제압할 방법을 일러주었다.

"도선의 나라 신라에 신령스런 산들이 많으니 도술을 부려 산세를 죽여야 하오. 아마 도선도 제 나라 산세를 죽이고 있겠지만."

"도선이 제 나라 산세의 맥을 끊고 있으니 문제될 것이 없지 않습니까?"

고관이 반문하자 일행스님은 자세하게 설명했다.

"도선이 언젠가는 깨달아 우리의 일을 방해할 것이니 문제가 되는 것이지요."

"그럼 어떻게 하면 좋겠습니까?"

"그러니까 좋은 방도를 말씀드리지 않습니까."

둘은 말을 멈추고 생각을 가다듬은 뒤, 일행스님이 고관에게 귓속말로 속삭였다.

"사람을 보내 도선의 나라 곳곳에 있는 산의 맥을 잘라야 합니다."

중국 황실에서는 사람을 보내 신라의 명산, 인물이 나올 만한 산의 맥을 끊게 했다. 어떤 곳에서는 산의 맥을 끊자 붉은 피가 흘렀다.

도선은 이런 사실을 알고 백두산 상봉에다 중국 땅을 향해 철 방아를 놓았다. 그리고는 철 방아를 밟아 방아를 찧었다. 그러자 철 방아를 한 번 찧을 때마다 한 사람씩 중국의 큰 인물이 죽었다.

중국 황제가 일행스님을 불렀다.

"요즘은 내 귀한 신하가 죽어가니 웬일이오?"

"그건 바로 도선의 짓입니다."

"그렇다면 당장 도선을 불러오게 하시오.'"

"소승이 부르면 오지 않을 겁니다. 이미 도선이 제 뜻을 알아차려버렸기 때문입니다."

"그렇다면 어찌하면 좋겠소?"

"황제의 명으로 불러들이는 것이 좋을 듯합니다."

황제는 사신을 보내 도선을 잡아들이게 했다. 도선은 이미 그것을 알아차리고 있어서 중국에 가지 않았다.

그 당시 도선은 풍수지리에 밝아 여러 절을 짓고, 여러 가지 좋은 일을 많이 하고 다녔다. 구림에 있는 흰색 바위에다 자기의 적삼을 벗어놓고 말했다. "내가 살아 있으면 이 바위가 하얗게 변할 것이고, 이 바위가 검으면 제가 죽은 줄 아시오." 비장한 각오로 한마디의 말을 남기고 떠나갔다.

지금도 그 바위가 구림에 남아 있다. 도선의 죽음에 관해서는 알려진 바가 없다.

● 도선은 영웅 일생의 공식에 맞게 출생하고, 죽음의 위기를 극복했다. 풍수 능력이 탁월한 도승이 되어 중국 황제와 맞서 나라를 지키는 것을 영웅의 투쟁으로 삼았다. 승리의 영광을 구가하지도 않고, 비극적인 최후를 맞이하지도 않고, 자취를 감추어 죽음을 알리지도 않은 것이 도승 영웅답다.

여인의 공덕으로 놓은 덕진다리

신라 때에 덕진 강변에서 여인숙을 하던 여인 덕진(德津)은 영암읍과 영산포 사이를 흐르는 덕진강 때문에 행인들이 곤경을 겪자 다리를 놓는 것을 자신의 소원으로 삼았다. 덕진은 남몰래 항아리를 땅에 묻어놓고 돈을 모았으나 소원을 이루지 못한 채 죽고 말았다.

그 뒤 영암에 원이 부임해 오자 꿈에 덕진이 나타나 자기 소원을 다 이야기하고, 또 자신이 모은 돈을 찾게 해서 결국 다리를 놓게 되었다. 원은 다리 이름을 덕진의 이름을 따서 덕진다리라고 했다. 단오날이면 덕진에게 제향을 올리라고 했다고 한다.

영암 원님이 갑자기 죽어 저승에 갔다. 염라대왕은 영암 원님에게 죽을 때가 아니지만 그냥 돌려보낼 수 없으니 저승에 인정을 베풀고 가라고 했다. 저승에는 이승에서 적선한 것이 쌓여 있는 곳간이 있는데, 베푼 것이 거의 없었던 영암 원님의 저승 곳간에는 짚 한 단밖에 없었다. 저승사자가 덕진이라는 사람의 곳간에 노적이 쌓였으니 그것을 빌려서 인정을 베푼 후 이승에 돌아가서 갚으라고 했다.

영암 원님은 저승사자가 시키는 대로 하고, 이승에 돌아와 덕진강 근처

주막집 중노미로 일하는 덕진을 찾아갔다. 원님이 자초지종을 이야기하고 쌀 삼백 석을 갚으려고 하자, 덕진은 자신은 모르는 일이니 안 받겠다고 끝내 사양했다. 그래서 원님은 쌀을 갚는 대신 주민을 위해 덕진강에 다리를 놓고 덕진의 이름을 따서 덕진다리라고 했다.

● 높은 자리에 있어 큰 힘을 가진 영암 원님은 한 일이 없고, 가련한 여인 덕진은 어렵게 모은 재물을 만인을 위해 다리를 놓는 데 썼다. 이렇게 말하고 말면 재미가 없고 비교가 미흡해 설득력이 떨어지므로, 덕진의 재물을 가지고 다리를 놓는 일을 영암 원님이 맡지 않을 수 없었다고 하는 이야기 둘을 절묘하게 지어냈다.

장엄한 월출산

월출산을 바라보며(望月出山)　　　　　　　황현(黃玹)

영암 월출산은 호남에서 으뜸,	靈巖月出大湖南
천고의 명산에 수많은 옥잠.	千古名山萬玉簪
손 뻗으면 흰 구름에 닿을 만하고,	稽手白雲彈一指
해천 누각에 화엄이 솟아오른다.	海天樓閣湧華嚴

● 월출산이 대단하다고 최대의 찬사를 바쳤다. "玉簪"은 옥으로 만든 비녀인데, 여기서는 산봉우리를 비유한 말이다. "華嚴"은 불교에서 말하는 장엄한 세계인데, 여기서는 산을 형용하는 데 썼다.

월출산이 높다더니마는
윤선도(尹善道)

월출산이 높더니마는 미운 것이 안개로다
천왕 제일봉을 일시에 가리웠다
두어라 해 퍼진 후에 안개 아니 걷으랴

● 이런 시조도 있다. 윤선도(尹善道)의 시조이다. 한자어는 한자로 적고 풀이하면 "月出山이 높더니마는 미운 것이 안개로다. 天王 第一峰을 일시에 가렸구나. 두어라 해 퍼진 후에 안개 아니 걷으랴"라고 하는 말이다.

윤선도는 해남 사람이어서 영암의 월출산을 자주 찾은 것 같다. 월출산 경치를 그리면서 하고 싶은 말을 한다. 높이 솟은 월출산을 제대로 보지 못하게 하는 안개가 밉다. 천왕 제일봉 정상을 일시에 가리다니. 너무 한탄하지는 말자. 햇살이 퍼지면 안개가 걷히지 않겠나.

경치를 그린 것을 비유로 이해할 수도 있다. 천왕 제일봉은 임금이고, 안개는 임금의 총명을 가린 간신의 책동이다. 간신의 책동이 언제까지나 계속되지는 않으니 낙심하지 말고 기다리자. 이런 말을 하기도 한다.

월출산 호랑이와 줄다리기

강 포수와 김 포수는 설악산과 내장산을 두루 다니며 호랑이와 멧돼지 등을 잡았다. 암벽이 많은 월출산에 사는 호랑이의 호피가 다른 호랑이 가죽보다 비싸다는 말을 들은 두 사람은 월출산으로 왔다.

두 사람은 월출산에서 모래톱에 찍힌 멍석만큼 큰 호랑이 발자국을 발견했다. 호랑이는 한 마리도 아니고 두 마리였다. 두 사람은 그 호랑이들만 잡으면 이제 사냥을 그만두기로 하고, 우선 호랑이의 은신처를 탐색하고 유인하기 좋은 장소도 물색해두었다.

며칠 뒤 두 사람은 십 리를 사이에 두고 서로 노려보고 있는 호랑이 두 마리를 발견했다. 멧돼지 떼를 사이에 두고 서로 차지하기 위해 으르렁거리고 있었다. 강 포수와 김 포수가 숨어서 호랑이들을 살펴보니, 매번 멧돼지를 놓치고 호랑이들끼리만 싸울 뿐이었다.

두 포수는 멧돼지를 잡아 호랑이를 유인하기로 했다. 호랑이가 다니는 길목에 멧돼지를 잡아서 묶어두자 호랑이 두 마리가 나타나 으르렁거렸다. 두 포수는 등을 맞대고 서서 활시위를 팽팽하게 당겼다.

바로 그때 한낮인데도 해가 구름에 가려 칠흑같이 어두워지더니 바람이 불고 천둥과 번개가 쳤다. 호랑이들이 멧돼지가 있는 쪽이 아니라 강 포수와 김 포수가 있는 쪽으로 빠르게 달려왔다. 깜짝 놀란 강 포수와 김 포수는 온몸이 얼어서 꼼짝할 수가 없었다. 하지만 호랑이들은 두 사람이 아니라 서로를 향해 맹공격을 퍼부었다.

간신히 숨을 돌린 강 포수와 김 포수는 무릎을 꿇고 신령님께 두 마리 대호를 잡게 해달라고 간곡하게 빌었다. 그리고 시위를 힘껏 당겼다. 바로 그 순간 하늘에서 천둥과 번개가 요란하게 치더니 호랑이들이 굳어서 그대로 산이 되고 말았다.

강 포수와 김 포수가 있던 양쪽 끝에는 화살촉이 매인 큰 밧줄이 남아 있었다.

그 뒤 산 아래 사람들은 그런 밧줄을 만들어 정월 5일과 11월 칠석날에 줄다리기를 해왔다.

● 줄다리기의 유래를 설명하는 전설이다. 월악산의 기운이 싸우는 호랑이로 나타나 포수 둘이서 잡으려고 하던 도전을 줄다리기로 재현해 자

연을 용해해 지니려 한다고 이해할 수 있다.

과유불급 음핵 명당

조선시대 영암읍에 경주 이씨들이 살고 있었다. 고려 말 대문장 익재 이제현의 후손인 이주남이라는 사람이 조상의 묘자리를 명당에 모시려고 했다. 유명한 지관을 불러 명당을 잡아 달라고 청했다.

지관은 이주남의 간절한 청을 받아들여 월출산 일대에서 명당을 찾으러 나섰다. 월출산 상봉에 올라 산세를 훑어보던 지관이 독천에 이르러 비래산을 보고 "아주 좋은 여근혈 명당이로군" 하면서 무릎을 쳤다. 지관이 내려다본 명당자리는 여자의 생식기 모양의 지형이어서 좀처럼 잡기 어려운 곳이었다.

"이곳은 음핵 부분에 해당되니 묘를 쓰면 자손이 번창하겠어." 지관은 혼자 중얼거리더니 주위를 살폈다. "물이 있어야 완전한 명당인데" 하면서 아래쪽을 내려다보니 여자의 음부 모양을 한 샘이 있었다.

이주남은 기뻐서 어찌할 바를 몰랐다. 길일을 택하여 조상의 묘를 여근혈 명당에다 썼다. 그래서인지 그의 동생이 현종 13년에 무과에 급제해 선전관 벼슬을 하게 되었다. 그 후 경주 이씨들의 자손이 날로 번창해갔다.

그런데 그 뒤에 문제가 생겼다. 명당 자리에 묘를 쓰고 나서 좋지 않은 사건이 종종 일어났다. 근친상간이 생겨 가문에 누를 끼쳤다.

경주 이씨 문중에서는 이 문제를 해결하려고 유명한 지관을 모셔왔다.

"지관님, 자주 근친상간이 있으니 해결방안을 좀 일러주십시오."

지관은 독천 여근혈의 무덤을 보고 말했다.

"좋은 명당이구려. 그러나 음기가 너무 성해 그런 일들이 생겨나는 것이

오."

"그럼 어떻게 해야 될까요?"

지관은 한참 동안 생각하더니 말을 이었다.

"비래산과 마주 보이는 장정산의 맥이 남근을 닮았으니 그 산 밑에 냇가에다 우시장을 만들면 많은 남자들이 모여드니까 양기가 발산되지요. 그래서 강한 음기를 중화시킬 수 있지요."

경주 이씨 자손들은 기뻐하며 곧바로 지관이 일러준 곳에다 우시장을 설치했다. 독천(犢川)이라는 지명이 우시장을 설치한 뒤에 생겼다.

그 후 이상하게도 여근곡의 샘이 때때로 붉은빛을 띨 때가 있었다. 그럴 때면 꼭 이씨 집안에 좋지 않은 일이 생겨난다고 한다.

● 음기는 번영을 가져오지만 지나치면 문제가 생기므로 양기로 어느 정도 중화시켜야 된다. 이렇게 말하기만 하고 음기와 양기가 결합되어야 한다고 하지는 않았다. 중화와 결합은 아주 다르다. 음기를 두려워하는 수준의 사고를 나타낸 것이 아닌가?

의병장과 장독꼴샘

영암읍 서남리에 있는 장독꼴샘에 유래담이 있다. 을묘왜변 때 모친 상중에 있던 양달사(梁達泗)가 의병을 모집해 왜병과 싸우다가, 적에게 포위되어 군량미가 떨어지고 식수도 고갈되었다. 양장군이 군령기로 한 번 호령한 뒤 땅을 내려찍자 "꽝" 소리와 함께 그 자리에서 물줄기가 솟아올랐다. 사기충천한 의병은 왜적을 섬멸하게 되었고, 이로부터 이 샘을 장독꼴샘이라 부르게 되었다는 것이다.

양 장군은 이 전투로 큰 공을 세웠으나 부상을 입고 말았다. 상중에 피를 흘린 것을 수치로 여겨 조정에 전공을 보고하지도 않고 어머니의 묘로 돌아가 시묘하던 중, 상처로 인해 죽고 말았다고 한다.

● 의병이 되어 나가 싸우고, 상중에 피를 흘리는 것을 부끄러워하다니. 충효(忠孝)가 상충(相衝)되지 않을 수 없게 하니, 겸비(兼備)라는 것은 무리였다.

영암을 뒤흔든 을묘왜변

명종 10년(1555)에 을묘왜변(乙卯倭變)이라는 변란이 일어났다. 왜적이 침범해 영암군 달량(達梁)에서 큰 전투가 벌어졌다. 그때 종군한 양사준(楊士俊, 생몰연대 미상)이 「남정가(南征歌)」라는 가사를 지었다. 몇 대목을 들어 본다.

> 칼 맞아 살더냐, 살 맞아 살더냐?
> 천병(天兵) 사라(四羅)한데 내달아 어디 가느냐? (…)
> 금고(金鼓) 쟁격(爭擊)하니 승기(勝氣) 전성(塡城)이요,
> 맹사(猛士) 비양(飛揚)해 집심(執訊) 획추(獲醜)로다.
> 정기(旌旗)를 보아하니 달리느니 적수(賊首)요,
> 동성(東城)을 돌아보니 쌓이느니 적시(賊屍)로다.

우리 쪽의 시체가 들에 가득한 참상을 그리고, 작자 일행이 전장에 도착하게 된 경위를 말한 다음, 치열한 전투 장면을 이렇게 그렸다. 전투에 관한 용어와 개념이 모두 한자어이므로 그대로 써야 했다. 강한 어감을 가진

명사를 열거해 울림이 크게 했다. 앞의 두 줄은 적에게 한 말이다. "칼 맞아도 살고 살 맞아도 사는가"라고 하면서, "하늘이 내린 우리 군사가 사방에 벌려 있는데 어디로 가느냐" 하고 물었다. 다음 네 줄에서는 전투 장면을 묘사했다. 징과 북을 울리며 승리의 기운이 성을 억누르고, 사나운 군사가 날아올라 적을 사로잡는다고 했다. 정기를 보니 달리는 것마다 적의 머리요, 동쪽 성벽을 돌아보니 쌓이는 것마다 적의 시체라고 했다.

그 뒤에 백광훈(白光勳)이 전투 현장을 찾아 「달량행(達梁行)」을 지었다. 「남정가」에서는 싸워 이긴 것을 자랑했는데, 「달량행」은 난리가 지난 뒤에 볼 수 있는 황량하고 처참한 광경을 그렸다. 왜적에게 패하자 수많은 백성이 유린되었던 현장을 찾아가 깊은 감회에 사로잡혔다. 조수 드나드는 소리가 목 메는 듯이 들리는 바닷가 풀 속에 뼈다귀가 흩어져 있다는 것을 서두로 삼고, 장수의 꾀가 어긋나 포위를 자초하고, 병졸은 싸우지 않고 스스로 무너졌으니 그럴 수 있느냐고 분개했다. 울분이 고조된 대목에서 다음과 같이 노래했다.

<table>
<tr><td>월출산은 높고 구호는 깊기만 한데,</td><td>月出山高九湖深</td></tr>
<tr><td>물이 마르고 산이 깎인들 설욕할 수 있겠는가?</td><td>水渴山催恥能雪</td></tr>
<tr><td>지금도 해천에서 풍우가 몰아칠 때면,</td><td>至今海天風雨時</td></tr>
<tr><td>귀신 울음소리 처음 싸우던 때인가 의심이 난다.</td><td>鬼哭猶疑初戰伐</td></tr>
</table>

시인이 다시 느끼는 원통한 울음소리는 왜적에 대한 적개심을 나타내는 것만은 아니었다. 나라를 방비하지 못해 백성이 유린되도록 한 벼슬아치들 때문에 더욱 거세다. 자기도 그 일원이거나 그쪽과 가깝기에 분노와

함께 죄의식을 느꼈다. 맨 밑바닥의 이름 없는 백성들과 공감을 나눌 수 있게 자기의식을 바꾸어놓으면서 진실한 시를 이룩하고자 했다.

● 임진왜란의 전초전이 된 전쟁이 나라를 생각하고 백성을 염려하는 문학을 낳았다.

영암 즐기기

수연식당
가마솥백반정식, 갈낙탕

명물이 몇 가지다. 밥상의 찬들이 다 제 맛을 내는데, 그중 주요음식들은 더욱 대단하다. 갈낙탕 국물 맛을 보고, 와! 이런 맛이 나올 수 있구나, 놀라다가 연탄구이라는 돼지불고기를 한 입 먹고 또 놀랐다. 싱싱한 고기에 불 맛과 양념 맛이 어우러져 쫄깃한 맛이 형용할 수 없게 대단하다.

가마솥백반정식

전남 영암군 삼호읍 용당로 84
061-461-0852
주요음식 : 연탄돼지고기구이

역시 전라도구나 싶게 푸지고 맛있는 찬들로 한상이 가득 차려진다. 젓갈과 꼬막도 빠지지 않아 남도음식상이라는 것을 잘 보여준다. 김치는 전형적인 남도음식, 양념도 진하고 젓갈도 진하고 맛도 진하다. 상이 나올 때 감동적인 기대가 오히려 밥을 먹어가면서 더 커진다. 보기 좋은 떡이 먹기도 좋다는 말이 실감 나는 밥상이다. 마지막 숟갈까지 즐거운 한 끼다.

연탄돼지고기구이, 연탄에 구운 불내가 먼저 입속에 감돈다. 부위도 맛있는 곳, 비계와 살코기가 적당히 섞여 있어 지루하거나 질릴 새가 없다. 상추와 싸도, 겉절이같은 김치와 싸도 제각각 또는 섞여서 맛이 오히려 상승된다. 불 맛과 고추장 맛과 양념 맛을 좋은 육질에 잘 담고 있다. 과연 요란하게 광고하고 자랑할 만한 음식이다.

갈낙탕

갈치속젓

갈낙탕, 이 집 주요리가 아니어서 별 기대하지 않았는데, 국물 한 수저에 정신이 번쩍 들었다. 맑은 국물에 어찌 그런 깊고 품위있는 맛을 다 담아낼 수 있는지. 국물은 엄나무, 황기 등등 10가지 정도의 재료를 넣고 오래 고와서 우려낸단다. 연하게 도는 한약재 맛이 그래서였구나. 음식을 알고, 사람을 생각하는 사람이 만드는 음식이다. 퍼걱거리지 않고 쫄깃거리며 국물 맛이 담긴 소고기와 싱싱한 낙지도 좋다.

연근무침, 미나리무침, 양념꼬막장, 갈치속젓, 잔멸치조림, 고등어구이, 잡채, 콩나물, 부추김치 등등 곁반찬의 향과 맛이 모두 훌륭하다. 김치가 우선 압권이다. 외양으로도 느껴지듯이 배추가 무르지도 않고, 적당히 생생해서 사각거리며 씹히는 맛이 좋다. 너무 맵지 않고, 달지 않고, 절제된 맛을 낸다. 품위 있는 김치다. 양념꼬막장. 어지간한 벌교 식당보다 나은 단아한 맛이다.

갈치속젓, 질 좋은 갈치 속을 구해다 직접 양념해서 만든단다. 싱싱한 맛에 반해 따로 구입해서 가져오니 두고두고 밥상 효자 노릇을 한다. 젓갈은 종류도 다양하지만, 간도 맛추고, 반찬으로도 먹어 쓰임도 다양하다. 젓갈을 이렇게 다양하게 활용하는 나라는 한국밖에 없는 거 같다. 한식의 다양성과 깊이는 식재료와 음식 솜씨에 기인하지만, 그 바탕에는 젓갈의 쓰임이 큰 몫을 한다. 젓갈을 활용하는 음식 솜씨의 현장에 왔다.

완도

莞島

금당면

고금면

군외면   약산면

신지면   금일읍

완도읍   생일면

●완도타워

노록도

노화읍   청산면

보길면   소안면

완도 청해진 유적지

　전남 남쪽에 있는 섬이다. 신라시대 장보고(張保皐)가 해상활동 근거지 청해진(淸海津)을 설치한 곳이다. 노화도(蘆花島), 보길도(甫吉島), 청산도(靑山島) 등 많은 섬이 있으며 경치가 빼어나다. 보길도에는 조선시대 시인 윤선도(尹善道)의 유적이 있다. 전복 양식을 많이 해 특산물로 삼는다.

완도 알기

한시로 읊은 완도의 역사

완도(莞島)   서영보(徐榮輔)

고금도 저 멀리 짓누르는 먹구름   古今島廻壓愁雲

청해성 드높이 검문을 짚고 섰네   青海城高倚劍文

일찍이 누선으로 왜적을 무찌른 곳   曾是樓船破倭處

지금도 사람들은 이 장군을 얘기하네.   至今人說李將軍

나는 말한다, 정년과 장보고를   我謂鄭年張保皐

여기에서 제향 올림이 합당하다.   此方端合饗牲牢

청해와 여연은 너무나도 먼 곳인데,   青海閭延風馬遠

땅을 이어 아이들을 그릇되게 했는가.   徒緣地志誤兒曹

● 완도를 찾아 역사를 되돌아보았다. "劍文"은 명검(名劍)의 이름이다. "李將軍"은 이순신이다. "鄭年 張保皐"는 신라 때 완도에 청해진을 설치하고 해상 활동을 한 두 인물이다. "閭延"은 평안북도 자성군에 있는 지명이다. 청해진과 거리가 먼 것을 들기 위해 등장했다. "風馬"는 '풍마우불상

급(風馬牛不相及)'의 준말로, 바람 난 말과 소가 서로 미치지 못하는 먼 거리를 뜻한다. 마지막 두 줄은 정년과 장보고가 왕래하면서 군졸들이 수고하게 한 것이 잘못인가 물었다.

노록도의 늙은 사슴

노록도(老鹿島)에 사슴이 많이 살고 있었다. 어느 때 노록도의 사슴들이 전부 노화도로 건너가게 되었다. 늙은 사슴 한 마리만 헤엄칠 힘이 없어 노록도에 남게 되었다. 늙은 사슴은 외로움을 이기지 못하고 노화도로 건너갈 수 있게 용왕에게 간절히 빌었다. 용왕은 바다를 갈라 늙은 사슴이 바다를 건널 수 있게 하였으나 기력이 쇠진한 늙은 사슴이 미처 바다를 다 건너지 못하고 도중에 바닷물에 휩쓸려 죽었다고 한다.

● 이런 상상이 어떤 의미를 가지는가? 노년의 무력함에 대한 자탄인가?

민중영웅을 노래한 「송대장군가」

임억령(林億齡, 1496~1568)은 「송대장군가(宋大將軍歌)」라는 장시에서, 전라남도 완도군 장좌리(長佐里)의 민간전승에 근거를 둔 민중적 영웅을 노래했다. 고려 말쯤 있었던 송징(宋徵)이라는 장군은 산을 뽑고 호랑이를 산 채로 묶는 용력이 있으며 천하명궁이었다. 나라에서 거둔 곡식을 실은 배를 끌어다가 백성을 살리고 관군을 물리쳤다. 요망한 계집아이가 활시위를 끊자 거기서 피가 나더니 죽고 말았다고 했다.

장사의 뼈는 초목과 더불어 썩었어도,	壯骨雖與草木腐
의연한 혼백 아직 바람, 우뢰, 노여움 머금었다.	毅魄尙含風雷怒
귀신이 영웅다워 이 땅에서 받들어지며,	爲鬼雄兮食此土
꿩 털을 꽂고, 나무로 모습을 만들었도다.	揷雉于兮木爲塑
저 어떤 사람인가? 괴이하다고 비웃으며	彼何人兮怪而笑
신의 모습을 망가뜨려 강가에 던지다니,	毁而斥之江之滸
백년 세월에 한 칸 당집이 쓸쓸하고	百年蕭條一間廟
철 따라 복날이고, 섣달이면 마을의 북소리.	歲時伏臘鳴村鼓

마을에서 송 대장군을 신으로 받들고 해마다 굿을 하게 된 내력을 노래한 대목이다.

● 탁월한 능력을 지니고 태어난 영웅이 뜻을 이루지 못하고 죽었다는 전승은 전국 도처에 있다. 무속에서 섬기고 설화에나 올라 있어 조롱의 대상이 된 하층문화를 진지하게 받아들이는 한시를 써서 울분을 토로하는데 동참한 것은 전에 없던 일이다.

장군들의 내력

옛날에 엄 장군과 장 장군이 있었다. 엄 장군은 완도읍 가용리 엄나무골에, 장 장군은 완도읍 장좌리 안의 장도에 살았다. 이 두 사람은 재주와 도술이 서로 엇비슷하여 이따금 내기를 즐기기도 하였다. 하루는 엄 장군이 장도에서 건너다보이는 동쪽 까투리섬에 해가 뜨는 시각에 누가 먼저 기를 꽂나 내기를 하자고 했다. 장 장군은 해 뜨기 전 까투리로 변신해 섬으로 날아갔다. 그런데 마음이 음흉한 엄 장군이 매로 변신해 까투리로 변한

장 장군을 잡아먹고 말았다. 지금도 고금면 상정리 서쪽 바다에 있는 이 섬은 '까투리여', '까튼여' 또는 '같은여'라고 부르고 있다.

옛날에 엄 장군과 송 장군이라는 사람이 있었는데, 이들은 서로 세력 다툼을 하고 있었다. 결국 엄 장군은 갈옹리 위 엄숙골이라는 곳에 살고 송 장군은 장도라는 섬에 살았는데, 원래 엄 장군은 송 장군의 부하였다고 한다. 그런데 엄 장군이 송 장군을 배신하여 죽이려 하자, 송 장군은 까투리가 되어 신지면 솔섬 옆에 위치한 '까트린여'라는 곳으로 날아가 머물러 있었으나 결국 엄 장군의 화살에 맞아 죽었다.

옛날부터 전해오는 수호신이 있었다. 장좌리의 수호신은 장보고 장군이고, 이곳 정도리의 수호신은 송 대장군이라고 한다. 송 대장군과 관련한 유적으로 송 대장군의 목이라는 송대목바위, 그 바위 옆 장군샘이라는 지명이 전해 내려오고 있다. 옛날에는 송 대장군이 탄 말의 발자국이 새겨진 바위도 있었다고 한다. 정도리에는 장보고 장군 이야기는 없고, 송 대장군 이야기를 많이 한다.

송징 장군이 용력이 뛰어나 손쓸 방도가 없자 나라에서 송징을 죽이는 사람에게 벼슬을 준다는 방을 내걸었다. 벼슬이 탐이 난 송징의 딸이 자기 남편한테 아버지를 죽이자고 했다. 남편이 그런 법이 어디 있느냐고 말리자 딸이 혼자서 아버지를 죽이려고 장좌리로 갔다. 송징 장군이 딸에게 왜 왔냐고 묻자, 딸은 가볼 데가 있다면서 아버지를 데리고 까투리가 머물던 섬이라 하여 이름 붙여진 '까뜨린여'라는 곳으로 갔다. 그곳에서 두 사람이 앉아 있다가 송징 장군이 꿩으로 변하자 딸은 매로 변하여 꿩을 쳐서 바다에 떨어뜨려 송징 장군을 죽였다. 그래서 송징 장군은 정도리에 있는 '송단여'라는 곳으로 떠내려갔다고 한다. 장좌리에서는 원래 장도섬에 있는 당에다 송징 장군을 모시고 있다고 한다.

삼별초의 난 때 완도에 들어온 송징 장군은 장도 근방에 토성을 쌓은 뒤 그곳을 본거지로 삼았다. 이후 세미선을 털어 사람들을 구휼하면서 마을의 안정을 이루고 선정을 베풀었다. 그래서 장좌리 마을 사람들은 그 공을 잊지 못하여 송징 장군을 마을수호신으로 모시고 있다.

● 탁월한 능력을 가지고 도술을 부리기까지 하는 장군들이 불행하게 죽고 말았다는 이야기를 여기저기서 하면서 애통해하는 것이 오늘날에는 어떤 의미를 가지는가?

임진왜란과 완도

임진왜란이 일어나 전쟁이 한창일 때 이순신을 돕기 위해 마귀할멈이 지금의 고흥군 동쪽에 있는 구무섬을 밧줄로 신지도 근해까지 끌고 왔다. 그리고 고금도 진영이 있는 덕동해협을 구무섬으로 막아 왜군의 진로를 차단하고자 하였다. 그러나 물살이 세고 깊어 뜻을 이루지 못하고, 현재의 자리에 놓아두었다고 한다.

몰서(沒嶼)바위는 완도읍에서 동쪽으로 뻗은 산 끝 바닷속에 있는 바위이다. 썰물 때만 모습을 드러낸다. 이순신이 이 바위에 쇠줄을 연결해 왜선을 무수히 침몰시켰다고 한다.

월송대(이순신 장군의 가묘로 썼던 곳)   충무사 내삼문

피내리 고랑은 청산면 청계리의 보적산 아래에 있는 시내이다. 임진왜
란 때 마을사람들이 바닷가의 갯돌을 보적산 위에 쌓아놓고, 왜군을 산정
으로 오르도록 유인한 다음 돌을 굴려 몰살시켰다. 그래서 시내가 피내리
고랑이 되었다고 한다.

● 임진왜란 때 전투가 일어난 현장이어서 전하는 이야기가 많으나 자
세한 내용은 없다. 일어난 일이 엄청나 이야기로 감당하기 어려운 탓이 아
닌가 한다.

완도 보기

보길도 윤선도 원림

보길도 윤선도 원림은 전라남도 해남군 완도군 보길도에 있다. 명승 제
34호. 남인 계열의 고산 윤선도(1587~1671)의 생애는 파란만장했다. 진사
초시에서부터 승보시, 향시, 진사시, 별시 문과를 연이어 통과한 수재였지
만 사화와 당쟁의 시기였던 만큼 벼슬살이는 부침(浮沈)이 심했다. 서인의
모함으로 좌천, 파직당한 것도 여러 번이고 압력을 견디다 못해 스스로 사
직한 적도 없지 않았다.

병자호란 당시 인조를 적극적으로 도왔으나 결국 왕이 청나라에 항복
하자 부끄럽게 여겨 제주도에 은거하기로 마음먹고 향해 가던 중 풍랑을
만나 보길도에 잠시 피항했다. 그때 고산은 보길도의 수려한 산수경에 반
해 정착해 살기를 결심하니 그때 나이 51세였다. 그는 우선 거처할 집을
낭음계 상류에 마련하고 낙서재라는 편액을 달았다. 이어 곡수당, 무민당,
동천석실(洞天石室) 등을 조성했다. 또한, 남음계 하류에 세연정(1637년 건
립), 세연지를 중심으로 하는 산수정원을 꾸며놓고 자주 그곳에 들러 시간
을 보냈다. 세월이 흘러 빈터만 남은 것을 1993년부터 복원사업을 시작하

낙서재

혹약암

여 세연정, 동천석실에 이어 곡수당을 포함한 낙서재 전 구역을 복원했다. 『고산유고』부록 시장(諡狀)에, 고산이 "집 지을 때 모두 잡목을 사용하면서 말하기를, '소나무는 국가에서 금하는 것이니 범하면 안 된다'라고 했다." 는 기록이 있는데, 만약 그게 사실이라면 복원된 건물은 너무 등급이 높은 목재를 사용한 것이 아닌지 의심스럽다.

자연 경물에 투영된 인문

보길도에서 살기로 결심하고 입도한 고산은 섬의 자연을 하나둘씩 인문화시켜나갔다. 낙서재 뒤쪽의 큰 바위는 소은병(小隱屛)으로 명명했다. 주자가 은거했던 무이구곡의 대은병에 비교할 때 작아서 이런 이름을 붙였다고 스스로 밝혔다(『고산유고』,「소은병」). 또한 섬의 주봉을 격자봉이라 불렀다. 주자 성리학의 핵심인 '격물치지(格物致知)'의 '格'과 그를 제향하는 자양서원(紫陽書院)의 '紫'를 딴 것이다. 고산은 이처럼 성리학적 사고체계 속에서 섬의 자연을 인문화시키고 그 속에서 주자의 행적과 사상을 공유하는 즐거움을 누리려 했던 것이다.

인문화된 자연은 이뿐만 아니다. 낭음계 계류를 판석보로 막아 조성한 부용동 정원에는 태곳적부터 그 자리에 있었던 큰 바위들이 있는데, 그중 혹약암(惑躍巖)이라는 바위가 있다. '혹약'은 『주역』 「건괘(乾卦) 구사(九四)」의 "용이 혹 뛰어 깊은 연못에 들어가 있는 듯하면 허물이 없으리라(或躍在淵无咎)"라는 효사에 나오는 말이다. 윤선도는 이 바위를 두고, "꿈틀거리는 물속의 저 바윗돌/어쩌면 그리도 누워 있는 용 같은지/내가 제갈공명 초상화 그려/이 못 옆에 사당을 세워볼거나"(『고산유고』 「혹약암」)라는 시를 읊었다. 이 밖에 대궐의 임금을 연연하는 마음으로 북쪽을 바라볼 수 있는 봉우리를 혁희대(赫羲臺)라 명명한 것, 피리를 부는 바위라는 이름의 옥소암, 그 밖에 승룡대, 사투암(射投巖) 등도 고산이 자신의 의지대로 붙인 이름들이다.

산수정원의 중심, 세연정과 동·서대

세연정은 부용동 정원의 중심이자 핵심이다. 세연정이 있음으로써 세연지 원근의 자연 풍광이 산수정원으로 탈바꿈한다. 동시에 세연정 건물 자체도 산수와 조화를 이루는 하나의 경물로 존재하게 된다. 『보길도지(甫吉島識)』 기록에 의하면, 세연정은 한 칸 규모이고, 사방에 퇴를 내고 판호(板戶)를 달아 바람과 비를 막도록 했으며, 정자 높이는 한 길이고 섬돌 높이 또한 한 길 남짓이라 했다. 복원된 지금의 세연정과 비교해보면 규모가 훨씬 작고 소박한 정자였다. 참고로 『보길도지』는 고산의 5대손인 윤위(1725~1756)가 고산이 타계한 78년 후에 보길도를 답사하고 유적지 배치와 구조, 고산의 생활상을 듣고 낱낱이 기록한 문헌이다.

지금은 '세연정(洗然亭)' 편액 하나만 걸려 있으나 원래는 동하각(同何閣), 낙기란(樂飢欄), 호광루(呼光樓), 칠암헌(七嵒軒) 등의 편액이 함께 걸려 있었다. 중앙 편액인 '세연(洗然)'은 '주변 경관이 물에 씻은 듯 깨끗하고 단정하여 기분이 상쾌하다'는 해석이 가능하다. '동하각(同何閣)'의 '하(何)'는 중국 양나라 처사 하윤(何胤)을 가리키므로 '동하'는 곧 '하윤과 같다'는 의미가 된다. 하윤은 절강성 외진 산속에 서당을 짓고 여러 제자를 가르쳤으며, 서당 옆 바위틈에 작은 집을 짓고 살면서 누구도 가까이 오지 못하게 했다는 인물이다. '동하각'이란 결국 부용동 정원 주인인 자신도 하윤과 다를 바 없는 사람임을 은근히 내비치는 말인 것이다. '낙기란(樂飢欄)'은 먹는 데 배부름을 구하지 않고 자연을 즐기는 은자의 집이라는 뜻이다. 『시경』「형문(衡門)」에, "누추한 집에서 느긋이 쉴 수 있으니, 졸졸 흐르는 냇물을 보며 굶주림 잊고 살 만하다(衡門之下 可以棲遲 泌之洋洋 可以樂飢)"는 말이 있다. '형문'이란 기둥 두 개를 세우고 한 개의 횡목을 가로지른 허술한 문을 뜻하는 것으로, 흔히 은자(隱者)의 거처를 비유해 말할 때 쓴다. '호광(呼光)'은 하늘빛과 바다 빛이 천태만상으로 변한다는 뜻이고, '칠암(七嵒)'은 세연지 바위 중에서 잘생긴 일곱 바위를 통칭하는 말이다. 세연정에 걸린 각 편액에 담긴 뜻을 종합해보면 세속을 멀리하고 누추하고 소박한 집에서 자연과 더불어 살면서 심신을 수양하며 즐거움을 얻는다는 의미로 모아진다.

인공 연못 회수담 가까이에 막돌로 쌓은 두 개의 대(臺)가 있는데 이름이 동대와 서대이다. 고산은 날씨가 맑고 화창할 때면 반드시 이곳에 들러 가무를 즐겼는데, 하루라도 음악이 없으면 세간의 근심을 잊지 못했다 한다. 다음은 『보길도지』에 기록된 관련 내용이다.

"정자에 당도하면 자제들은 시립(侍立)하고, 기희(妓姬)들이 모시는 가운

세연정과 세연지   동대

데 연못 중앙에 작은 배를 띄웠다. 그리고 남자아이에게 채색 옷을 입혀 배를 일렁이며 돌게 하고, 공(公)이 지은 어부수조(漁父水調) 등의 가사로 완만한 음절에 따라 노래를 부르게 했다. 당 위에서는 관현악을 연주하게 했으며, 여러 명에게 동·서대에서 춤을 추게 하거나 혹은 긴 소매 차림으로 옥소암(玉簫岩)에서 춤을 추게 하기도 했다. 이렇게 너울너울 춤추는 것은 음절에 맞았거니와 그 몸놀림을 못 속에 비친 그림자를 통해서도 볼 수 있었다."

그런데 세상을 등지고 명분과 의리를 지키기 위해 보길도에 들어온 윤선도가 무희와 함께 가무(歌舞)를 즐긴 것을 우리는 어떻게 이해해야 할까? 그 해답의 실마리를 다음과 같은 설명에서 찾을 수 있다.

"시(詩)는 뜻을 말한 것이고 노래는 말을 길게 늘인 것이다. 소리는 가락을 따라야 하고 음률은 소리와 조화되어야 한다"(『상서』 요전(堯典)). "시는 그 뜻을 말한 것이고 노래는 그 소리를 길게 늘인 것이며 춤은 그 자태를 움직인 것이다. 세 가지가 마음에 근본을 둔 다음에 악기(樂器)가 따른다. 이런 까닭에 정(情)은 깊되 드러난 것은 분명하고, 기(氣)가 성하여 감화시키는 바가 오묘하다. 화순(和順)함이 속에 싸여 광화(光華)가 밖으로 발하므로 오로지 악(樂)만은 거짓으로 할 수 없다"(『예기』 악기(樂記)). "그 소리를 듣고 그 풍속을 알며 그 풍속을 살펴 그 뜻을 안다"(『여씨춘추』 음초(音初)). 이를 종합해 보면 결국 시(詩)·성(聲)·음(音)·악(樂)은 일치하는 것이고, 시(詩)·가(歌)·무(舞)가 모두 마음으로부터 나온 것이기 때문에 이들 세 가지 및 성(聲)·악(樂)이 모두 내용상 동질성을 지닌 것이다. 한마디로 시악합일(詩樂合一) 또는 성시합일(聲詩合一)의 이치를 말한 것이다.

윤위는 고산이 하루도 음악이 없으면 성정(性情)을 수양하며 세간 걱정을 잊을 수가 없었다고 피력했다. 고산이 즐겼던 가무는 말초신경을 자극하는 유흥이나 놀이가 아니었던 것이다. 동대와 서대, 무도암은 시·가·무 합일을 추구하는 동양 고래의 유교 예술철학의 장이 산수정원에 펼쳐졌던 흔적이라 하겠다.

경계 없는 산수정원

보길도 윤선도 원림에는 인위적 경계가 없다. 세연정 주변의 세연지와 바위, 연못 속에 헤엄치는 물고기, 주변의 고목과 단풍 그림자뿐만 아니라 멀리 보이는 산, 하늘을 떠다니는 구름까지도 원림에 포함된다. 더 나아가 공산에 걸린 달, 밤하늘에 빛나는 별, 새소리, 벌레 소리 등 보길도의 모든 자연환경이 원림의 구성 요소가 되고 감상의 대상이 된다. 이것은 구획된 일정 공간을 인위적으로 꾸미는 서양의 '가든(Garden)'과는 전혀 다른 한국의 정원 개념이다.

한국인의 심성은 자연 속에 들어가거나 멀리서 바라보고 감상할 뿐 가까이서 관찰하거나 과도하게 다듬는 것을 좋아하지 않는다. 윤선도 원림은 이 점을 여실히 보여주고 있다. 담양 소쇄원과 화순 임대정 원림 등 조선시대 별서(別墅) 정원도 윤선도 원림과 같은 성격과 개념을 가진 산수정원이다. 원천적으로 대자연은 소유자가 없다. 산과 물, 하늘의 별과 달, 그 어떤 것이든 그것은 즐기는 자의 것이다. 고산은 보길도에 은거하면서 스스로 대자연의 주인임을 자처했던 것이다.

완도 즐기기

대성회식당 전복코스요리

전복 80%를 생산하는 완도에 와서 전복을 먹는다. 완도의 향토 식재료 전복을 다양한 요리법으로 접하는 음식문화체험으로 여행의 의미가 배가되고 즐거움이 더 커진다. 조개의 황제 전복을 갖가지 모습으로 만나는 식사가 황제 부럽지 않다.

전남 완도군 완도읍 군내리 1259
061-554-5164
주요음식 : 전복 요리

전복코스요리에는 전복으로 가능할 거 같은 요리가 대부분 등장한다. 통영의 명물 굴코스요리가 생각나는 상차림이다. 이것저것 먹음직스러운 전채요리가 회를 동하게 하여 입안에 침이 돋는다. 침이 돌아야 입안에 맛을 골고루 전달하여 맛의 효과가 높아지고, 소화도 잘 되어 먹는 효과가 선순환된다. 시각적 효과의 실제적 의

미이다.

전복코스요리 상차림

낙지호롱이, 언제 먹어도 재밌고 맛있는 음식, 시작이 좋다. 생선회카나페, 한입음식이 보기에도 상큼하고 재료도 신선하다. 곱게 썬 전복회는 살아 있는 것이 감지된다. 탱탱하고 꼬독거리는 살 맛이 익힌 것과 아주 다르다. 대부분 전복회는 살이 탱탱한 수컷을 쓴다.

전복물회 대신 추운 겨울이라 전복이 통째로 들어 있는 전복미역맑은국이 나왔다. 뜨거운 국물이 시원해서 자꾸 손이 간다. 전복찜은 자연 맛이 느껴지고 살이 부

전복매운찜

전복미역맑은국

전복

전복죽

드러워서 좋다. 전복버터볶음. 버터를 써서 맛이 풍부한 느낌. 브로콜리, 파프리카 등 서양식 채소를 볶아 소스를 끼얹어서 양식 느낌이 난다. 살짝 강황 맛도 나는 듯하다. 전복 요리의 새로운 시도로 보인다.

전복매운찜은 콩나물과 새우를 넣은 고추장찜이다. 매운 것과 전혀 어울릴 거 같지 않은 전복의 화려한 변신이다. 코스요리를 위해 개발한 듯한 아구찜 같은 분위기의 한식이다. 예상치 않은 조합이지만, 맛도 아구찜 같은 느낌이라 낯설지 않다. 비싼 전복으로 보편화할 수 있는 요리인지가 우려될 뿐.

홍합, 해초무침, 굴, 멍게, 파래전 등등

다양한 해물 요리가 전복 일색의 상차림에 변화를 준다. 전복죽은 내장도 써서 노랗게 전통적으로 끓였다. 간이 적절하고 내장 맛은 약하면서 맛이 부드럽다. 댓잎밥과 함께 탄수화물 구색에도 좋고, 마지막 입가심으로도 좋다.

해조류를 먹고 자라는 전복은 영양이 다양하고 맛이 있는데, 채취하기가 어려워 오랫동안 귀족음식이었다. 세자의 시강으로 전복을 하사받은 유몽인이 임금에게 감읍한 것이 이해된다. 이제 양식 기술 덕분에 대중적인 식재료가 되어, 누구나 귀족이, 황제가 되었으니 한식의 주요종목으로 키워야 할 것이다. 완도는 전복 산지를 넘

흑염소수육

흑염소탕

어 전복 음식의 산지가 되어야 한다. 이 식당이 중요 역할을 할 것으로 기대한다. 전복빵 등 간식 개발도 일조를 할 것이다.

고향회관 흑염소수육, 흑염소탕

머위된장무침, 진한 머위 향이 마법처럼 순간에 마음을 시원의 고향으로 되돌린다. 토속음식에 대한 신뢰가 흑염소 요리를 포함하여 밥상에 대한 기대를 높인다. 역시 꼬돌꼬돌하고 쫀득거리는 수육은 최고의 맛을 보여준다.

전남 완도군 약산면 장용1길 4-1
061-553-9374
주요음식 : 흑염소요리

소 돼지 닭고기가 아닌 육류는 부담스럽기도 하고, 겁도 난다. 느끼하지 않고, 냄새는커녕 오히려 향긋하기까지 한 수육이 한 점씩 먹을 때마다 불안을 걷어간다.

다 익힌 수육에 잠깐 뜸을 들여, 부추가 익으면 먹을 수 있다. 양파와 양념장과 곁들이면 천상의 맛이 이만하랴 싶다. 윤기 있는 살집이 쫀득거리며 입안에 들러붙는 식감이 미식과 보양식의 취향을 제대로 누리게 해준다.

육류를 먹을 때마다 가지는 지방과 콜레스테롤의 부담 없이 오히려 몸에 쌓일 좋은 성분들에 대한 기대가 입맛을 더 자극한다. 선순환되는 긍정의 힘은 몸을 편안하게 해서 소화흡수력을 높여준다. 곁반찬도 촌스러운 맛을 제대로 간직해서 긍정에 힘을 보탠다. 세련되지 않은 것이 미덕이 되어 그 개운함과 깨끗함 속에 있는 입맛 동하게 하는 갱미를 잡아낸다.

문제의 그 머위무침, 쌉쏘롬한 특유의 향이 입안 가득 퍼진다. 약산에서 직접 뜯은 머위, 입에서 도는 이 향기, 오래갈 거 같다. 배추물김치, 하얗게 배추를 덮은 것은 배, 마늘 등등 갖가지 양념들의 집합이다. 뚝배기보다 장맛이 좋다. 수육을 싸 먹으니 제격이다. 깍두기, 많이 익지 않아 싱싱한 맛, 달근한 무맛이 그대로 느껴진다.

염소탕에는 고맙게도 만나기 어려운 토란대가 들어 있다. 흑염소를 빙자해 토속음식 전시회를 하는 거 같다. 토란대가 머금은 국물 맛이 일품이다. 국물도 오히려 개운한 느낌, 진하면서 깊은 맛이 밥하고 먹으니 더 좋다. 참 좋은 음식이다.

양은 풀을 좋아하고 온순한데, 염소는 나뭇잎을 좋아하고 활발해서 높은 곳을 좋아한다. 산이 많은 우리나라에 적합한 가축이다. 흑염소는 우리 재래종으로 산촌과 섬 지역에서 많이 키운다. 혀가 까만 약산

흑염소는 129종의 약초가 자생한다는 약산(藥山)에서 산지구엽초 등을 먹고 자라 더욱 품질이 좋다. 청정한 기후와 해풍이 맛과 영양을 더해 궁중 진상품이 되기까지 했다.

흑염소는 우리 식생활의 원리인 식약동원의 식재료이다. 이곳 약산까지 오려면 신지대교, 장보고대교, 약산대교 등의 연육교를 지나는 동안 내내 절경을 접하게 된다. 약산길은 눈음식과 입음식을 함께 만나는 보양 여행길이다.

흑염소마을의 흑염소목장

장성

長城

방장산 ▲

입암산성 ●

백암산 ▲

백양사 ●

북이면

북하면

북일면

서삼면

병풍산 ▲

황룡면

필암서원 ●

장성읍

삼계면

동화면

진원면

삼서면

남면

필암서원 확연루

전남 북쪽에 있다. 노령산맥이 뻗어 있어 상왕봉(象王峰), 방장산(方丈山), 병풍산(屏風山), 불태산(佛台山) 등의 산이 있고, 평야는 적은 편이다. 여러 하천이 흘러 영산강으로 간다. 백양사(白羊寺)가 대표적인 사찰이다. 김인후(金麟厚)가 이 고장의 유학자이고, 필암서원(筆巖書院)에서 받든다. 홍길동이 이 고장 출신이라고 하면서 축제를 개최한다.

장성 알기

누에의 내력

옛날 마한 시대에 무남독녀인 공주를 둔 왕이 있었다. 이웃나라와의 싸움에서 전세가 불리하게 되자 누구든지 적장의 목을 베어 오는 사람에게 공주를 주겠다고 했다. 이 말을 들은 군사들은 사기가 높아져 싸움에서 승리를 했으나, 정작 적장의 목을 베어 온 이는 사람이 아닌 말이었다.

공주는 약속대로 말을 남편으로 섬기겠다고 했다. 탐탁지 않게 여긴 왕은 말을 죽이고 가죽을 벗겨버렸다. 공주는 매일 말가죽을 어루만지며 슬퍼했다. 하루는 그 말가죽이 공주를 감싸서 어디론가 날아갔다.

이듬해 어느 시골의 나뭇가지에서 말가죽이 발견되었고, 그 속에는 하얀 벌레가 있었다. 이상하게도 그 벌레의 입은 말의 입을 닮았고, 몸은 공주의 하얀 살결을 닮았다. 왕은 그 벌레를 잘 키우라고 명을 내려 전국에 퍼지게 되었다.

그 벌레가 바로 누에이다. 누에가 고치를 짓는 것은 공주의 뛰어난 자수 솜씨를 본받았기 때문이라고 한다.

백양사 극락보전   진영각과 칠성전

● 설화 이해력을 시험하는 어려운 과제이다. 누에는 입이 말의 입을 닮았고, 살결은 여인의 살결 같다. 누에는 고치를 짓는 솜씨는 뛰어나다. 이렇게 말할 수 있는 사실에서 출발해 상상을 마음껏 펼쳐 기이한 이야기를 지어냈다고 하면 어느 정도 답안을 작성했다고 하겠는가? 마한 시대 나라끼리의 싸움에서 말이 적장의 목을 뱄다는 것은 어디서 가져온 착상인지 말하지 못해 나는 물러나고, 유능한 후생에게 일거리를 넘긴다.

백양사, 백양이 설법을 들은 절

백양사는 원래 백암사 혹은 정토사라고 불리던 절이었다. 조선 숙종 때 환양선사가 이 절에서 설법을 하는 중에 백양 한 마리가 내려와 열심히 설법을 듣는 것이었다. 설법이 끝나자 양은 눈물을 흘리며, 선사에게 절을 하고는 자신은 원래 신이었는데 하늘에 죄를 지어 양이 되었다고 말하고

쌍계루

는 다시 신이 되어 하늘로 올라갔다. 그 뒤 이 절의 이름이 백양사로 바뀌었다고 한다.

● 백양 이야기는 다른 데 없는 아주 희귀한 것이다. 희귀한 이야기가 있어 절이 더 돋보인다.

갈재의 미인바위 설화

갈재[蘆嶺]는 전북 정읍시 입암면과 전남 장성군 북이면 사이에 있는 고개이다. 바로 아래에 지금은 호남고속도로가 지나는 호남터널이 있고, 바로 아래 왼쪽 산 능선을 바라보면 윗부분에 마치 사람의 눈썹과 콧마루처럼 선이 파인 바위가 보인다. 바로 미인바위 또는 갈애의 전설이 얽힌 갈애바위다.

가는 길손들이 쉬어 가던 갈재의 주막집에는 갈애라 불리는 딸이 있었다. 갈애의 어머니는 뒷산 미인바위를 둘러싼 영롱한 구름 속에서 예쁜 처녀가 나와 치마 속으로 들어오는 꿈을 꾸고는 딸을 낳았는데, 그 때문인지 갈애는 아주 예뻤다. 숱한 선비들이 갈애에게 넋을 잃었다. 장성현감까지 갈애에게 홀려 공사를 돌보지 않고 공금까지 탕진했다.

나라에서는 이 일을 바로잡기 위해 장성으로 어사를 보냈지만, 그 어사마저 갈애와 사랑에 빠지고 말았다. 조정에서는 어사와 갈애를 처벌하기 위해 또 선전관을 보냈다. 장성에 도착한 선전관은 어사와 갈애가 자는 방에 뛰어들어 어사의 목을 베고서 갈애의 얼굴을 내리쳤다. 그때 갑자기 음산한 바람이 일고 공중에서 여인의 울음소리가 나더니 자리에 핏자국만 남긴 채 갈애는 사라져버렸다. 그 후로 미인바위의 오른쪽 눈썹이 칼에 맞은 듯 찌그러졌다고 한다.

다른 전설도 있다. 조선 초기에 살았다는 갈이라는 여자는 아름답고 총명했으나 출생이 미천해 기생이 될 수밖에 없었다. 매일 미인암 앞에서 빼어난 미모로 지나가는 많은 선비들을 유혹했다. 그러던 어느 날 지나던 선비 하나가 갈이를 보고 요사스러운 계집은 없어져야 한다면서 칼로 내리쳤다. 그 뒤 미인암은 갈이바위로 불리게 되었다. 이 바위 때문에 이 지방에는 미인이 많이 나지만 풍기가 문란하다면서 정으로 바위의 눈을 파버려, 지금도 미인이 많이 나지만 애꾸가 흔하다고 한다.

● 미인바위를 보고 더 기발한 이야기를 지어낼 수 있다.

갈재를 넘는 시인들

장성 가는 길(長城道中)　　　　　　　　신광수(申光洙)

갈재 천봉이 북쪽으로 이어지고,　　　　　蘆嶺千峰北望連
남쪽 고을 저물어 어둠이 일어난다.　　　　南州暮色起蒼然
올빼미 우는 가는 비 으슥한 나무　　　　　鵂呼細雨冥冥樹
기러기 내리는 들판의 막막한 밭.　　　　　鴈下平蕪漠漠田
나그네는 언제든 가기 어려운 길,　　　　　爲客每行多瘴地
입춘 전에는 집에 가야 하리라.　　　　　　到家應在立春前
장성의 주막에서 등불을 밝혀 놓고,　　　　長城酒幕明燈火
놀면서 노래하는 것 작년과 같구나.　　　　六博三絃似往年。

● 장성 갈재를 넘어가는 나그네의 모습과 심정을 실감 나게 그렸다.

> 갈재에 쉬어 넘는 저 구름아 열진산하 기천리요
> 고신 눈물 싸다가 임 계신 데 뿌려주렴
> 언제나 명천이 감동하사 환고향을

● 이세보(李世輔)의 시조이다. 갈재를 넘어 귀양 가는 심정을 토로했다. "列陳山河 幾千里"를 어떻게 갈지 아득하다고 했다.

> 바람도 쉬어 넘는 고개 구름도 쉬어 넘는 고개
> 산진이 수진이 해동청 보라매도 다 쉬어 넘는 고봉 장성령 고개
> 그 너머 임이 왔다 하면 나는 아니 한 번도 쉬어 넘으리라

● 작자 미상의 이런 시조도 있다. 한자어는 한자로 적고 풀이하면 "바람도 쉬어 넘는 고개 구름도 쉬어 넘는 고개, 산진이 수진이 海東靑 보라매도 다 쉬어 넘는 高峰 長城嶺 고개, 그 너머 임이 왔다 하면 나는 아니 한 번도 쉬어 넘으리라"라고 하는 말이다.

"산진이 수진이 해동청 보라매"는 매의 종류이다. 여러 종류의 매가 날아오르는 놀라운 광경을 생각하게 한다. "고봉 장성령"은 높고 긴 고개이며, 전라남북도 사이에 있다. 바람도 구름도, 온갖 매들도 힘겨워 쉬어 넘어야 하는 높고 긴 고개의 우람한 모습을 그려내 우러러보면서 감탄하게 한다. 그러고는 "그 너머 임이 왔다 하면 나는 아니 한 번도 쉬어 넘으리라"라고 단숨에 말한다.

사랑은 큰 힘이 있다. 어떤 어려움도 넘어설 수 있다. 불가능을 가능하게 한다. 이렇다고 하는 범속한 언사를 넘어서서, 고결하고 긴장된 표현으

로 사랑이 얼마나 위대한지 알려준다. 바람도 구름도, 온갖 매들도 힘겨워 쉬어 넘어야 하는 높고 긴 고개를 한 번도 아니 쉬고 넘어가는 것은 중력을 무시한 기적이다. 적절한 비유를 들어 사랑은 기적을 만들어낸다고 한다.

임을 만나러 단숨에 산을 넘어가겠다는 사람은 누구인가? 남자라야 그럴 수 있는가? 사랑이 여자에게 뛰어난 용기와 힘을 주어 적극적으로 나서도록 한다는 것인가? 여성의 노래로 이해해야 더욱 뛰어난 작품이 된다.

삼봉산의 아기장수

삼서면 삼계리 삼봉산 서쪽 기슭 장동마을 부근이 옛날에 호수였다고 한다. 이 호수에서 삼태성(三台星)이 노닐다 가곤 했다. 삼태성이 남기고 간 흔적이 삼봉산이라고 한다. 어느 날 삼태성이 이 호숫가를 노닐다 마음씨 착한 장흥 임씨 가문을 찾았다.

그 뒤부터 그 가문에 태기가 있어 아들 하나를 낳았다. 태어날 때 울음소리가 유달리 컸고 생김새도 영특했다. 태어난 지 3일 후 임씨 부부는 가난 때문에 일하러 나가지 않을 수 없어 늦게까지 일을 하다 집에 돌아오니, 아기만 누워 있는 방 안에 먼지가 가득했다. 이상하게 여긴 부부가 다음 날 일하러 나가는 척하고 뚫린 문틈으로 방 안을 들여다보니, 아이가 일어나 막대 하나를 집어 들더니 베개로 군인을 만들어 칼싸움을 했다. 아이가 천장에 붙었다가 벽에 붙었다가 하면서 신나게 싸움을 하자 삽시간에 방 안은 먼지가 가득히 일어 잘 보이지 않았다.

이런 소문이 온 동네 퍼지니 결국 촌로가 "이 아이는 역적이 될 것"이라고 하면서 "아이를 죽이자"고 하자 임씨는 "내 아들을 내 손으로 죽일 수 없으니 산모퉁이에 버리자"고 했다. 동네 사람들은 임씨의 말대로 산모퉁이에 아이를 버렸다. 임씨 부부는 뜬눈으로 날을 새운 뒤 새벽에 산 모퉁이에 가보았다. 아기는 죽지 않고 계속 울고 있었다. 아기의 울음소리를 듣고 사람들이 몰려들어, 아기를 죽이겠다고 돌로 치고, 아기의 가슴에다 큰 돌과 나락 석 섬, 서숙 석 섬, 팥 석 섬을 올려놓았는데도 아이는 죽지 않았다. 생후 5일 만에 무수히 구타를 당하고 그 무거운 짐으로 눌렀으나 죽지 않자 관가로 보내자고 했다.

그럴 때 웬 할머니가 나타나 "아이의 겨드랑 밑을 보면 털이 세 개 있으니 그것을 뽑아버리면 죽는다"라고 말한 뒤 사라져버렸다. 사람들이 아이의 겨드랑 밑에 깃털 셋을 뽑아버리니 아이의 숨이 끊어졌다. 갑자기 하늘에서 천둥소리와 함께 번개가 치더니 마을 앞 저수지에서 용마 한 마리가 솟구쳐 나와 저수지를 세 바퀴 돌고 저수지 제방을 무너뜨리고, 마을 앞에다 칼을 꽂고 곧 삼봉산으로 날아갔다.

저수지가 터져 마을이 모두 떠내려가 마을이 없어져버리고 폐허가 되었다. 주인인 아기장수를 잃은 슬픔에 용마는 인간 세상이 싫어 삼봉산에 있는 바위를 딛고 하늘나라로 올라갔다고 한다. 지금도 삼봉산에는 용마가 딛고 뛰어오른 발자국이 박혀 있는 용마바위가 있다. 용마가 오를 때 벼락을 맞아 두 쪽 난 벼락바위, 칼이 꽂힌 자리에 칼바위 등이 남아 있다. 저수지 제방이 터진 부근에 금광마을이 있다. 이 부근을 터진 방죽거리라고 불러오고 있다.

● 전형적인 아기장수 이야기를 길고 자세하게 하니 분통 터지는 마음이 더 커진다.

장성 보기

전라도 유학의 중심, 필암서원

필암서원은 전라남도 장성군 황룡면 필암리 378번지 일원에 위치한다. 대개의 서원이 은둔하여 유식(遊息)하면서 강학하기 좋은 산수 간에 자리 잡는 것과 달리 필암서원은 평야 지대에 세워져 있다. 호남 출신으로 유일하게 문묘에 배향(1796)된 하서 김인후(1510~1560)를 주향으로 하고 있다. 필암서원은 당초에는 김인후를 사사한 변성온, 기효간 등에 의해 장성읍 기산리에 건립되었다. 그 후 정유재란 때 불타 없어진 것을 1624년에 사림과 후손들의 주선으로 한때 황룡면 증산리에 재건되었다. 1662년에 현종이 '筆巖(필암)'이라는 편액을 내린 후로 필암서원은 전라도 지역의 유학 중심으로 자리 잡았다. 대원군의 서원철폐 때 훼철되지 않은 47개 서원 중 하나이며, 현재 사적 제242호로 지정되어 있다.

경내에는 김인후, 양자징 위패를 모신 사당 우동사(祐東祠), 인조 어필과 묵죽도를 보관한 경장각, 제사 물품을 보관하는 전사청, 하서문집 등을 출판할 때 쓰던 목판을 보관하는 장판각, 제사에 바칠 가축을 묶어놓아 제에 올려도 되는지 살폈던 계생비 등이 있다. 필암서원은 소수서원(영주시),

필암서원 원경

확연루 편액

남계서원(함양군), 옥산서원(경주시), 도산서원(안동시), 도동서원(대구광역시), 병산서원(안동시), 무성서원(정읍시), 돈암서원(논산시) 등의 8개 서원과 함께 유네스코 세계유산에 등재되었다.

사당을 중심으로 한 출입 질서

확연루(廓然樓)는 문루 형태의 외삼문이다. 전면 3칸 측면 3칸 규모인 문루는 남쪽 면과 동서쪽 2칸은 판문으로 가려져 있고 나머지는 개방돼 있다. 문루 이름 '廓然(확연)'은 '넓고 거리낌 없는 모양'으로 직역되지만, 유교 철학적 함의는 이보다 더 깊고 넓다. 주자는 『대학장구』「보전(補傳)」에서 격물치지(格物致知) 공부에 대해 이렇게 말했다. "이치를 궁구하는 공부를 오래도록 힘써 하면 하루아침에 환하게 통하여 도를 깨달아 모든 이치가 툭 트이게 되어 뭇 사물의 표리(表裏)와 정조(精粗)가 나의 마음에 이르지 않음이 없게 된다"고 했다. 문루 이름 '확연'은 통달의 이치를 서원을 찾는 학인들에게 제시하고 있는 것이다.

문루 아래에 두 개의 문이 있다. 하나는 들어오는 문, 하나는 나가는 문인데 전자는 동쪽에, 후자는 서쪽에 있다. 궁궐, 왕릉과 마찬가지로 서원·향교를 드나들 때는 동입서출(東入西出) 규범을 따르게 돼 있다. '동쪽(문)으로 들어와서[入] 서쪽(문)으로 나간다[出]'는 뜻인데, 이것은 동이 좌(左), 서가 우(右)가 되므로 '왼쪽(문)으로 들어와 오른쪽(문)으로 나간다'는 뜻도 된다. 그런데 유의할 것은 '출입'과 '좌우'가 그 영역의 주체, 또는 주체가 임하는 장소를 기준으로 정의되고 설정된다는 점이다. 궁궐에서는 왕의 거처, 왕릉의 경우는 봉분, 서원·향교의 경우는 공자나 성현의 위패를 모신 사당이 기준이 된다. '출입'과 '좌우' 개념이 원래 이러므로 '동입서출'을 동쪽(오른쪽)으로 들어가고, 서쪽(왼쪽)으로 나오는 것으로 이해하면 곤란하다. 왜냐하면, 이것은 주객이 전도된 표현이기 때문이다. 그렇다면 이런 규범을 만든 이유가 무엇일까? 결론부터 말하면 우주 순환 이치를 인간사에 적용하기 위한 것이다.

천체의 변화와 운행은 동쪽에서 시작해서 서쪽으로 향한다. 이것을 좌선(左旋)이라 한다. 동쪽은 왼쪽에 해당하고 서쪽은 오른쪽에 해당하므로 왼쪽이 순행과 변화의 시작점이 되고 오른쪽이 그 순행과 변화의 끝이 된다. 음양으로 보면 왼쪽은 해가 뜨는 곳이므로 양(陽)에 해당하고 오른쪽은 해가 지는 곳이므로 음(陰)에 해당한다. 그래서 왼쪽이 상서의 방위로 간주하여 오른쪽보다 위상이 높은 방위로 인식되는 것이다. 또한, 좌체우용 원리에 따라 왼쪽은 체(體), 오른쪽은 용(用)으로 인식된다. 좌우에 대한 이러한 관념은 유형적 현상의 배후에서 그 위치와 위상을 규정하고, 순서를 규제함으로써 생활을 질서화하는 기능을 했다.

강당 청절당   사당 우동사

청절당과 우동사

　청절당(淸節堂)은 이 서원의 강당이다. 안내판 설명에 의하면 예시 진원현의 객사 건물을 옮겨온 것이라 한다. '淸節'은 '청풍대절(淸風大節)'을 줄여서 한 말이다. 대개의 서원 강당이 남쪽의 외삼문을 정면으로 삼는 데 대해 청절당은 북쪽 우동사(祐東祠)를 정면으로 삼고 있다. 또한, 강당에 딸린 동·서재, 즉 진덕재(眞德齋, 선배들의 거처)와 숭의재(崇義齋, 후배들의 거처)는 강당 북쪽에 배치돼 있다. 이런 배치 형식은 주향자의 위패를 모신 사당, 즉 우동사를 모든 건물의 중심으로 설정하고 있음을 말해준다. "교육이란 반드시 현인을 높이는 것에서 비롯되므로 사당을 세워 덕을 숭상하고 학문을 돈독히 하는 것이다"(『죽계지서(竹溪志序)』)라고 한 주세붕의 말에서 사당의 중요성은 명확히 드러난다.

　서원의 경우 강당의 당호는 대개 공맹(孔孟) 사상이나 성리학의 핵심 개념, 도는 학문하는 태도, 천리 순응, 인격 수양 등을 내용으로 하는 것이 보통이다. 그런데 이 서원에서는 주향자인 김인후 개인의 청절을 강조한 점이 흥미롭다. 김인후를 향한 숭모의 정은 우동사(祐東祠)라는 사당 이름에도 투영돼 있다. '祐東'은 우암 송시열이 쓴 신도비 첫머리에 나오는 "하늘이 우리 동방을 도와서 하서 김 선생을 이 땅에 낳게 하셨다"라는 말에서 따왔다. 이것은 김인후가 중국 성리학의 학통을 조선 땅에 살려 계승한 대학자임을 강조한 것이다.

송시열은 주향자 김인후의 청절을 이렇게 칭송했다.

> 본조의 종유명현(宗儒名賢)이 이따금 정도(正道)가 침체된 시기에 나서서 다방면으로 침착히 힘써 사직을 붙들고 사람을 구제하려다가 신명까지 상실하곤 했으나 선생은 스스로 시기의 미(微)와 현(顯)을 알아 세상을 등지고 미련 없이 인생을 마쳤으니, 이로써 본다면 그 밝은 지(知)와 통달한 식견이 어지러운 사물의 밖에 초월하고 깊은 조예와 두터운 덕이 정밀 정대한 경지에 이르렀으며, 그 청풍대절(淸風大節)은 온 세상에 진동하여 탐욕스러운 자가 청렴해지고 겁 많은 자가 자립하게 되었으니, 백세의 스승이라 해도 옳을 것이다.
>
> ― 송시열, 「김인후신도비문」, 『송자대전』

행단의 추억, 은행나무

공자의 위패를 모신 성균관 대성전과 전국의 향교와 서원에서 은행나무 노거수를 쉽게 볼 수 있다. 필암서원 경우도 홍살문 근처에 노거수 은행나무가 자라고 있다. 유교 사당이나 교육기관 경계구역에 은행나무를 심은 뜻은 공자의 행단(杏壇)을 추억하려는 데 있다. 공자의 행단 고사는 『장자』 「어부(漁父)」편의, "공자가 치유(緇帷) 숲속에서 노닐며, 행단 위에 앉아 휴식을 취할 때, 제자들은 글을 읽고 공자는 거문고를 타며 노래 불렀다"라는 이야기와 관련돼 있다. 그런데 그 행단이라는 것이 은행나무

단인지 살구나무 단인지 확실치가 않다.

조선 후기의 문신 허목은 그의『기언』「석록초목지」에서 은행나무를 말하되, "운은행(雲銀杏), 백과(白果)라고도 하고, 또 압각(鴨脚) 이라고도 하는데, 잎 모양이 오리발을 닮았기 때문이다. 공자의 묘단에 이 나무가 있으므로 그곳을 행단이라 한다."라고 했다. 반면 실학

은행나무

자 유형원은『지봉유설』「제자(諸子)」편에서 행단의 나무는 살구나무라고 주장하면서 혹자가 행단의 나무를 은행나무로 의심하는 것은 잘못된 것이라고 비판했다. 그는 증거로『사문유취』의 "행(杏)은 홍행(紅杏, 붉은 꽃의 살구나무)이다"라는 내용과 강희맹의 "단 위의 붉은 살구꽃 송이가 반은 떨어졌다(壇上杏花紅半落)"라는 시를 제시했다. 한편 정약용도『아언각비』에서, "우리나라 사람이 잘못 알아 공자 사당 뒤에 은행나무를 심어 행단을 상징하게 되었다"고 말한 바 있다.

'행(杏)'의 정체가 확실하지 않으나 우리나라에서는 일찍부터 은행나무를 공자 강학을 상징하는 나무로 애호해온 것은 사실이다. 현재 필암서원을 비롯하여 도동서원, 무성서원, 소수서원, 임고서원 등 많은 서원에서 볼 수 있는 은행나무는 단순한 조경수가 아니라 공자의 사상과 행적을 상

기시키고 학행의 분위기를 조성하기 위해 심은 나무로 이해된다. 설사 공자 행단의 나무가 은행나무가 아닌 살구나무라 해도 대다수 유학자나 유생들이 그것을 은행나무로 여겨 서원에 심어왔고, 공자 강학처의 상징목으로 생각해왔다면 그것으로 충분한 것이다.

장성 즐기기

청자연 자연밥상, 떡갈비

자연밥상이라는 말이 딱 맞다. 거슬림 없이 입과 혀와 맘에 앵긴다. 점심만 하고, 예약이 필수인 것은 이 정도 음식이면 감수할 만하다. 시골답지 않은 오만한 경영이 오히려 보기 좋고 신뢰가 된다.

자연밥상

전남 장성군 황룡면 구석길 53-2(필암리 722-2)
061-394-9909
주요음식 : 한정식, 떡갈비

음식에서 실내장식과 운영 방식까지 세련되고 전문화되어 있으면서 자연친화적이다. 원목 식탁 위에 바로 상을 차려주고 목기를 주로 써서, 대접받으며 집밥을 먹는 기분이 든다. 식탁 상차림부터 느껴지는 자연 친화가 음식을 더 신뢰하게 한다.

음식은 주로 채소류다. 정갈하고도 싱한 채소 반찬이 텃밭 낀 시골집에 온 느낌, 음식 하나는 자신 있다는 아낙이 차린 밥상을 접하는 느낌이다. 맛도 인상과 똑같이 담백하고, 깔끔하고 개운하다. 깻잎 등 여러 채소로 전을 부쳤다. 적당히 노릇노릇하게 구워지고, 반죽의 농도가 알맞아 딱딱하지도 처지지도 않아 식감이 잘 살아난다.

떡갈비는 추가 주문을 해야 한다. 대부분 채소찬이라 헛헛한 느낌을 잡을 수 있다. 냄새없이 부드러우면서 쫀득한 맛에 부추 양념이 산뜻하다. 나물찬, 깻잎무침나

떡갈비

기장떡

오디소스

감자머위조림

물은 여린 잎에 향이 잔뜩 담겼다. 죽순무침은 국내산 귀한 죽순이 신선한 맛을 내니 더 좋다. 감자머위조림, 식재료의 조합은 낯선데, 맛은 자연스럽다.

부각은 두께감이 있어서 든든하기도 하다. 타지 않게 잘 튀겼다. 장성 곳곳에서 오디술이나 오디청을 판다. 지역 특산 오디소스는 새콤달콤한 맛이 청량감을 준다. 남은 소스는 떡과 함께 먹으면 잘 어울린다. 깨죽은 곡식 알갱이가 맛도 식감도 좋다. 각종 떡, 오디 소스로 간을 하니 맛이 한층 더 났다. 기장떡 등이 유난히 쫀득거리며 혀에 안긴다.

된장찌개. 역시 순박한 맛이 난다. 된장

맛이 짜지도 쓰지도 않고, 개운하고 간이 잘 맞다. 식탁에 차려주는 찬 외에 뷔페바에 차려진 여러 음식들을 직접 가져다 먹을 수 있도록 했다. 솜씨에 정성에 인심까지 더했다. 거기다 음식값도 싸니, 참 놀라운 식당이다.

잔반을 한 그릇에 모아놓으면 음식 값을 감해준다는 공지가 붙어 있다. 음식도, 차림도 설거지도 자연 친화적이다. 내 손으로 음식 잔반을 처리해야 하니, 남기지 않으려고 노력할 거 아닌가. 장성을 넘어 한국의 새로운 음식문화를 선도할 모델을 제시하는 식당이다. 과연 남도 식당, 맛도 음식도 주목할 만하다. 필암서원이 식당에

돌솥밥쌈밥정식 상차림   돌솥밥

서 지척이라 전통 문화유산까지 겸비했다.

송가네밥상 돌솥밥쌈밥정식

시골에 어울리지 않게 세련된 노란 건물, 세련된 인테리어, 거기다 깔끔한 밥상이다. 투박한 시골 인심보다 상큼한 도시 이미지가 가득한데, 맛만은 묵은 시골 맛이다. 된장찌개에 쌈장 맛이 그만이다. 깔끔하게 담긴 찬들의 양을 얕봤다간 큰일난다. 먹고 나면 함포고복이다.

전남 장성군 북하면 단풍로 1862
061-395-9001
주요음식 : 쌈밥

전채요리로 채소 샐러드와 전이 나온다. 유자청을 소스 삼아 세련된 도기에 담긴 채소 샐러드, 치커리에 적채에 양상추에 방울토마토에 시리얼이 멋지다. 전은 참말 맛나다. 재료는 깻잎에 부추에 당근

과 양파 몇 가닥이지만, 적당히 노릇노릇 지져서 부치자마자 상에 올려 최고의 맛을 낸다.

한정식 같은 찬이 다 제몫의 맛을 낸다. 익은 채소, 생채소, 달걀, 된장, 홍어, 우렁, 버섯, 도토리묵, 젓갈, 돼지고기 등등 육해공군 다 동원된 식재료 전시장 같은 화려한 밥상이라 고른 영양도 자랑이다. 1인용 돌솥밥 밥알의 맛은 찬의 맛을 최고로 높여준다. 가격은 믿기지 않을 만치 저렴하다.

참나물, 목이나물, 고추볶음을 거쳐 달걀 폭탄을 만난다. 간도 맞고 식감도 그만이다. 밥 위에 사발을 얹고 찐 것 같은 부드러운 맛이다. 홍어는 삭지는 않았으나 깔끔한 맛에 오돌뼈 식감이 좋다. 비슷한 모양새의 두 접시 음식은 하나는 참나물초무침에 도토리묵무침, 다른 하나는 오이우렁초무침에 깻잎초무침이다. 제철재료를 금방 무쳐내 상큼한 맛에 아삭거리는 신선한 식감이 그대로 살아 있다.

춘향가 기물치레처럼 음식사설치레를 해야 할 거같이 다양한 찬에 혼이 빠진다.

돼지고기볶음

쌈밥의 주인공 돼지고기볶음은 비계에 껍데기에 살코기가 적당한 비율로 들어 있는 양질의 고기다. 맛도 영양도 질리지 않게 균형을 갖췄다. 너무 맵지도 달지도 않아, 매운 것이 부담스러운 사람도 즐길 수 있다.

된장찌개, 얼핏 듬성듬성 들어간 건더기들, 국물 맛은 일품이다. 건더기에 크게 의존하지 않고도 된장 맛을 제대로 낸다. 프로 솜씨다. 세상에, 돈나물조림이다. 돈나물은 보통 초로 생무침을 하는데 익히는

것은 물론이고 조림을 만들었다. 달근하고 쫀득한 맛을 낸다. 식재료의 확장과 조리법의 확장이 끝없이 이어지고 있다.

돌솥밥의 윤기 흐르는 쌀밥에 갖가지 찬이 황제의 밥상 부럽지 않다. 황룡강이 흐르는 장성은 노란색이 상징색이다. 노란색 세련된 식당에서 황룡의 밥상을 받는 것 같다. 백양사 코앞의 식당인데 장성호 또한 지적이다. 역사문화와 경관까지 다 갖춘 식당이다.

장성호

장흥

長興

국사봉
가지산
보림사
유치면
장평면
장동면
부산면
장흥읍
안양면
용산면
천관산
관산읍
대덕읍
회진면

장흥 보림사

전남 남쪽 남해변에 있다. 북쪽은 봉미산(鳳尾山), 가지산(迦智山) 등이 있는 고지대이고, 남쪽에도 천관산(天冠山)이 있다. 해안에는 간척을 해서 해안평야가 형성되어 있다. 여러 하천이 남해로 들어간다. 보림사(寶林寺)가 유서 깊은 사찰이다. 백광훈(白光勳), 위백규(魏伯珪)가 이 고장 사람이다.

보림사 창건설화

유치면의 보림사는 원래 못이었다. 신라의 명승 도선(道詵)이 절을 짓기 위해 전국을 돌아다니다가 이곳 가지산에 도달해보니 아주 좋은 터였으나 불행히도 못이었다. 도선은 이곳을 메우기 위해 사람들에게 눈병을 앓게 한 뒤 그 치료 방법으로 누구든지 눈에 병이 있는 사람은 장흥 가지산의 못에 돌 한 덩이와 숯 한 덩이를 던져 넣으면 눈병이 낫는다는 소문을 퍼뜨렸다.

이렇게 해서 못이 메워지자 이 안에 살고 있던 뱀이나 이무기가 모두 나갔다. 그러나 청룡과 황룡만은 나가지 않고 버티고 있으므로 도선이 지팡이로 쳐서 쫓아냈다. 못에서 쫓겨난 두 용은 현재의 용소(龍沼)에 이르러 서로 승천 싸움을 벌이다가 백룡이 꼬리를 치는 바람에 산기슭이 토막 나면서 패어 용소가 생겨났다.

결국 백룡은 승천했으나 청룡은 피를 흘리며 돌아다니다가 죽고 말았다. 그때 넘은 고개가 현재의 피재이고, 죽은 자리가 장평면 청룡리라 한다. 그리고 용소가 위치한 마을 이름도 용문동(龍門洞)이라 하며, 늑룡(勒

龍)이라는 마을이 그 이웃에 있고, 부산면과 장평면의 경계에는 용두봉(龍頭峰)이 있다.

● 지혜로 못을 메우고 힘으로 용을 쫓아낸 앞뒤의 사건이 연결되어 도승이 무엇을 하는지 잘 알려준다.

선들보의 슬픈 사연

국사봉이 동쪽으로 뻗어, 높고 낮은 산봉우리의 계곡에서 흘러내린 냇물은 장평면 소재지를 거쳐 보성강으로 흐른다. 그 지류를 흐르는 또 하나의 냇물이 장동면 북부에서 시작되는데 조양리 1구의 말매와 관호 사이에 흐르고 있는 냇물을 막아, 아주 오랜 옛날부터 농업용수로 쓰였다.

백여 미터의 보를 막을 때 일어났던 이야기다. 보를 막기만 하면 이상하게도 큰비가 아닌데도 보가 터졌다. 그래서 동네 어른들이 모여 의논 끝에 제물을 바치기로 하고 돼지, 소 등을 바쳤건만 수포로 돌아가서 계속해서 무너졌다. 이러한 일 때문에 농사를 짓는 부근의 주민들은 걱정이 태산 같았다.

어느 날 그 동네에서 나이가 제일 많이 드신 분의 꿈속에 한 백수 노인이 나타나 말하기를 "이 보는 젊은 사람을 제물로 바치면 무너지지 않을 것이다"라고 했다. 이 말을 들은 노인은 동네 사람들을 모아 놓고 실정 얘기를 한 뒤, 그 보를 막기 위해 젊은 총각을 구하기로 했다. 자기 목숨을 내놓겠다는 총각이 어디 있으랴! 걱정을 했다.

동네에서 가장 가난하게 살면서 어머니에게 효성이 지극한 선들이라는 청년이 있었다. 너무 가난해 끼니조차 어려운 형편이었다. 선들이는 자기 어머니를 위하여 목숨을 바칠 것을 결심하고 동네 사람들에게 뜻을 전했다. 동네 사람들은 선들이의 효성을 높이 칭찬하고 제물로 바치기로 했다. 동네 사람들은 목욕을 깨끗이 하고 부정한 짓을 삼가며 몸과 마음을 정결하게 한 뒤 제사를 성대하고 엄숙하게 지냈다. 말할 것도 없이 선들이를 제물로 바쳤다.

그 뒤부터는 보가 터지는 일이 없었고 농사도 풍년이 계속 되었다고 한다. 그런데 이상한 일이 또 생겼다. 비가 많이 온 뒤 그 보를 지나가는 사람들은 이상한 소리를 들었다. "선들선들" 하면서 우는데 그 소리가 어찌나 구슬픈지 눈물을 흘리지 않는 사람이 없었고 선들이 어머니의 목메어 우는 소리까지 겹쳐 동네는 온통 울음바다가 되어버렸다. 그래서 이 보의 이름이 어느새 '선들보'가 되었다는 이야기다.

● 사람을 바쳐 난공사를 완수한 이야기를 단순한 내용으로 자세하게 해서 사실 여부에 관한 의심을 키운다.

농민시인 위백규

위백규(魏伯珪)는 시골 장흥에서 어렵게 살아가면서 농민의 고난을 가까이서 이해하고 민요에 근접한 작품세계를 풍성하게 마련했다. 자기 스스로 악부시라고 일컫지는 않았으나 기속악부(紀俗樂府)의 좋은 본보기이며, 한시로 지은 농민시의 대표적인 성과이다. 「연년행(年年行)」 두 편에서는 선후창 형식을 사용해 재해와 수탈에 시달리면서 살아가는 농민 생활을 자세하게 나타냈다. 보리를 두고 지은 「죄맥(罪麥)」·「대맥(對麥)」·「청맥행(靑麥行)」 같은 것들이 장편 연작시를 이루어 농민이 하는 말을 많이도 담았다.

곡식이라 하는 것 몇백 가지인데 　　　　　　　　號穀數爲百
보리라는 놈이 가장 밉살스럽다. 　　　　　　　可憎者惟麥
몇 겹이나 악질인 녀석이 잘못되어, 　　　　　　謬以重惡質
궁핍을 틈타 백성들의 먹거리에 끼어들었다. 　承乏參民食

　서두가 이렇게 시작되는「죄맥」에서 농사짓기 어렵고, 먹기 거북하고,
속탈이 잘 나는 등의 죄과를 낱낱이 들어 보리를 꾸짖고, 유배형을 내려야
한다고 했다. 보리밥을 먹고 살아가야 하는 농민의 불평을 거친 말투 그대
로 쏟아놓아 웃음이 나오게 했다.
　다음에는 보리타작을 노래한 대목을 보자. 타작하는 사람들의 고생을
직접 말하는 듯이 전하고 있다. 한시에서 농민 생활을 이처럼 실감 나게
나타낸 것은 전에 없던 일이다.

바로 오월 염천이 되면 　　　　　　　　　　正當五月炎
천 번 두들기는 짓 반드시 닥친다. 　　　　　必待千鞭撲
독한 티끌 흙비 오듯 난간에 날리고, 　　　毒塵霾風欄
모진 까끄래기 땀 밴 이마 벌 쏘듯. 　　　獰芒螫汗顏
도리깨질하는 사람 머리 쑥대 되고, 　　　鞣夫髮被蓬
키질하는 아낙 몸에 상처 생기네 　　　　箕妾體生蟊
딱하다, 껍질이 속살에 들러붙어, 　　　　可憎殼連膚
방아 찧기 힘든 다리 어쩌면 좋으리. 　　那堪舂億脚

　「대맥」에서는 보리가 항변을 하는 말을 적는다고 했다. 보리 덕분에 춘
궁기를 넘기니 그 은혜가 크고, 보리밥으로 만족하며 사는 농부나 선비의

자세가 훌륭하다고 했다. 주고받으면서 응답하고 힐난하는 수작을 모두 농민의 입에서 나오는 대로 선비가 받아 적어 아무런 간격이 없는 것 같다. 민요 형식을 살려 진행이 순탄하고 흥이 난다.

「농가구장(農歌九章)」이라는 시조에서도 농민의 삶을 있는 그대로 나타냈다. 작품 전편에서 유식한 한자어는 전혀 사용하지 않고 농민이 실제로 주고받는 말을 방언 그대로 살려서 민요다운 표현을 했다. 설명이나 묘사는 제거하고, 일하는 사람의 노래를 그대로 옮겨놓았다.

> 땀은 듣는 대로 듣고 볕은 쬘 대로 쬔다.
> 청풍에 옷깃 열고 긴 파람 흘려 불 제,
> 어디서 길 가는 손님네 아는 듯이 머무는고?

땀 흘려 일하는 농민과 길 가다가 아는 듯이 머물러 바라보는 손님은 다른 세계 사람이다. 사대부시인은 농민의 처지를 노래한다고 했지만, 손님의 자리에서 동정도 하고 간섭도 했을 따름이었는데, 여기서는 시인의 위치를 완전히 바꾸어 놓아 손님의 관심이 우습다고 했다.

● 대단한 시인의 뛰어난 작품이 아직 널리 알려지지 않았다.

장흥 즐기기

부부한우 한우구이, 장흥삼합

정동진은 서울 동쪽에, 정남진은 남쪽 장흥에 있다. 그 장흥의 유명 시장이 토요시장이다. 토요시장에서는 한우를 주로 판매한다. 사람보다 소가 많다는 장흥, 소고기를 이용한 삼합이 유명 음식이다. 한우 맛과 삼합맛을 보기로 한다.

전남 장흥군 장흥읍 토요시장 3길 4-1
061-862-2260
주요음식 : 한우요리

장흥 한우가 형성한 명물시장에서 한우 먹는 방법은 고기를 따로 구입해서 차림비 약간 내고 구워 먹는 것이다. 소고기 갈빗살이 전혀 질기지 않고 육즙도 오롯이 머금고 있다. 참기름소금장 찍지 않아도 고소한 맛이 입안에 가득이다. 냉동육

장흥삼합

이 아닌 생고기에다 장흥 한우이다. 상차림도 훌륭하다. 꼬시래기무침, 버섯장아찌, 무깻잎절임, 열무얼갈이물김치, 어느 것 하나 맛이 빠지지 않는다. 무깻잎절임은 드문 음식이다. 잘 어울린다. 싸 먹으니 소고기 맛도 더 빛난다.

소고기 살치살과 키조개와 표고의 조합, 소위 장흥삼합을 맛본다. 살치살만도 단맛 나는 육즙에 부드러운 식감이라 최고의 맛이다. 여기에 키조개 관자와 표고를 더하니 영양도 최고의 조합이 되었다. 소고기, 키조개, 표고는 모두 장흥의 특산품이라 판촉을 위한 요리 개발의 의도가 보이

지만, 맛이 좋으니 어쩔 수 없다.

사육하는 한우가 장흥 군민 수보다 많
다. 장흥 들판은 온통 소의 축사와 소에게
줄 여물을 만들 꼴밭이다. 꼴밭은 가을 벼
수확기처럼 꼴이 노랗거나, 이미 수확해서
옷감처럼 둘둘 말아놓은 하얀색 꼴말이통
으로 가득이다. 장흥은 수확을 두 번 한다.
한 번은 소를 위해서 봄에, 한 번은 사람을
위해서 가을에.

세 가지 식재료를 묶어 한번에 파는 장
흥삼합은 홍어삼합 재료와 달리 모두 장흥
산이어서 지역경제 최고의 선순환이 이루
어진다. 삼합으로 맛의 상승작용이 이루어
지고, 소비자에게는 더 쉽게 각인되어 삼
합과 한우의 소비가 촉진된다. 그래서인지
행정과 군민이 일사불란하게 움직이며 음
식문화와 농가 소득을 창출한다는 느낌,
그 일사불란함은 어느 동네보다 깨끗하고
윤택하다는 느낌도 준다.

그러나 장흥삼합은 요리가 아닌 재료의
조합이다. 재료가 맛있고 신선하고 생식
이 가능하면 보통 요리를 하지 않고 최대
한 천연 상태로 먹기를 원한다. 요리가 필
요없는 식재료는 요리무용론을 만들어내
므로 요리가 발달하기 어렵다. 전남은 음
식의 고장이다. 좋은 식재료로 좋은 요리
를 만드는 것이 더 어울리는 고장이다. 장
흥의 놀라운 창의력이 다른 요리로도 이어
지기 바란다.

바다하우스 키조개구이

장흥은 한우와 키조개의 고장이다. 이제
키조개 차례이다. 여행은 음식으로 풍성해
지고 음식으로 완성된다. 키조개가 보여주
는 장흥을 키조개마을에서 살펴보자. 살아
있는 것처럼 싱싱한 관자 속에 장흥의 생
기가 느껴진다.

전남 장흥군 안양면 수문용곡로 139
061-862-1021
주요음식 : 키조개, 바지락

키조개

키를 닮은 '키조개'는 관자가 유난히 크
다. 이동하지 않고 붙박이 생활을 하므로
강한 관자가 필요없어 크고 부드러운 근육
이 되어 있기 때문이다. 관자를 주로 먹지
만 속살도 꼬들꼬들 맛이 있다. 통째로 나
오니 부위별 맛을 즐길 수 있다.

살아 있는 것처럼 분홍색의 윤기가 차
지게 흐르는 관자가 나온다. 참기름 두른

불판에 직접 구워 먹는다. 열을 오래 가하면 질겨지고 영양이 파괴될 우려가 있으니 살짝 구워야 한다. 입안에 가득 차는 풍미를 놓치지 않기 위해, 참기름소금은 최소한만 하여 먹자. 부드러우면서 쫄깃한 맛은 조개의 왕이라는 말이 실감난다. 게다가 고소하고 담백하여 맛으로만도 최고인데, 미각 보호와 면역 기능 증진에 중요한 아연까지 다량 함유하고 있다니 명실공히 조개의 왕임이 분명하다.

찬은 매우 평범하다. 최고의 반찬은 물김치, 전성기의 맛을 보인다. 약간 신맛이 나려는 수준에서 열무가 탄탄하게 제 식감을 내고 있다. 국물 맛도 아주 좋다. 높은 솜씨다. 밥도 맛과 식감이 최고다. 금방 해낸 고슬고슬한 밥이 돌솥밥 부럽지 않게 식감도 밥 향도 그만이다. 흑미를 둔 밥이어서 빛깔도 좋은 데다 흑미 향이 더해져 좋다. 탱글거리면서 쫀득거리는 밥알이 입안을 부드럽게 자극하는 이 맛은 밥에 기대하는 그 맛이다.

전라도 식당에는 그림이 많다. 그것도 동양화가. 여기에는 멋진 사군자가 그려져 있다. 무심히 봤던 실내장식의 특징에 대한 말을 떠올리며 그런가? 하고 보니 남도 식당 여기저기에서 특히 그림이 많이 눈에 띄었던 기억이 난다. 풍부한 식재료 덕분에 나타난 예술 취향의 여유일 것이다.

풍부한 식재료는 곡물이나 채소만이 아니다. 너른 갯벌을 낀 바다에서 나는 해산물도 풍부하여 음식의 종류가 다양하기까지 한 것이다. 이런 여건에서 음식 발달은 너무 당연한 게 아니겠는가. 거기다 천일염도 지천이고 자연환경도 좋아 젓갈이나 장류 발효에 용이하니, 식재료의 2차 3차 가공을 위한 천혜의 조건도 갖추고 있다.

이곳 키조개마을의 키조개 축제는 남도음식의 호조건을 자랑한다. 운이 좋으면 식당 바로 앞에서 조개 캐는 사람들을 많이 만날 수 있다. 남도음식의 풍요로움을 직접 접할 수 있다.

진도

珍島

진도 앞바다

전라남도 서남쪽 서해안의 섬이다. 동쪽 첨찰산(尖察山)이 최고봉을 이룬다. 남쪽에는
여귀산(女貴山)이 있다. 평야는 대체로 북서부의 구릉지 사이에 소규모로 있다. 소하천
이 몇 개 있다. 45개의 유인도와 185개의 무인도가 있다. 〈진도아리랑〉의 본고장이다.

진도 알기

여자들의 한이 서린 〈진도아리랑〉

옛날 박수무당의 운명을 타고난 총각이 있었다. 마을 여자와 정혼까지 했지만 박수무당 되는 것이 싫어 몰래 도망을 쳐 경상도 지방의 어느 양반 집에 들어가 노비가 되어 살았다. 그런데 양반집 딸이 노비에게 반해 둘이 도망가는 사건이 벌어졌고, 총각의 집에서는 양반 규수를 며느리로 맞게 되었다며 무척 기뻐했다.

어느 날 옛 생각이 나서 정혼했던 여자 집을 가보니, 문턱에 여자가 그 대로 앉아서 자기를 기다리는 모습으로 늙어 있었다. 그리고 쳐다보면서 부른 노래가 "문경새재가 웬 고갠가 굽이야 굽이야 눈물이 난다"라고 하는 것이었다.

이렇게 탄생한 〈진도아리랑〉에는 유난히 여자가 남자의 행실에 관해 푸념하는 가사가 많다. 〈진도아리랑〉 소리꾼은 전부 여자이다. 여자들이 한을 삭이면서 부르는 듯한 소리, 그것이 바로 〈진도아리랑〉이다. 가사를 몇 개 들어본다.

문경새재는 웬 고갠가 굽이야 굽이굽이가 눈물이 난다.

노다 가세 노다 가세, 저 달이 떴다 지도록 노다나 가세.

산천초목은 달이 달달 변해도, 우리들의 먹은 마음 변치를 말자.

만경창파에 두둥둥 뜬 배 어기여차 어야뒤어라 노를 저어라

서산에 지는 해는 지고 싶어서 지며, 날 두고 가는 님은 가고 싶어서 가느냐.

청천 하늘엔 잔별도 많고, 우리네 살림살이 수심도 많다.

남이야 남편은 자전거를 타는데, 우리야 남편은 논두렁만 타누나.

정든 님 오신다기에 꾀를 벗고 잤더니, 문풍지 바람에 고뿔만 들었네.

저기 있는 저 가시나 가슴팍을 보아라, 넝쿨 없는 호박이 두 덩이나 달렸네.

우리집 서방님은 명태잡이 갔는데, 바람아 불어라 석 달 열흘만 불어라

앞산의 딱따구리는 참나무 구멍도 뚫는데, 우리집 멍텅구리는 뚫린 구멍도 못
찾네.

쓸 만한 밭뙈기 신작로로 되고요, 쓸 만한 사람은 가막소 간다.

중추절 뜬 달은 하나인데, 어이해 우리 칠천만 두동강이가 났네.

물속에 노는 고기 잡힐 듯해도 못 잡고, 저 처녀 마음도 알 듯 말 듯 못 잡네

가다가 오다가 만나는 님은 팔목이 끊어져도 나는 못 놓겠네.

● 민요의 고장인 진도에 이처럼 자랑스러운 유산이 있다.

딸의 명당 욕심

요즘 세상의 여자들이 들으면 펄쩍 뛸 얘기지만, "딸은 도둑이다"라는
옛말이 있다.

지금으로부터 약 삼백 년 전에 진도읍 동외리에 사는 부유하고 사회적
지위가 높은 밀양 박씨 집안에 노부의 초상이 났다. 옛날 일이라 7일장으
로 황소 몇 마리를 잡아 조객을 접대하는가 하면 이름 있는 지관을 불러

명당을 잡는 등 야단법석이 벌어졌다. 다행히 동외리로부터 과히 멀지 않는 동쪽 일명 지방산에 백손천손지지(百孫千孫之地)요 문무겸전(文武兼全) 할 자리라 하며 명당 중의 명당을 잡았다. 상주나 지관도 크게 만족하고 비록 상중이기는 하나 기쁨을 이기지 못하면서 조객들을 후하게 대접하면서 기타 장례 준비도 빈틈없이 하였다.

옛 풍습으로는 장례전에 산역(山役)이라 하여 광중(壙中)을 미리 파놓고 그 이튿날 운상매장(運喪埋葬)하던 터라 이 집에서도 전날 미리 파서 짚마람(이엉)을 덮어놓고 밤을 새웠다. 이튿날 예정대로 성대하고 엄숙하게 운상되어 정시에 장지에 닿아 하관 준비에 바빴다. 이때 광중을 덮었던 짚마람을 걷어치우던 사람이 놀라 큰 소리로 "아니, 물이 났네"라고 했다. 과연 광중에는 물이 괴어 있었다. 상주는 물론이요 지관도 얼굴색이 변했다. 지관은 "아닙니다. 절대로 아닙니다. 바깥 물입니다." 이렇게 말해도 상주의 귀에 들어갈 리가 없었다.

"듣기 싫소. 물을 품어내고 명당 쓴다는 말을 어디서 들었소. 잔말 말고 어서 다른 데를 잡으시오."

지관이 아무렇게나 우선 급한 대로 자리를 잡아주어 시신을 모시게 되었다. 상주의 누이동생이 오빠에게 말했다.

"오빠께서도 잘 알다시피 저는 천지간에 박복하여 남편상을 당한 지 수년이 지났으나 자식은 아직 어리고 저는 젊은 것이 어찌 묏자리를 구할 수가 있겠습니까? 까닭에 망부를 아직도 초분하여놓고 어찌할 바를 모르던 중 아닙니까. 아버지를 모시려고 잡은 자리가 물이 나서 버렸으니, 그 자리에 망부를 묻었으면 합니다."

이 말을 듣고 상주는 자기는 싫어서 버린 땅에다 무덤을 쓰라고 불쌍한 여동생 처지를 생각해서 쾌히 허락을 하였다.

광중 안의 물은 생수가 아니라 청춘과부 밀양 박씨가 망부를 위하여 계획적으로 장례 전일 한밤중에 아무도 모르게 혼자 물동이를 이고 가서 밤새껏 산정에서 물을 길어 부은 것이었다. 이를 전해 들은 사람들은 "역시 남의 시조 될 사람들은 어딘가 다르다"며 감탄했다.

청춘과부는 어린 독자를 잘 키워 손자를 셋이나 얻고, 가문이 번성해 오늘에 이르렀다. 그 무덤이 명당이라고 군내면 세등리 소재 밀양 박씨 묘전 비석에 있다고 한다.

● 같은 일을 두고 한쪽에서는 나무라고 다른 쪽에서는 칭송해야 할 것이 이 밖에도 많이 있다.

망적산 용샘과 구기자 이야기

옛날 옛적 삼한시대쯤이었던가. 진도읍이 한촌이었을 때 일이다. 주산인 망적산 꼭대기에서 갑자기 산 능선만큼 큰 청룡이 나타나 천지를 뒤흔드는 듯한 굉음을 내면서 한낮에 하늘로 치솟아 오르더니 서북쪽 부지산 넘어 청룡마을 쪽으로 날며 하늘 높이 사라졌다고 한다. 망적산 남녘 군강골에 살고 있는 사람들은 크게 놀랐다.

그런데 더 큰 일이 벌어졌다. 이 폭음과 함께 치솟아 오른 망적산 용샘에서는 수십 길 되는 물길이 솟구쳐 남녘 산 아래로 흘러내리기 시작하더니 수십 일이 지나도록 그칠 줄 몰랐다. 망적산 남쪽 들녘이 완전히 물속에 잠기게 되었고 군강골에 살고 있는 사람들도 군강산정으로 대피했다.

남동리 앞까지 바닷물이 들어오면서 용샘에서 치솟는 물과 함께 금세 군강골 전역이 물속에 잠기게 되었다. 그러다가 다시 바닷물이 조금씩 아래로 빠지면 들녘이 물 위에 나타났다가 다시 잠기곤 해서, 농사를 완전히 망치게 되었다. 모두 집을 버리고 다른 곳으로 이주하지 않으면 안 될 지경에 이르고 말았다.

군강골에 마음씨 착하고 금슬이 좋은 젊은 부부가 있었다. 땔감을 마련하려고 남편 옥쇠가 군강 뒷산으로 올라가 물바다가 된 남쪽 들녘을 바라보고 있었다. 그런데 갑자기 지척을 분간하기 어려울 정도의 짙은 안개가 눈앞을 가리더니, 흰 수염을 한 도사가 나타나 "옥쇠야, 저렇게 치솟는 물길을 잡는 방법은 있다만 인간으로서는 불가능한 일이다"라고 했다. 옥쇠는 깜짝 놀라 무릎을 꿇고 빌면서 말했다. "도사님 가르쳐만 주십시오. 무슨 일이 있더라도 시키는 대로 하겠습니다. 저 불쌍한 마을 사람들의 논과 밭을 구하고 물속에 잠기는 집들을 찾아야 하겠습니다."

"그러면 방법을 가르쳐주겠다. 지금 망적산 용샘에서 솟구치는 물길을 잡는 방법은 단 한 가지다. 그 용샘 밑을 깊이 뚫어 물을 바다로 돌리는 방법이다. 그것도 다른 것으로는 아니 되고 오직 절굿대를 많이 만들어 절구통에 보리쌀을 찧듯이 용샘 밑을 힘껏 쳐서 뚫어야 한다. 그렇게 하면 저 용샘물은 바다로 나가게 되니, 물길도 잡히고 앞으로 망적산 남녘에는 진도 전역을 호령할 큰 읍성이 들어설 것이지만 어려운 일이다." 이렇게 말하고는 안개 속으로 사라지고 말았다.

괴이하고 불가능한 일이나 별도리가 없었다. 옥쇠는 곧장 군강에 내려와 마을 사람들에게 본 대로 들은 대로 말했더니 "밭, 집을 잃더니 옥쇠도 돌았구먼" 하면서 혀를 찼다.

그런 후 또 몇 날이 지났으나 이럴 수도 저럴 수도 없는 마을 사람들은 군강 위에 움집을 만들고 생각지도 못한 피난 생활을 하게 되었다. 그러나 먹고살 논밭이 있어야 하는데 생각할수록 난감한 일이었다. 그래서 다시 마을 사람들은 옥쇠를 불러 되든 안 되든 간에 결행하기로 하였다. 그러나 또 문제가 있었으니 어느 장사가 그 일을 해내겠는가? 걱정만 하고 있었다.

마침 그곳을 지나치던 육지 장사 세 사람이 딱한 사연을 듣고 불쑥 나서며 말했다. "좋소. 우리 육지 장사 세 사람이 할 것이니 동편 바다(현 울돌목)까지 처넣을 수 있는 수백 개의 도굿대를 만드시오. 그리고 물길을 잡는 날이면 당 앞의 들녘을 우리 세 장사에게 주시오." 마을 사람들은 "무엇이든지 다 내어 주겠소"라고 했다.

마을 사람들은 한데 뭉쳐 산으로 나무를 베러 가고, 한 패는 군강에서 그 나무로 절굿대를 만들고, 망적산 산정 용샘의 육지 세 장사가 있는 데로 절굿대를 옮겼다. 치솟는 용샘 속으로 절굿대를 계속해서 처넣으니 세 자짜리 절굿대가 30개 정도 들어갔다. 거기서부터 강한 암반이 깔려 아무리 장사라 하더라도 단 한 치를 더 밑으로 뚫지 못했다. 시작한 지 사흘 만에 모두 도망쳐버리고 말았다. 그동안 마을 사람들이 쉬지 않고 밤낮으로 만든 수백 개의 절굿대를 망적산 용샘 옆에 쌓아놓았으나 만사가 헛일이 되고 말았다.

그리고 며칠 뒤 망적산 남쪽 기슭 구기자골에 살고 있는 칠십 세 늙은 노인이 망적산에 올라와서 하는 말이 "어찌하겠소. 내 늙어 비록 힘은 없지만 하는 데까지 해보겠으니, 모두 한 마음 되어 도와주시오"라고 하니, 듣고 있던 마을 사람들은 웃으면서, "평소 힘이 센 줄은 알고 있지만 어림없는 짓이오. 산길이 험하니 조심히 내려가기나 하시오."라고 했다.

그러나 구기자골 노인은, 팔뚝을 걷어붙이고 절굿대를 집어넣은 후 다시 세 개를 한쪽 끝을 두 손으로 잡고 처들어 후려치니 주위의 산이 흔들리는 듯 쨍하는 소리가 났다. 한 번 내려칠 때마다 절굿대가 한 개씩 푹푹 들어가기 시작했다. 수백 개의 절굿대를 처넣어 시작한 지 33일 만에, 망적산 용샘 줄기가 동편바다 울돌목까지 뚫렸다. 바닷물이 솟구치고 깨어지며 온 바다가 용트림 하는 듯 빙빙 돌며 용샘에 넣은 도굿대가 여기저기서 치솟기 시작했다.

그날 이후 용이 승천한 지 몇 달째인가, 그렇게도 무섭도록 치솟던 망적산 용샘물이 그만 뚝 그쳤다. 군강골에는 예전처럼 물은 바다로 빠져나가고 잠겼던 당앞 들녘이 서서히 드러나기 시작했다.

그러나 망적산정 용샘을 뚫던 구기자골 노인은 그만 지쳐 푹 쓰러졌다. 그것을 본 인근 마을 사람들은 산정에 몰려 대성통곡했다. 쓰러져 있던 구기자골 노인이 벌떡 일어서며 "무슨 일들이냐. 어서 하산하도록 하자."고 하며 산길을 따라 내려갔다. 모여 있던 사람들은 하도 신기하여 노인의 뒤를 따라 노인이 살고 있는 구기자골로 내려갔다. 노인 집은 기둥이고 서까래며 벽, 글자 그대로 수백 년 묵은 구기자나무로 만들어져 있었고 마당에 있는 우물을 들여다보니 구기자 뿌리 사이에서 샘물이 솟아나오고 있었다.

육지장사 세 사람도 못해낸 일을 칠십 노인 혼자서 해냈으니 그 힘이 엄청났던 것이다. 노인은 오직 구기자 물을 마시며 구기자 열매만을 먹고 살아왔기 때문에 가능한 일이었다. 그 뒤부터 진도 구기자의 효험이 이 세상에 널리 알려졌다.

● 진도 구기자의 효능을 자랑하기 위해 거창한 이야기를 이치에 닿지 않게 지어냈다.

벽파정 신령님

벽파진은 예로부터 육지와 진도를 이어주는 교통의 요지였다. 해남의 삼지원에서 묵은 육지 손님들이 수시로 이 벽파진을 오갔으며 여기 바닷가에 세워진 벽파정이란 정자는 경치도 아름다울 뿐 아니라 육지의 문화와 문물을 수입하는 중요한 창구가 되었다.

옛날 조씨 성을 가진 벽파진 사공이 일찍 부인을 잃고 외동딸과 살고 있었다. 비록 가난하지만 딸을 반듯하게 키우며 이웃들을 돕는 성실한 사람이었다. 이런 아버지의 뜻을 받드는 딸은 어머니를 대신해서 정성껏 아버지를 돌보며 집안일을 꾸리는 효심이 깊은 처자로 성장했다.

이 사공이 하루는 아침 일찍 새벽길을 달려 온 바쁜 첫손님들 10여 명을 태우고 벽파항을 출발하여 감부섬 부근까지 노를 저어 가는 중이었다. 그런데 멀리 벽파정 부근에서 느닷없이 백발노인이 나타나 애처롭게 손짓을 하며 "여보! 여보! 나 지금 갈 길이 급하니 함께 갑시다" 하면서 간절하게 애원했다.

이 말을 듣고 배를 돌리고 싶어도 지금처럼 기계선이 아닌 범선인지라 뱃머리를 돌려 다시 벽파진으로 되돌아가 노인을 실어 가는 것은 아주 힘든 일이었다. 그러나 그 노인이 너무 급하고 간절하게 부르짖는지라 평소에 마음씨 착한 사공은 한참 머뭇거리다가 승객들의 양해를 구하여 뱃머리를 돌려 벽파항을 향하여 막 노를 저어 돌아왔을 때였다.

부두에 배를 대고 모두가 땅에 내리는 순간 방금 뱃머리를 돌렸던 그 자리에서 무서운 회오리바람과 함께 바닷물이 하늘로 치솟고 큰 풍파가 일어나는 것이었다. 그 풍파 사이로 큰 구렁이 한 마리가 솟구쳐 오르며 나타나 해를 가리고 흰 거품을 품어 온 바다를 짙은 안개로 뒤덮었다. 하늘 구렁이의 온몸에 넘실거리는 방석만 한 비늘이 푸른빛을 나타내어 소름이 끼칠 정도였다.

또한 발 하나가 범선의 키만 한 큰 지네가 이곳 작은 섬에 살고 있었는데 구렁이가 나타나자 구렁이의 꼬리를 물고 늘어지며 싸움이 벌어졌다. 전해지는 말로도 가끔 하늘구렁이와 지내다가 싸움이 붙는 날이면 벽파 앞 바닷물이 뒤끓고 그 파도가 하늘을 찌르는 듯하다고 했는데, 그날이 바로 오늘 지금이었다. 나룻배는 그곳을 벗어났기에 힘을 내어 벽파항에 도착했다. 뭍에 내려 이 광경을 바라보던 승객과 사공은 사지에서 돌아온 듯 넋을 잃고 망연자실하여 빠져나온 것을 안도하고 있었다. 한참 만에 정신을 차리고 고마운 그 백발의 노인을 찾아보니 그렇게도 애걸복걸하던 노인은 온데간데없이 사라지고 없었다.

사람들은 이 같은 일이 이 마음씨 고운 사공과 선량한 승객의 목숨을 구하기 위하여 벽파정당 노인신이 사람으로 변하였다는 사실을 알았다. 사공의 주위에 모여든 승객들이 착한 사공의 마음씨를 칭찬하자 사공은 자기의 마음씨가 착해서 그런 것이 아니라고 하고 딸에게 공을 돌렸다.

아침에 갯가를 내려오는 아버지에게 달려온 딸이 꿈 이야기를 하는데 백발 노인이 나타나 한 가지 착한 일을 하면 백 사람이 살아날 것이라고 신신당부를 하던 이야기를 들려주었다. 이상하게 생각하고서도 사공은 그 말을 문득 잊고 있었는데 이런 일을 겪고 딸의 말이 생각났다. 주위에 모여든 마을 사람들과 승객들은 사공의 평소 착한 마음씨와 외동딸의 지극한 효심에 감복한 신이 내린 선물이라고 모두들 자기 일처럼 기뻐하고 그 노인이 서 있던 자리에 엎드려 바다를 향해 절을 했다.

그 사공과 승객들은 이 고마움을 감사 보은하기 위하여 노인이 서 있던 벽파정 옆에 사당을 세운 뒤 노인 신을 정당신으로 모시고 정성껏 제사를 드렸다. 벽파의 뱃사공들은 배를 띄울 때마다 언제나 당신에게 예를 표하고 매년 제사를 지내왔으며 지금까지도 이어진다.

● 많은 상상을 하면서 말을 보탰다.

벽파진

벽파진, 이충무공이 적군을 모두 무찌른 곳
(碧波津 卽李忠武公鏖兵處)

황현(黃玹)

정유년 때의 사태가 가장 위태로웠다.	丁酉年間事最危
벽파정 밖은 온통 왜적의 깃발이었다.	碧波亭外盡倭旗
역사는 악의가 참소 입은 날을 가련해하고,	史憐樂毅罹讒日
하늘이 분양이 재기용되도록 돌봐 주었다.	天眷汾陽起廢時
만 번 죽은들 어찌 전공을 바란 적 있었던가,	萬死何曾戰功計
이런 마음을 모름지기 무신들은 알아야 하리.	此心要使武臣知
지금은 여기가 왜놈 배들이 지나갔던 곳이라,	至今夷舶經行地
손가락 깨물며 명량대첩비를 가리켜 보네.	指嗚梁指咋古碑

● 고군면 벽파리 벽파진에는 벽파정과 이충무공벽파진첩비가 있다. 임진왜란 때 이순신이 명량대첩을 거둔 곳이다. "樂毅"는 중국 연나라의 장수이다. 큰 공을 세우고도 참소를 당해 나라를 떠나야 했다. 이순신의 수난을 말하려고 이 고사를 가져왔다. "汾陽"은 중국 당나라 장군 곽자의(郭子儀)이다. 참소로 파직당하고 재기용되어 큰 공을 세웠다. 이것도 이순신의 경우와 같다. "지금은 여기가 왜놈 배들이 지나갔던 곳이라"는 이 시를 지은 해가 1896년(고종 33)이어서 하는 말이다. 일본이 세력을 뻗쳐 위태로운 상황이 닥쳐오고 있었다.

묵은지식당 소갈비듬북국

간단한 탕 메뉴도 남도에 오면 예술이
된다. 강한 개성과 깊은 향토 맛을 담은 부
정할 수 없는 음식예술이다. 일상적인 찬
도 최선의 맛을 내는데, 특유의 식재료로
만들어진 찬들의 집합이니, 더 말해 무엇
하겠는가. 식사가 아니라 음식예술 감상인
거 같다.

소갈비듬북국

전남 진도군 진도읍 남동1길 12-5
061-543-2242
주요음식 : 한우, 듬북국

톳 같은데 듬북이란다. 미역보다 억세고
톳보다 굵고 가지가 뻗어나 있다. 기름과
잘 어울리는 듬북은 소고기와 함께 끓이면
풍부한 맛을 낸다. 우선 국물 맛이 일품이
다. 맑은 갈비탕 국물에 된장기를 하고, 듬

북을 넣었다. 듬북은 쫄깃 사근거리는 식
감이다. 미끈거리며 입안에서 뒹굴며 깨물
면 터지는 것 같은 식감이 일품이다.

국물 맛의 깊이는 한우에서 나오는 것
이다. 한두 점 들어 있는 갈비 맛도 좋다.
된장은 집된장을 섞어 쓴다. 살폿 들어간
한술 된장이 비릿한 맛도 가시게 해주면서
토속적인 맛으로 유도한다. 이곳 특산 검
정쌀밥도 최상이다. 검정쌀은 물에 씻으면
보라색 뜨물이 진하게 나온다. 쌀 색깔도
검정이라기보다 보라에 가깝다. 밥은 쫄깃
거리며 낟알마다 제 모양과 맛을 가지고

상차림

있다. 국에 말아도 제것을 잃지 않으면서 조화를 이룬다.

어디서나 만나는 흔한 멸치고추볶음도 다르다. 멸치는 크지만 부드럽고 짜지 않으면서도 깊은 맛이 난다. 달근한 맛이 나도록, 육즙이 나도록 물기 있게 볶았다. 입에 쩍쩍 달라붙는 맛은 예술의 향연이다. 시금치무침은 맛이 풍부하고 육질이 좋아 식감도 좋다. 고소한 육즙에 향긋한 시금치 향이 최고의 맛을 낸다. 신안 비금도의 섬초 아니어도 남도의 시금치는 색다른 맛을 낸다.

삶은 파무침, 파의 살짝 독한 맛이 매력이다. 메추리알고추소고기조림이다. 제각각 가진 맛도, 조화로운 맛도 좋다. 고기에는 여전히 쫄깃한 맛이 남았다. 채 익지 않은 깍두기도 밥상 품격을 높인다. 분명하고 단단하게 제맛을 낸다. 겉절이가 상큼하다. 김치는 살폿 산뜻하게 신맛이 나는데 사각거린다. 얼음도 없는데 동치미처럼 사각거린다. 젓갈 맛은 강하지 않다. 묻은 장독에서 꺼낸 듯 상큼하다.

듬북은 여행을 부르는 음식이다. 완도에서 나와 전국구가 된 매생이와는 다르게 듬북은 아직 진도 등 섬 지역에 갇혀 있다. 전에는 흔해서 구황식품이면서 잔치음식이었지만, 요즘은 서식지 훼손으로 채취량이 많지 않기 때문이다. 그것도 진도 남쪽의 조도나 관매도 등 절해고도 청정지역에서야 겨우 채취 가능하다. 듬북을 먹으려면 진도로 와야 한다. 진도는 듬북 아니어도 음식이 모두 훌륭하다. 〈진도아리랑〉까지 듣지 않아도 음식만으로도 여행 이유는 충분하다.

신호등회관 꽃게비빔밥

해물 전문점이다. 진도산 전복과 꽃게로 만든 비빔밥, 조리 방식이 육지에서는 생소한 음식이다. 진도 여행의 의미를 더하는 음식이다. 부푼 기대에 어울리는 깔끔하고 맛깔스러운 음식이 끝없이 나온다.

전남 진도군 진도읍 남동1길 66
061-544-4449
주요음식 : 해물 요리

듬북갈비탕은 식재료와 조리법이 생소하지만, 전복비빔밥, 꽃게비빔밥은 조리법이 생소하다. 이외에도 몰무침, 해초된장국 등등 생소한 음식이 끝이 없다. 향토음식은 향토문화 이해의 지름길이다. 여행은

꽃게비빔밥

진도 특산 곱창김

몰무침

해초된장국

공부라는 명제가 음식에도 적용된다. 먹는 것이 여행이고 공부라니 누워 떡 먹기 공부 아닌가.

꽃게비빔밥, 상큼한 맛이 난다. 게살보다 향긋하고, 약간 새콤한 느낌이 나는 양념장이 특별하다. 전국 꽃게의 25%가 진도산, 그물이 아닌 통발로 잡으므로 스트레스가 덜해서 쫄깃한 맛이 난다. 전복비빔밥은 크막한 전복편이 탱탱하게 쫄깃거리는 식감으로 입맛을 확 돋운다. 짜지 않고 적당한 매운맛으로 풍미가 깊은 음식을 만든다. 내장도 함께 넣어서 제각각의 맛을 즐길 수 있다. 진도 전복은 특별히 육질이 단단하고 살이 통통하다. 울돌목같이 조류

가 강한 곳이 많아 단단해진 덕분이다.

비벼서 싸 먹으라고 내주는 진도 특산 김은 채취 시 모습이 곱창처럼 구불구불하다는 소위 곱창김이다. 두께가 일반 김의 두 배라 쫄깃쫄깃 씹는 맛이 좋고, 고소하며 김 맛이 곱절로 난다. 몰무침은 모자반류의 해초로 약간 탱글거리면서도 차분한 맛이 난다. 듬북이나 톳보다 더 부드러운 식감이다.

해초된장국은 가시리와 생김으로 만든 국, 식재료와 요리법이 모두 생소한 향토음식이다. 해초로 된 된장국이라니, 진도 미각기행은 된장의 재발견이기도 하다. 갈비듬북국도 된장기를 한다. 가시리는 뾰족

하고 가늘어서 세모(細毛)라고도 하는데 바위에 잔디처럼 돋아 숟가락 같은 걸로 긁어서 채취한다. 샐러드나 무침도 하는데, 된장국이 시원하다.

꼬막, 코다리조림, 갈치속젓, 재료는 익숙하지만 맛만은 특별하다. 표고 또한 진도 특산품, 해풍으로 향이 강해지고, 맛이 더 좋아진 특별음식이다. 김치는 사근사근, 채 익기 전인데도 개운하고 깊은 맛이 난다. 젓갈이 아닌 다양한 양념과 배추 덕이다.

남도에서 만나는 끝없는 식재료의 향연이 진도에 와서 정점을 이룬다. 음식으로 유명한 유럽의 나라들도 기가 죽을 거 같다. 진도길은 다도해의 아름다움을 만끽하면서 몽골 항쟁과 유배 문화, 소리에 그림까지 살피는 역사문화 기행이지만 아무래도 가장 중심축은 화려한 미각 기행이다.

함평

咸平

불갑산

월야면

●용천사

신광면   해보면

손불면

나산면

고산봉
▲

대동면

함평읍

엄다면   학교면

자산서원
●

지산서원

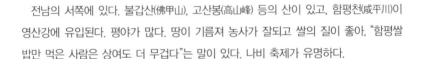

전남의 서쪽에 있다. 불갑산(佛甲山), 고산봉(高山峰) 등의 산이 있고, 함평천(咸平川)이 영산강에 유입된다. 평야가 많다. 땅이 기름져 농사가 잘되고 쌀의 질이 좋아, "함평쌀밥만 먹은 사람은 상여도 더 무겁다"는 말이 있다. 나비 축제가 유명하다.

함평 알기

미륵바위의 울음소리

대동면 덕산리에 아차동 마을이 있다. 오랜 옛날 이 마을에 비라도 내리는 음산한 밤이면 마을 옆 대밭에서 소름 끼치는 해괴한 울음소리가 들려오곤 했다. 마을 사람들이 불길한 징후라고 걱정을 하며 그 울음소리가 들려오는 대밭으로 가보았다. 대밭을 샅샅이 살펴보았으나 아무것도 없고 흡사 미륵과 같이 생긴 바위만이 덩그러니 서 있었다. 이상하다고 생각한 마을 사람들이 마을을 향해 돌아서려는 순간 또 한 차례 울음소리가 들렸다.

제일 나이가 많은 할아버지가 경건히 미륵바위 앞에 무릎을 끓고 앉더니 엎드려 두 손 모아 빌기 시작했다. "미륵할머니, 어리석고 죄 많은 저희 인간들을 가엾게 여기사 허물을 용서하시고 우시는 연유를 말씀해주시옵소서." 이렇게 빌고 나서 수없이 절을 하니 이상하게도 울음소리는 씻은 듯이 뚝 그쳤다.

그날 밤 그 할아버지 꿈에 미륵할머니가 나타나 말했다. "나는 너희 마을 지키는 미륵할머니니라. 너희는 나를 너무 푸대접했느니라. 너희에게 부탁이 있다. 나를 아늑한 자리에 집을 지어 안치해주면 너희 마을은 모든 재액이 없으리라."

다음 날 마을 사람들과 함께 미륵할머니 바위를 대밭에서 옮겨 좋은 자리에 제당을 지어 안치했다. 매년 음력 2월 초하룻날을 제사 날짜로 정했다. 그날은 온 마을에서 많은 음식을 장만해서 목욕재계하고 정성을 다해 제사를 모셔오고 있다. 그런 다음에는 아무런 재앙이 없다고 한다.

● 미륵을 마을의 신으로 모신 내력을 장황하게 설명했다.

불 막는 항아리

함평읍 서북쪽 함평만 갯가에 대전리라는 마을이 있다. 읍에서 이 마을에 십 리쯤 가면 옷밥골재가 있고, 재를 넘어가면 옷밥골 또는 식의동(食衣洞)이라는 곳이 있다. 산으로 둘러싸인 좁은 골짜기에 물이 좋고 땅이 기름져 흉년이 드는 일이 없기 때문에 옷과 밥은 걱정하지 않는다 하여 붙인 이름이다.

옛날 어느 노승이 함평에서 옷밥골재를 넘어와 좋은 절터를 찾고 있었다. 마을 뒤를 둘러싼 산의 형세가 좋아 보이므로 무릎을 치다가 자세히 지형을 살피더니 앞산마루에 화귀(火鬼)가 서려 있고, 저수지 동쪽의 뒷산 형국이 나빠 명당을 망쳤다고 탄식했다. 노승은 산으로 올라가는 재에 이르러 앞산마루를 쳐다보고 다시 계곡을 내려다보면서 엉엉 울었다고 한다. 그래서 그곳을 중울음재라고 부르게 되었다.

이런 이유에서 노승은 그곳에서 절터 찾기를 포기했다. 돌아서려던 노승이 마을을 내려다보더니, 마을의 한 노인에게 "이 마을은 계속 번창할 것이나 화재가 많은 것이 염려되고, 계곡에서 자살하는 사람이 많이 나올 것이다"라고 알려주었다. 이 말을 들은 노인이 노승에게 애원하며 액을 막을 방법을 물었다.

노승이 마을 건너편을 가리키며 말했다. "저기 보이는 수문 위의 산마루에 커다란 항아리를 세 개 묻고, 그 항아리에 바닷물과 우물물을 반반씩 넣고, 흙을 덮어서 무덤처럼 해두었다가 불이 나거든 열어보라." 이 말을 들은 노인은 마을 회의를 열어 이 사실을 모든 사람들에게 알렸다. 물 항아리를 사 오는 일은 웃대미 마을에서, 뚜껑을 만드는 일은 아랫대미 마을에서, 항아리를 묻는 일은 동그대미 마을에서 맡기로 했다. 항아리를 묻는 날은 정월 대보름 당제가 지나고 좋은 날을 가려 하기로 했다. 이때부터 불을 막는다는 뜻의 불맥이제 풍속은 시작되었다.

그 뒤부터는 불이 나는 횟수가 적어졌으나, 중간마을 동그대미에서 불이 나 열어보니 가운데 항아리만 물이 말라 있었다. 아무리 살펴봐도 깨진 곳이 없었다. 다시 물을 채우고 묻어두었으나 아랫마을에서 불이 나 열어보면 다시 아래쪽 항아리만 물이 없어져 있었다. 윗마을에서 불이 나 열어보면 역시 위쪽 항아리만 물이 없어져 있었다. 마을 사람들은 비로소 동쪽의 제일 위쪽 항아리가 웃대미 마을 것이고, 가운데 것이 동그대미 것이며, 아랫것이 아랫대미 것임을 알게 되었다. 항아리 물이 없어지면 그 항아리와 관련된 마을에 불이 난다고 믿게 되었다.

그 뒤부터 음력 2월 1일 오전에 정결한 제주를 골라 제를 지내고 농악을 울리며 물항아리를 열어보았다. 물이 없어진 항아리가 있는지 살펴보고 물이 많이 줄어든 항아리는 미리 준비한 바닷물과 우물물을 반반씩 섞어 채웠다. 그 마을은 특히 그해에 화재를 조심하도록 경고했다. 특히 그날은 제물을 많이 마련해 이곳을 지나는 행인들에게까지 음복을 시키며 큰 잔치를 벌였다.

야산이었던 곳을 개발했으나 물항아리가 묻힌 8평가량은 그대로 두었
다. 1미터 간격으로 묻은 항아리에 넉 되씩 물을 채우고 뒤 석판으로 뚜껑
을 씌우고, 항아리와 석판뚜껑 사이는 진흙으로 메웠다. 그 석판 위로 70
센티가량은 흙으로 덮어놓았다.

● 화재를 방지하는 불맥이제가 시작된 내력 설명이다. 마을 제사의 유
래에 관한 이야기는 섬기는 대상이 보인 이적을 알려주면 할 일을 다 하므
로 복잡한 사건은 없는 것이 예사이다. 예사 전설과는 다른 특별한 갈래로
분류하는 것이 마땅하다.

승천 못한 이무기의 저주

학교면 석정리 고문산에 사람이 하나 들어갈 만큼 굴이 뚫려 있었다. 그
굴에는 옥황상제의 노여움을 사서 지상에 내려 온 백 년 묵은 이무기 한
쌍이 살고 있었다. 본래 용이었던 이무기 부부는 이 호수에 나와 목욕재계
하고 다시 용이 되기를 옥황상제께 빌었다. 그 정성이 지극하여 마침내 옥
황상제의 윤허가 있어 승천하기에 이르렀다.

우레가 번득이며 소낙비가 쏟아지는 어느 날 숫용이 먼저 하늘로 승천
했다. 마을의 부정한 여인이 깜짝 놀라 소리치자 암용은 그만 승천하지 못
하고 땅에 떨어져 죽고 말았다. 그 뒤 이 마을은 질병이 끊어지지 않았으
며 가뭄 때문에 흉년을 면할 수 없게 되었다.

마을 사람들은 이를 암이무기의 저주라고 믿어 용신당을 짓고 용신제
를 지냈다. 그 뒤부터 가뭄을 면할 수 있었다. 용이 승천하던 그 강을 용연

이라고 하고, 그 강변 마을을 용호마을이라고 부르게 되었다.

● 여인이 보고 소리를 질러 승천하던 용이 떨어져 죽었다는 이야기는 여러 곳에 있다. 여인은 경망스러워 일을 망친다고 하는 일반적인 인식에다 이 이야기에서는 '부정'하다는 것까지 보태, 과오가 더욱 치명적이게 만들었다.

떨어져 죽은 용은 암용이다. 숫용은 아무 지장 없이 승천하고 암용만 떨어져 죽어 저주를 해서 재앙을 일으켰다. 사람뿐만 아니라 용조차도 여자 쪽에 문제가 있다고 했다. 저주를 풀고 재앙을 멈추게 하는 마을 사람들은 남자일 것이다. 허황되다고 할 수 있는 이야기에 성차별의 문제가 심각하게 나타나 있다.

들판을 바다로 바꾼 운림처사

대동면 운교리에 운림이라는 마을이 있다. 옛날 이 마을에는 도술을 부리는 운림처사라는 분이 살고 있었다고 한다. 운림처사는 9척 장신 풍채 또한 우람해 보는 이로 하여금 감히 접근하기가 두렵게 했다.

임진왜란을 겪고 정유재란이 일어나자 왜병들이 함평 고을에도 물밀듯이 쳐들어왔다. 함평 고을을 휩쓸고 기산을 가로질러 대동면으로 진출하려고 했다. 이 사태를 미리 짐작한 운림처사가 마을 앞의 들을 바다로 만들어 왜병을 막았다.

왜병들은 깜짝 놀랐다. 방금까지도 눈앞에 넓은 들이 펼쳐져 있었는데 어느새 바다가 되어 있으니 놀라지 않을 수가 없었다. 왜병들이 망설이는 틈을 타서 운림처사는 마을 주민들을 모두 안전한 곳으로 피난시켰다.

왜병들은 괴이한 일이라고 생각하였으나 어찌할 수 없이 막무가내로 바다를 향해 말을 달렸다. 이게 웬일인가. 그 푸른 바다에서 먼지가 일고, 말을 탄 왜병들은 무난히 마을에 이를 수가 있었다. 그때서야 왜병들은 운림처사의 도술임을 깨닫고 운림처사를 찾았으나 간 곳이 없고 마을 사람들도 발견할 수가 없었다.

● 운림처사의 도술이 이것뿐인가?

효성스런 부부, 동자삼을 얻다

먼 옛날 신광면 계천리에 효성이 지극한 부부가 홀어머니를 모시고 살았다. 노모는 병을 앓아 누워 있으면서 망령이 들어, 하나밖에 없는 어린 손자가 눈에 보일 때마다 개로 보였던지 잡아먹고 싶다고 했다. 부부가 의논해 홀어머니의 여한을 풀어드리기 위해 사랑스런 자식을 어머님께 바치기로 했다. 참으로 비장한 결단이었다. 차마 못할 짓인 줄 알면서 창자를 끊는 아픔을 누르고 귀여운 아들을 솥에 넣고 불을 지피다가, 솥뚜껑을 열어보니 아이는 간 곳이 없고 거기에 커다란 동자삼 한 뿌리가 삶아져 있었다.

불가사의한 기적이 일어났다. 그때 마침 죽은 줄만 알았던 아들이 마을에서 놀다가 돌아오면서 어머니를 부르지 않겠는가. 부부는 너무도 감격해서 아들을 안고 한참 울었다. 효심에 감동한 하늘이 아들을 동자삼으로 바꿔놓은 것이다. 그 동자삼을 잡수신 어머니는 병이 나아서 오래오래 살았고, 그 효자 부부도 귀여운 아들을 데리고 행복하게 살았다고 한다.

고을 원이 이 사실을 알고, 효행은 갸륵하나 인명을 소홀히 한 죄도 묵과할 수 없다 해서 백비(白碑)를 세웠다. 신광면 계천리 계월 마을 앞 장산 들 논두렁에 있던 백비를 1987년 5월에 사동 입구로 옮겨놓았다.

● 효성이 지극하면 하늘이 돕는다고 하던 무지몽매할 때의 이야기이다. 하늘이 잠깐 실수를 했으면 어떻게 될 뻔했나. 자식을 죽여 어머니 먹거리로 바치려 한 것이 묵과할 수 없는 죄라고 한 고을 원이 올바른 판단을 했다.

항일의병 시인 심남일

심남일(沈南一)은 함평 출신이고, 본명은 수택(守澤)이다. 의병장으로 나서면서 남일이라는 호를 사용했다. 1907년(융희 1)에 정미의병으로 거병해 이듬해에 대단한 전과를 거두다가, 밀고자 때문에 야습을 당해 패배하고 몸을 숨기고 있다가 사로잡혀, 광주를 거쳐 대구 감옥으로 끌려가 살해되었다.

「심남일실기(沈南一實記)」에 1908년(융희 2) 3월 7일에서 이듬해 5월 12일까지의 「접전일기(接戰日記)」 등의 자료와 함께 시가 아홉 수 수록되어 있다. 싸움에 나섰을 때 세 수, 감옥에 들어간 뒤에 여섯 수를 지었다. 앞뒤를 연결시켜보면 서사시와 같은 흐름을 이룬다. 먼저 의병으로 나서면서 지은 「정미거사시유감(丁未擧事時有感)」을 보자.

산림의 선비가 갑옷을 떨쳐입고,　　　　　　　林下書生振鐵衣
바람을 타고 남쪽으로 말을 달린다.　　　　　　乘風南渡馬如飛
오랑캐를 모두 다 쓸어 없애지 못한다면　　　　蠻夷若未掃平盡

백사장에서 한번 죽고 돌아가지 않으리.　　　　　　　一死沙場誓不歸

　왜적 오랑캐를 무찌르겠다는 오직 한 가지 목표를 향해서 매진하며 목숨을 바칠 따름이라고 하면서 말을 달렸다. 머물러 쉴 때 지은 두 번째 작품에서는 꾀꼬리가 날고, 능수버들이 늘어진 봄날의 경치로 희망을 나타내면서, 철마(鐵馬)가 용솟음치는 크나큰 비약을 염원했다. 일이 뜻대로 되지 않아 군사들과 헤어져야 할 때의 통탄스러운 마음을 읊은「고인동산군(古引洞散軍)」에서는 "秋風將卒泣相離 古引山前馬去遲(가을바람에 울면서 장졸이 헤어지니, 고인산 앞으로 말도 더디게 간다)"고 했다.

　세 수에서 모두 등장하는 말이 시기에 따라서 모습을 바꾸었다. 장수가 나면 용마가 난다고 하지 않았던가. 심남일이 한창 승리할 때에는 용마를 타고 뛰어오른다는 동요가 퍼졌다고「접전일기」에 적어놓은 것을 기억하면서 읽으면 뜻이 더욱 깊어진다. 그런데 용마를 탄다던 장수가 사로잡혀 비극적인 최후를 맞이했다.

　광주 감옥으로 이감되었을 때 지은「이수광옥(移囚光獄)」에서는 고개를 들면 보이는 풍경마저 대할 면목이 없다고 했다. 함께 수감되었던 동지와 헤어지면서, 비바람 치는 세상에서 형제로 지냈는데 이제 어딘지 모르는 곳으로 가니 무슨 죄를 지었다고 그런 형벌을 내리는가 하고 탄식했다. 원수를 몰아내지 못하고 헛되이 가는 것이 안타깝다고,「대구담판(大邱談辦)」에서 말했다.「결고국강산(訣故國江山)」이라고 한 영결시는 다음과 사연으로 이루어져 있다.

　　　문명의 해와 달이 밝은 이 강산이　　　　　　　文明日月此江山
　　　홀연 비린내 나는 먼지 들어와 어두워진다.　　忽入腥塵晦瞬間

다시 개는 것을 못 보고 지하로 돌아가니,　　　　　　　　未覩一晴歸地下
천추의 한으로 핏자국이 푸르게 변하리.　　　　　　　　千秋化碧血痕斑

　문명의 해와 달이 밝은 강산이라고 한 조국이 짓밟히는 것이 안타깝다고 했다. 광복을 보지 못하고 세상 떠나는 것이 원통하다고 했다. 그런 말을 깊은 감동을 줄 수 있는 표현을 갖추어 나타냈다. 다듬을 겨를이 조금도 없는 상황에서 이런 명시를 쏟아놓아 영웅이기 이전에 시인이었음을 알려준다.

함평 즐기기

화랑식당 육회비빔밥

함평시장 안 소문난 함평 비빔밥 거리의 화랑식당에서 육회비빔밥을 먹는다. 함평의 특산물 한우를 재료로 한 한우육회비빔밥, 한우로 다 채우기 어려워 돼지고기 비계를 삶아 넣은 육회비빔밥이 함평 명물로 떠오르며 일대가 비빔밥 거리가 되었다. 비빔밥은 말할 것도 없고, 묵은 김치가 압권이었다.

전남 함평군 함평읍 시장길 96
061-323-6677
주요음식 : 육회비빔밥

시장통에 묵은 맛집 분위기가 뚝뚝 듣는 식당이다. '언능 오시오' 문앞의 문구 명령대로 다행히 '언능' 들어가 앉으니 먼저 상에 선짓국이 오른다. 평소에는 길게 늘어선 손님 줄 때문에 절대로 명령처럼

육회비빔밥

'언능' 들어올 수 없다는 집에 오늘은 운 좋게 언능 들어와서 선짓국부터 받는다. 맑은 선짓국, 국물이 시원하기 이를 데 없으면서 깊고 맛있어서 단맛이 느껴질 정도인데, 차례로 오르는 찬은 점입가경, 더욱 만만하지 않은 맛을 자랑한다.

아, 전라도다. 안도와 기대와 편안함이 한술 국물 맛과 함께 밀려온다. 이어 오르는 본요리 비빔밥이 놋그릇에 담겨 화려한 색채와 모양새를 자랑한다. 전주 성미당이나 가족회관 비빔밥을 보는 듯도 하다. 그보다 훨씬 투박하지만 훨씬 오만한

선짓국

행색이다.

특비빔밥은 육회를 맨 위에 얹어 화려함을 더 강조했다. 황청백적흑, 오방색이 선명한 음식이 모양새만 아니라 맛도 오만하다. 또렷한 각자의 맛들이 어울려 느끼하지 않고, 개운하고 풍성한 맛을 만들어낸다. 우선 신선한 끈기로 육회가 혀에 착착 감긴다. 함평한우는 고기를 담은 접시를 기울여도 떨어지지 않을 정도로 고기가 차진 것으로 유명하다. 차진 맛이 부드러우며 쫄깃한 맛이 그대로 감지되어 그 유명도를 체감할 수 있다.

특은 육회의 양이 많아 마지막 숟갈까지 먹을 수 있다. 생육회가 부담스러우면 소고기를 익혀달랄 수도 있다. 양념고추장이 따로 나오지만, 되도록 양념과 거섶 제 몸에서 나오는 맛을 즐기는 것이 고유한 맛에 접근하는 방법이다. 거섶만으로 전체 간이 어지간히 맞기 때문이다. 선지에 육회에 비계채에 식재료가 매우 강렬한 남성적 음식이다. 비싼 소고기 육회만으로 양을 채울 수 없어 비계를 더하기 시작했다는 것이 이제는 함평 비빔밥의 특색이 되어 버렸다. 기름을 빼내 비계가 느끼하지 않고, 맛을 풍부하게 더해준다.

다음 명물은 묵은지이다. 신맛이 개운하게 몸을 감싼다. 배추 결이 그대로 살아 있고, 선명한 붉은 색이 입맛을 돋운다. 젓갈 맛은 강하지만 신맛에 눌려 개운하고 깊은 맛에 묻힌다. 김치를 한 입 물고, 눈물이 확 나올 뻔했다. 전라도 음식이 예술이 되는 순간이다. 묵은지 맛을 만들도록 지원해온 전라도 맛쟁이들이 바로 최고의 예술을 키워낸 생산자이자 향유자이다. 덕분에 공 없는 나그네가 숟가락 얹고 전주비빔밥만한 명물을 감상한다.

해남

海南

화원면
산이면
일성산 ▲
계곡면
문내면
마산면
황산면
해남읍
옥천면 녹우당
삼산면
화산면
대흥사
현산면
북일면
송지면
미황사
북평면

보길도 ▲

해남 미황사

　전남 서남쪽 남해변에 있다. 일성산(日星山) 남쪽으로 화원(花原)반도가 펼쳐져 있는 평야지대이다. 해안선이 복잡하고 길다. 간척공사로 면적이 넓어졌다. 땅끝마을이 관광지로도 유명하다. 대흥사(大興寺)가 오래되고 큰 절이다. 윤선도(尹善道)의 고장이다.

해남 알기

대흥사 이모저모

천년수와 미륵상

아주 옛날 옥황상제가 사는 천상의 천동(天童)과 천녀(天女)가 죄를 짓고 하늘에서 쫓겨났다. 다시 하늘로 올라갈 수 있는 방법은 한 가지밖에 없었다. 하루 만에 바위에다 불상을 조각하는 것이었다. 지상으로 쫓겨난 천동과 천녀는 불상을 조각하기 어렵다는 것을 깨닫고 해가 지지 못하도록 두륜산 대흥사 만일암(挽日庵, 해를 당기는 암자)터 앞 천년수(千年樹)에 끈으로 해를 매달아놓고, 천녀는 북쪽 바위인 북미륵암(北彌勒菴)에 좌상(坐像)의 불상(佛像)을, 천동은 남쪽 바위인 남미륵암(南彌勒庵)에 입상(立像)의 불상을 조각하기 시작했다.

천녀는 앉은 모습의 미륵불을 조각하였기 때문에 서 있는 모습의 미륵불을 조각하는 천동보다 먼저 불상을 조각하였다. 미륵불을 조각해놓고 한참을 기다려도 완성하지 못하는 천동을 기다리다 못해, 천녀는 빨리 올라가고 싶은 욕심으로 그만 해를 매달아놓은 끈을 잘라버리고 혼자서 하늘로 올라가버렸다. 천동은 영원히 하늘로 올라가지 못하고, 이 미륵도 미

완성으로 남게 되었다고 한다.

천년수는 둘레가 9.6미터, 높이는 22미터인 느티나무이다. 수령은 1,200~1,500년인 것으로 추정된다.

● 하늘로 올라가고 싶으면서 올라갈 수 없다고 여기는 마음을 함께 나타냈다.

대흥사를 읊조리다

대둔사에서 놀며(遊大屯寺次楣上韻)	윤선도(尹善道)
절간에 도착하니 해가 지려 하는데	到寺日將暮
맑은 유람의 뜻은 줄어들지 않는다.	淸遊意未衰
물소리는 다락에 올라도 들리고,	水鳴登閣處
구름은 섬돌에 앉아도 일어난다.	雲起坐階時
소나기가 나그네 발길 머물게 하고,	白雨留佳客
청산이 작은 시 지을 거리 제공한다.	靑山供小詩
흐뭇해서 돌아갈 생각이 없어지고,	團欒歸思絶
술잔을 잡고 대지팡이 버리네.	把酒捨筇枝

● "大屯寺"는 대흥사(大興寺)의 다른 이름이다. 세 수인데 한 수만 든다. 절에서 즐기는 산수가 좋아 돌아오고 싶지 않다고 했다.

표충사(表忠祠)	황현(黃玹)
성조에서 부처를 섬기지 않았건만,	聖朝不佞佛
예전에는 없는 인물 얻었네.	得人於古無
한 방 사당에 스승과 제자 삼인,	一室三師弟

참으로 불가의 대장부구나.　　　　　　　　　　空門大丈夫
바람 부는 처마엔 흰 박쥐가 날고,　　　　　　風簷仙鼠白
비 스친 벽 위엔 괴송이 말랐구나.　　　　　　雨壁怪松枯
가을 산 밖에서 눈물을 뿌리노니　　　　　　　灑淚秋山外
흐리멍덩 썩은 선비가 부끄럽다.　　　　　　　芒芒愧腐儒

● "表忠祠"는 대흥사(大興寺) 경내의 전각이다. 임진왜란 때 의병 활동으로 공을 세운 고승 휴정(休靜), 유정(惟政), 휴정의 제자인 처영(處英)의 초상을 봉안하고 관(官)에서 봄가을로 제관(祭官)을 보내 제사를 지냈다. "聖朝"는 성스러운 조정이다. "괴송이 말랐구나"는 오랜 세월이 흘렀다는 말이다. 일본의 침략으로 국권 상실의 위기가 나타난 고종 33년(1896)에 지은 시이다.

산을 깎은 현감

해남은 예전에 토호의 세도가 높아 현감이 기를 펴지 못했다고 한다. 역학에 능통한 김서구라는 사람이 현감으로 부임해 이 문제를 해결했다는 이야기가 있다. 김서구가 해남의 진산 금강산에 올라가 땅의 모양을 살펴보니, 해남읍 남송리에 있는 호산은 현무의 형상이고, 아침재와 우슬재는 각각 백호와 청룡 형상을 띠고 있었다.

해남 사람들이 유난히 거센 것은 이러한 형국의 모양이 좋기 때문이라고 보고, 호산과 우슬재를 3자 3치씩 깎아내렸다. 그 뒤에는 현감의 권위를 세울 수 있었다. 그 때문인지 해남에서는 출중한 인물이 배출되지 않고, '해남 물감자'나 '해남 풋나락'과 같이 그다지 명예스럽지 못한 명칭이 붙어 있다.

● 산을 깎아 토호를 누르니 인재가 나지 않는 것이 당연한 귀결이다.

명지관 이의신

명지관으로 유명한 실제 인물 이의신(李懿信)의 소년 시절 이야기가 있다. 이의신은 이목이 수려하고 머리가 좋아서 하나를 들으면 열을 알 정도로 인근에 이름이 났으나, 정실 소생이 아니었기 때문에 차별을 받았다.

어린 이의신은 마산면 맹진에 있는 집에서 열 길 벼랑을 낀 둠벙 샘거리를 지나서 서당엘 다녔다고 한다. 저녁을 먹고 밤공부를 하기 위해 둠벙 샘거리를 지나는데 아리따운 소녀가 길을 막고 서 있었다. 놀라서 몸을 뒤로 물러서려 하자, 소녀가 입에 입술을 대고 이 입술 저 입술 매끄럽고 향기로운 구슬을 희롱했다.

이 일이 있은 뒤 의신은 저녁마다 소녀를 만나게 되었고 꿈같은 시간에 취해 보내게 되었다. 그런데 소녀를 만난 후부터 몸이 파리하게 야위어갔다. 의원조차도 소년의 몸의 병명을 알지 못해 손을 쓸 수 없었다.

그러던 어느 날 하루는 서당 훈장이 의신을 불러 말했다. "의신아, 내가 너의 거동을 살폈더니 저녁이면 너를 희롱하는 소녀가 있는데 그 소녀는 여의주를 머금은 백년여우가 분명하다. 그 여우는 너의 정기를 마지막으로 넘기면 사람이 되는 날이 되고 너는 죽게 될 것이다. 내일 그 소녀를 만나면 구슬이 입안에 왔을 때 입에 물고 나에게로 달려오너라. 그러면 내가 너를 살릴 수 있을 것이다."

다음 날도 의신은 소녀를 만났다. 소녀는 다른 날보다도 더 초조해하면서도 의신을 더욱 알뜰히 애무하는 것이었다. 의신은 이때 스승이 한 말이 생각나 정신이 번쩍 들었다. 구슬이 아직도 입안에 있는 것을 깨달았다.

정신을 차린 의신은 소녀를 힘껏 떠밀어버리고 죽을 힘을 다해서 뛰기 시작했다. 뒤에서는 소녀가 슬피 울며 뒤를 쫓아왔다. 의신은 정신 없이 뛰어 서당 마당까지 이르렀다.

의신은 너무 다급히 뛰어오느라 디딤돌에 걸려 앞으로 넘어졌다. 그 통에 의신은 입안에 물고 있던 구슬을 꿀꺽 삼켜버리고 말았다. 이때 스승이 이 광경을 보고 "하늘을 보고 구슬을 삼켰으면 하늘과 땅의 진리를 깨닫는 인물이 되었을 텐데 땅만 보아서 명지관 하나만 얻게 되었구나" 하고 한탄했다. 구슬을 찾기 위해 쫓아오던 소녀는 늙은 여우가 되어 펑펑 눈물을 흘리면서 울었다.

이의신은 장성해서 학문과 문장이 높았으나 서얼 출신인 때문에 관직에 나아가지 못하고, 팔도를 떠돌아다니면서 명지관 노릇을 했다.

● 여우구슬을 삼켜 총명하게 되었다는 이야기에다 서자의 설움을 보탰다.

명의 이진원

마산면에 수궁에서 벼슬한 이진원이라는 의원의 전설이 있다. 이진원은 의술이 뛰어나 병을 고치려고 찾아오는 사람들이 많았다. 하루는 보기 드물게 화려하고 속이 비치는 긴 옷을 입은 사람이 종자와 함께 와서 진원에게 의술을 청했다.

진원이 사랑방으로 들라고 하니, 한 시가 급하다고 하면서 올라오지를 않고 찾아온 연유를 말했다. 자기는 수궁의 사자인데 어른을 수궁에 모시라는 용왕의 명을 받고 나왔다고 했다. 진원은 "땅에 사는 사람이 어떻게 수궁에 가서 의술을 펼 수 있겠느냐"고 말했다. 그러자 수궁 사자는 "용왕의 병이 위독하여 어른이 아니고서는 고칠 사람이 없다"고 간곡히 부탁했다. 용왕의 병이 매우 위중함을 알게 된 진원은 수궁 사자를 따라 수궁에 들어갔다.

수궁에 들어간 진원은 이모저모 용왕의 병세를 살폈으나 병의 근원이 어디에 있는지 알 수가 없었다. 수심에 잠긴 진원을 보고 용왕은 다 죽어가는 목소리로 "나를 고치지 못하면 너도 죽을 수밖에 없으니 알아서 하라"고 했다.

진원은 다른 곳은 다 살펴보았으나 용왕의 입을 살펴보지 않은 것을 깨달았다. 급히 용왕의 침상으로 다가가 용왕의 큰 입을 벌려보았다. 그러자 땅의 질경이풀이 깊은 물속에까지 내려와 용왕의 아가미에 붙어 무성하게 뿌리를 내리고 있는 것을 알았다. 진원은 용왕에게 이 질경이풀을 죽이려면 백마의 오줌을 뿌려야 한다고 했다.

그리고 급히 수궁을 나온 진원은 백마의 오줌을 얻어 돌아와 용왕의 입에 뿌렸다. 그러자 용왕은 거짓말처럼 일어나 용상에 앉았다. 용왕은 기뻐서 수궁에서 제일 높은 벼슬을 주겠다고 했다. 그러나 진원은 그 호의를 사양하며 나가게 해주는 것이 최고의 벼슬이라고 말해 돌아왔다고 한다.

● 기상천외의 처방으로 용왕의 불치병을 일거에 치료한 놀라운 명의가 높은 벼슬을 하면서 우쭐대려고 하지 않고, 집으로 돌아와 예사 사람으로 범속하게 살아가는 것이 더 좋은 줄 알아 다행이라고 했다. 기적 같은 방법으로 벼락출세를 하겠다는 꿈이 허황되다고 깨우쳐주려고 그 공간을 용궁으로 설정했다고 할 수 있다.

열녀와 호랑이

현산면 두모리에는 진도 고군면 원포가 친정인 김철산의 처 나주 임씨
의 정절과 효성을 기리기 위해 세운 정려가 있다. 임씨는 15세에 해남 두
모 마을로 시집을 왔다. 그러나 안타깝게도 남편이 병에 걸려 일찍 죽고
말았다. 앞으로 살아갈 일이 막막하기만 했다. 또한 시아버지는 앞을 보지
못하는 맹인이었다. 그러나 임씨는 실망하지 않고 정성껏 시아버지를 봉
양하며 살았다.

이 소식을 전해 들은 진도의 친정 부모는 딸을 개가시키기 위해 병세가
위급하니 급히 다녀가라며 딸을 불렀다. 임씨가 친정에 도착해보니 병석
에 누워 있어야 할 부모는 아무렇지도 않았다. 그리고 오히려 딸에게 개가
할 것을 권유했다. 그러나 임씨는 맹인인 시아버지가 홀로 집을 지키고 있
으니 돌아가서 봉양을 해야 한다며 친정집을 떠났다.

딸의 뜻을 바꿀 수 없음을 안 친정집에서는 마을의 청년들을 동원하여
강제로 붙잡아 데려오려고 뒤를 쫓아왔다. 앞에는 바다가 가로놓여 있어
서 더 이상 도망갈 수도 없었다. 다급해진 임씨는 천지신명께 저 바다를
건너가게 해달라고 간절히 빌었다.

그러자 갑자기 호랑이가 나타나 꼬리를 흔들며 등에 타라는 몸짓을 했
다. 임씨가 등에 올라타자 호랑이는 헤엄을 쳐 바다를 건너가게 해주었다.
이 호랑이는 임씨가 키우던 개가 호랑이로 변하여 돌아오게 했다는 말이
전한다. 임씨는 이후 평생 정절을 지키며, 맹인인 시아버지를 모시고 살다
죽었다고 한다.

● 열녀라고 칭송할 만한 행실이다.

해남 보기

유네스코 문화유산 대흥사

대흥사는 전라남도 해남군 삼산면 구림리 두륜산 기슭에 있다. 사적 제 508호. 대한불교 조계종 제22교구 본사로, 과거에는 대둔사로 불렸으나 근대 초기에 와서 대흥사로 그 이름이 바뀌었다. 신라시대에 개창된 대흥 사는 조선의 구국 승장 서산대사(1520~1604)가 입적한 후 그의 유언에 따 라 가사와 발우, 유물들을 이곳에 옮겨온 것을 계기로 사액사당 표충사(表忠祠)가 건립되고 왕실로부터 호국 사찰로 인정을 받으면서 크게 융성했 다. 2018년 6월에 '산사, 한국의 산지 승원'이라는 명칭으로 통도사 · 부석 사 · 봉정사 · 법주사 · 마곡사 · 선암사와 함께 유네스코 세계문화유산에 등재되었다.

대흥사 권역은 금당천을 경계로 크게 북원과 남원, 그리고 별원의 세 구 역으로 나뉜다. 북원에는 주불전인 대웅보전을 중심으로 명부전 · 응진 전 · 산신각 · 백설당 · 대향각 · 청운당 · 선열당 · 침계루가 제자리를 지 키고 있다. 대웅보전에는 조선 후기에 제작된 목조삼존불(석가불 · 아미타 불 · 약사불)(보물 제1863호)과 광무 연간에 조성된 후불탱화, 그리고 감로 ·

대흥사 대웅보전   천불전 내부

삼장·신중·칠성 등 다양한 탱화가 봉안돼 있다. 응진전에는 석가삼존불을 중심으로 16나한상이 봉안돼 있고 전각 앞에 삼층석탑(보물 제320호)이 서 있다.

남원 구역의 대표적 전각은 천불전(보물 제1807호)이다. 1813년에 중건되었으며, 내부에 천불상이 봉안돼 있다. 천불전 좌우에는 불경을 공부하는 학승들의 공간인 용화당과 강사의 거처가 있고, 정면에 가허(駕虛)라는 이름의 누각이 서 있다. 남원에서 다소 떨어진 위치인 별원에는 표충사·대광명전·성보박물관이 자리 잡고 있으며, 이 중 표충사는 대흥사의 중흥과 밀접한 관련이 있는 유교식 사당으로 다른 사찰에서 보기 드문 전각이다.

구국의 승장 서산대사와 대흥사

법명이 휴정, 혹은 청허(淸虛)인 서산대사는 대흥사 중흥 발전에 크게 이바지한 분이다. 장기간 은둔 수행했던 곳이 묘향산이고, 이 산이 한반도

서쪽에 있어 사람들은 서산대라 불렀다. 서산대사는 청년기에 성균관에서 공부하면서 여러 차례 과거에 응시했으나 그때마다 떨어져 낙심하여 산천을 떠돌다가 지리산에서 불교를 만나게 된다. 종전의 학식이 한낱 허명에 불과한 것임을 깨닫고 불문에 들어가 숭인(崇仁) 장로 밑에서 삭발하고 영관대사(靈觀大師)에게서 교법을 배웠다. 서른 살에 선과(禪科)에 합격하여 선교 양종의 판사를 겸했지만, 이 또한 출가의 본뜻이 아님을 깨닫고 어느 날 문득 모든 것을 버리고 다시 금강산으로 들어가 은거했다.

임진왜란이 발발했을 때, 의주로 피신한 선조는 서산대사에게 의승군 총사령관인 팔도십육종선교도총섭(八道十六宗禪敎都摠攝) 벼슬을 내려 국난 극복을 위해 힘써 주기를 부촉한다. 이에 스님은 적극적으로 응하여 전국 승도들을 모아 명나라 군사를 도우면서 왜적에 대항했다. 서경이 회복되고 왜군이 남쪽으로 달아나자 승병은 송도까지 추격했다. 그러나 연로한 스님은 뒷일을 유정(惟政), 처영(處英) 등 문도들에게 맡기고, 총섭 인장도 반납한 후 예전의 묘향산으로 다시 들어가 은거하다가 입적했다. 입적한 후 그의 유언에 따라 평소에 사용하던 가사, 발우와 유물들이 대흥사로 옮겨졌다. 이를 계기로 대흥사는 서산대사와 밀접한 관련을 맺게 되면서 국가의 후원을 받는 사찰로 거듭나게 된 것이다.

불전 사이에 자리 잡은 유교 사당 ─ 표충사

표충사(表忠祠) 영역은 사당과 이를 중심으로 한 좌우의 표충비각과 조사전, 그리고 정면의 삼문(三門), 삼문 밖의 의중당(義重堂, 당시 6군의 군수가 봄·가을로 표충사에 제사 지낼 때 가지고 온 제물을 차리던 곳)과 앞쪽 중문인 예제문, 정문인 호국문으로 구성되어 있다. 표충사 건물 어간(御間) 상부에 정조 13년(1789)에 정조가 하사한 '表忠祠(표충사)', '御書閣(어서각)' 편액이

표충사　　　　　　　　　　　　　　　서산대사 영정

걸려 있다.

　사당 안에 서산대사 진영과 함께 제자 사명대사와 처영대사의 진영이
봉안되어 있지만, 표충사는 불교 종파를 연 조사(祖師)나 대종사를 숭모하
고 그의 사상과 행적을 따라 배우기 위해 설치한 조사전, 혹은 국사전과는
성격을 달리한다. 임진왜란의 치욕을 겪은 조선 조정의 관점에서 볼 때 서
산대사는 구국의 명장이자 공신(功臣)이다. 그래서 그 공적과 충(忠)의 실
천을 칭송하고 영원히 기억하기 위해 표충사를 짓고 영정을 봉안한 것이
다. 이것은 나라에 큰 공을 세운 조정 공신의 위패를 종묘 경역에 배향하
고 불천위로서 제사하는 것과 같은 것이다. 임진왜란이 국가적으로 불교
에 대한 인식을 바꿔놓은 것이다.

꼭 들러봐야 할 일지암과 북미륵암 마애여래좌상

　일지암은 초의선사(1786~1866)가 중년 이후 40여 년간 차 생활과 참선

수행에 전념했던 곳이다. 현재 '一枝庵(일지암)' 편액이 걸린 정자형 건물은 1980년 한국다인회 회원들이 선사를 기리기 위해 복원한 것이다. 그전에는 산비탈 샘에서 물이 흘러나와 부근이 항상 습기로 젖어 있었다고 한다. 대흥사를 거쳐 간 훌륭한 스님들이 많지만, 초의선사는 특히 차와 불교의 선(禪)을 연결

북미륵암 마애여래좌상
(보호각이 철거된 상태)

해 다선일여(茶禪一如) 사상을 제시하고 총림의 끽다거(喫茶去) 전통을 확립한 것으로 유명하다. 다선일여는 불교 사상과 관련된 개념이지만, 초의선사가 복원한 선차(禪茶)는 당시 세속 식자들의 차에 관한 관심과 음다의 욕구를 부추기는 데 큰 역할을 했다. 중국 문인들의 차 문화를 자주 접했던 추사 김정희의 차에 대한 안목과 다산 정약용, 자하 신위 등 유학자들과의 사적 교류도 차 문화를 일으켜 정립하는 데 큰 몫을 했다. 사찰에서는 매년 초의선사의 입적일을 기해 초의제를 지내고 있다.

대흥사 불적(佛蹟)을 찾아온 사람이라면 북미륵암 마애여래좌상(국보 제308호)을 반드시 친견할 것을 권한다. 거불(巨佛)에 해당하는 이 마애불상은 암벽이 아닌 독립된 바위 한 면을 정리하고 본존과 공양 보살을 부조한 형태로 돼 있다. 본존은 연화좌에 가부좌를 틀고 앉아 항마촉지인을 결한 모습이다. 여느 마애불과 달리 적절한 입체감을 유지하면서 높은 품격과 탁월한 종교성을 보여준다. 경주 석굴암 본존불을 연상케 하는 상호 표현

부도전   서산대사탑

과 정세 유려한 의습의 선묘는 보는 이로 하여금 석불이라는 것을 잠시 잊게 한다.

용화전은 법당이라기보다 큰 보호각에 가깝다. 보호각은 이전에도 있었지만, 그것은 본존불만 드러나 있는 작은 규모였다. 1985년 4월, 이 작고 낡은 보호각을 개축하기 위해 허물었을 때 뜻밖에도 지금까지 가려져 있던 두 공양 보살상이 자애롭고 아름다운 자태를 드러냈다. 마애불의 완전한 전체 모습이 세상에 나타나는 극적인 순간이었다.

선승의 묘탑 — 부도

부도전은 일주문을 지나 오른쪽 산기슭 아래에 있다. 55기의 부도가 현존하고 있는데, 서산대사의 법맥을 이은 사명대사 등 고승들의 승탑이 대부분이다. 부도는 1647년 청허당(서산대사) 부도를 시작으로 18세기 중반 상월당 부도까지 약 130여 년간 조성되었다. 탑신부의 형태에 따라 팔각원당형, 원구형, 석종형 등으로 나뉜다.

청허당 서산대사탑은 팔각원당형에 속한다. 각 부분에 다양한 문양들이 조식되어 있는 점이 다른 부도와 구별된다. 대석 하대와 상대에 큼직한 복련과 앙련이, 중대석에 동물상이 조각돼 있다. 옥개석은 기와집 형태이며, 추녀마루 끝에는 용두가 표현돼 있다. 인근에 있는 서산대사 탑비가 조선 인조 25년(1647)에 건립된 점으로 보아, 이 탑 역시 이때를 전후해서 조성된 것으로 추정된다.

해남 윤씨 종택 녹우당

해남 윤씨 녹우당은 전라남도 해남군 연동리에 있는 해남 윤씨 어초은(漁樵隱)파 종택이다. 사적 제167호. 어초은 윤효정(1476~1543)은 해남 윤씨 해남 입향조로, 해남 윤씨가 지역의 명문 사족으로 성장하는 기틀을 닦았다. 윤효정이 닦은 가문의 기반 위에서 이후 5대 고산 윤선도(1587~1671), 8대 공재 윤두서(1688~1715) 등을 배출하여 학문과 예술을 꽃피웠다. 녹우당은 원래 사랑채 당호지만, 지금은 종택 전체를 가리키는 호칭으로 사용되고 있다. 이것이 가능한 것은 집주인의 거처 사랑채가 집 전체를 대표하는 상징성을 가지고 있기 때문이다.

녹우당은 앞의 안산(案山) 벼루봉, 뒤의 덕음산, 오른쪽의 필봉이 둘러싸고 있는 명당 터에 자리 잡고 있다. 이 밖에 풍수지리와 관련된 요소로 연못과 해송대, 덕음산의 비자림이 있다. 연못은 수기(水氣)를 보충하기 위한 것이고, 비자림(천연기념물 제241호)은 "뒷산 바위가 드러나면 마을이 가난해진다"는 윤효정의 유훈에 따라 윤선도와 후손들이 조성한 것이라 전해진다. 녹우당이 본격적으로 살림집 모습을 갖추게 된 것은 고산 윤선도

녹우당 원경

녹우당

가 정치에 뜻을 접고 귀향하여 사랑채를 짓고부터다. 오랜 세월 속에서 세 개의 사당(안 사당, 어초은 사당, 고산 사당)이 중건되고, 19세기 말에는 행랑 채, 1938년에는 추원당이 신축되었다. 녹우당의 현재 모습은 해남 윤씨 후손들이 수백 년에 걸쳐 이룩해낸 결과이다.

'녹우당' 내력과 그 의미

윤씨 종택 건물 중에 상징적 의미가 가장 큰 것이 사랑채다. 겹처마가 장대한 '一'자형 집으로, 'ㄷ'자형의 안채와 더불어 'ㅁ'자집 형태를 이룬다. 사랑채는 효종이 봉림대군 시절 스승이었던 윤선도를 위해 수원에 지어준 집을 현종 9년(1668) 사직하고 해남으로 귀향할 때 뜯어와 다시 복원한 것이다. 수원서 해남까지 거리가 무척이나 멀고 운반 수단도 열악한데도 불구하고 이곳까지 옮겨온 것은 임금이 하사한 집이라는 특별한 의미가 있기 때문이다.

사랑채는 윤선도가 지은 집이지만 '綠雨堂(녹우당)' 당호는 그의 증손 윤두서(1668~1715) 대에 와서 정해졌다. 공재와 절친했던 이서(1662~1723)가 편액을 써주었는데, 이서는 대표적 실학자 성호 이익의 셋째 형이다. 성재 허전(1797~1886)이 지은 이서 행장에서, "선생은 필법에 있어 오묘한 경지에 도달했다. …이른바 '동국진체(東國眞體)'란 옥동 선생으로부터 시작된 것으로 이후 공재 윤두서, 백하 윤순, 원교 이광사 등이 그 필법을 이어갔다."라고 했다. 이 기록을 보면 이서의 필력이 매우 뛰어났음을 알게 된다. 이서가 글씨만 써준 것인지 당호까지 지은 것인지는 분명치 않다. 그러나 '綠雨(녹우)'의 의미에 대해서 두 사람이 공감했을 것이라는 점은 의심의 여지가 없다.

전통 시대 주택의 당호가 갖는 인문학적 의의는 크다. 특히 종택 사랑채 당호의 경우는 전통적으로 내려오는 가문의 생활철학과 이상, 사랑채 주인의 성향과 기개, 또는 건물 유래 등이 반영, 함축돼 있다는 점에서 그 인문학적 의미는 더욱 크다 할 것이다. 그렇다면 해남 윤씨 종택의 당호 '綠雨'에는 어떤 뜻이 담겨 있을까? 문화재 해설사들은 흔히 종택 앞 은행나무 잎이 비처럼 떨어지는 모습을 형용해서 한 말이라고 설명하고 있지만, 그것은 문자 해석에 불과할 뿐 본래 의미와는 거리가 먼 것이다.

옛사람들은 임금의 은혜가 천하에 고루 미치는 것을 우로(雨露)에 비유했다. 비와 이슬은 땅을 가리지 않고 골고루 적셔주고 만물을 키워주기 때문이다. '綠雨'의 사전적 의미는 신록의 계절에 내리는 비다. 이 비는 모든 식물을 푸르게 생장시켜 인간에게 풍요를 안겨주는 고마운 비다. 사랑채는 효종이 윤선도에게 하사한 집이다. 다시 말해 왕의 은혜를 입은 집인 것이다. 이 점이 '綠雨'에 반영된 것으로 생각된다. 더불어 사랑채 옛 주인이었던 윤두서의 할아버지 윤효정과 아버지 윤선도가 애민정신을 발휘하

어초은 사당   고산 사당

여 가난한 사람들에게 은혜를 베푼 사실도 염두에 두었을 것으로 생각된
다. 실제로 윤효정은 환곡 빚을 갚지 못해 옥에 갇힌 사람을 대신해 빚을
갚아주었고, 윤선도는 자염(煮鹽)과 부채 탕감을 통해 빈민을 구제한 것으
로 칭송이 자자했다.

세 채의 사당에 서린 명가의 위엄

해남 윤씨 종택은 해남 윤씨 가문의 500여 년 역사가 서린 곳이다. 긴
세월 동안 터의 넓이, 건물의 수, 규모, 배치에 변화가 있었지만 변치 않은
것이 있으니 그것은 명가의 위상을 지키기 위한 후손들의 노력과 조상 숭
배의 정신이다. 어초은 윤효정이 이곳에 정착하여 살면서 가문을 일으켜 5
대 윤선도, 8대 윤두서에 이르는 5대에 걸쳐 과거급제자를 연속으로 배출
했다. 이것은 명가의 전통을 계승 발전시킬 수 있는 구성원의 역량과 자질
이 출중했음을 보여주는 것이다.

사당을 한 채 세우는 것도 쉬운 일이 아닌데 녹우당에는 사당이 여러 채 있다. 1821년 가묘 중건 이후 안 사당(선조의 위패를 모심), 어초은 사당, 고산 사당이 중건되었고, 1938년에는 추원당(어초은의 제실)이 새로 지어졌다. 어초은 사당은 집안의 중흥조로서 불천위로서 모시고 있으며, 고산 사당은 1727(영조 3) 국가로부터 '불천위' 사당으로 인정받았다. 불천위는 덕망이 높고 국가에 큰 공을 세운 인물을 사당에 영원히 모시고 그의 뜻을 기리도록 국가에서 특별히 허가한 신위(神位)를 일컫는다. 불천위 종가의 종손과 종부는 불천위의 대종(大宗)을 영예로 삼아 계승해 나가려 힘쓰고, 후손들은 현조의 덕업을 자긍심으로 여기면서 가문의 위상을 지키기 위해 노력한다. 지금도 매년 기일에 사당을 중심으로 제사가 진행되고 있다. 안 사당, 어초은 사당, 고산 사당 등 사당을 통해 우리는 막강한 해남 윤씨의 문중 질서와 정치적, 사회적 특권을 누리면서도 애민정신을 세습한 호남 명가의 면모를 재확인하게 된다.

녹우당의 가치는 공간의 성격과 그 규모에만 있는 것이 아니다. 종가는 윤두서 자화상(국보 제240호)을 비롯하여 가전고화첩(보물 제481호)과 종가문적(보물 제482호), 고려노비문서(보물 제483호) 등 보물 32점, 사적지 2점, 고문헌과 고서적 7천여 점을 보유하고 있다. 이러한 역사적 가치로 인해 해남군에서는 이곳 전체를 '고산 윤선도 유적지'로 묶어 관리하고 있다.

아름다운 사찰 미황사

미황사는 전라남도 해남군 송지면 서정리 달마산 기슭에 자리 잡고 있다. 제2의 금강산이라 불리는 달마산의 아름다운 풍광을 배경으로 남향한 미황사는 대한불교 조계종 제22교구 본사인 대흥사 말사이다. 미황사 사

미황사 대웅보전 　　　　　　　　　미황사 대웅전 천불도

적비(숙종 18년[1692] 건립)에 따르면 신라 경덕왕 8년(749)에 창건되었다. 사적비에 기록된 전설에 의하면, 의조화상이 꿈에 불경, 불상 등을 배에 싣고 달마산 아래 포구에 도착한 인도 우전국의 금인(金人)이, "이것을 소에 싣고 가다가 소가 멈추어 잠든 곳에 절을 지으면 국운과 불교가 함께 흥할 것"이라고 한 말을 듣고 미황사를 창건했다고 한다. 이 전설이 불교의 해로(海路) 전래설을 낳았는데, 그 내용이 사찰 초입의 자하루 벽에 그려져 있다.

　임진왜란으로 큰 피해를 본 미황사는 조선 선조 31년(1598)에 중건되었고, 영조 30년(1754)에 수리되었다. 그 후 퇴락의 길을 걷다가 근래에 이루어진 중창 불사를 통해 품위 있고 아름다운 사찰로 재탄생했다. 2000년부터 미황사는 어린이 한문학당, 절 체험. 참선 집중 프로그램 운영 등 불교의 대중화, 생활화를 위한 노력을 계속해 오고 있다.

　현재 미황사에는 주불전인 대웅보전(보물 947호)을 비롯해서 응진당(보물

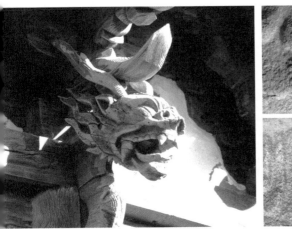

대웅전 어간 기둥의 용두　　　대웅전 전열 기둥 주춧돌의 여러 가지 문양

1183호), 명부전, 달마전, 세심당, 요사채 등의 당우가 있다. 이 밖에 석조
문화재로는 석조(石槽), 당간지주, 부도군이 남아 있으며, 특히 괘불탱화
(보물 제1342호)는 미황사가 자랑하는 유물 중 하나다.

불성(佛性)의 바다를 항해하는 대웅보전

　일주문, 천왕문, 자하루를 거처 경내로 진입하면 정면에 대웅보전이 보
인다. 그 왼쪽에 응진당, 오른쪽에 명부전이 자리 잡고 있다. 석탑이 없는
넓은 앞마당에는 괘불대가 세워져 있다. 크기만 봐도 괘불 그림의 크기가
얼마나 큰지, 신도들이 얼마나 많은지를 알 수 있다. 대웅보전 내부 불단
에는 석가여래를 중심으로 좌우에 약사여래와 아미타여래가 봉안되어 있
는데, 협시보살은 보이지 않는다. 화려한 장식을 베푼 불명 패가 각 불상
앞에 놓여 있고. 정자(井字) 천장에는 격간마다 옴마니밧메훔으로 읽히는
범자(梵字)와 연꽃, 그리고 새 문양들이 즐비하다.

대웅보전에서 특히 주목되는 것은 내벽의 천불벽화와 어간 기둥머리의 용두, 그리고 전면 기둥 주춧돌에 부조된 바다 동물이다. 천불도는 용문사, 선암사, 선운사 등에서도 찾아볼 수 있지만 이처럼 종이에 그려 벽에 붙이는 첩부 방식은 미황사 천불도가 유일하다. 대웅전 대들보와 공포대 위 벽면 공간에 1,000위(位)의 부처를 나누어 그린 이 천불벽화는 인도 우전국에서 온 배가 이곳에 도착했을 때 달마산 꼭대기에 천불이 나타났다는 창건설화를 배경으로 하고 있다고 전해진다. 이 천불도는 대웅보전을 중수했던 1754년 조성된 것으로 추정되는데, 조성된 지 260여 년이 지나다 보니 군데군데 박락과 퇴락이 심해 보존 처리가 시급한 상태가 되었다. 그래서 2015년부터 분리와 보존 처리 작업을 거쳐 제자리에 재부착했다.

불전 건물의 주춧돌에는 대개 복련(覆蓮)이 장식된다. 그런데 이 절 대웅보전의 주춧돌에는 복련과 함께 연봉, 연꽃과 거북, 연꽃과 게 등 다양한 문양들이 새겨져 있다. 주춧돌은 아니지만, 여수 흥국사 대웅전, 대적사 극락전 등 법당 축대에서도 이와 같은 종류의 바다 생물 문양이 장식된 것을 볼 수 있다.

법당은 반야용선, 어간(御間) 기둥머리의 용두는 반야용선의 선수를 상징한다. 반야(般若)는 '진리를 깨달은 지혜'를 말하며, 바라밀다(波羅蜜多)는 '피안(彼岸)의 세계로 간다'라는 뜻으로 번역된다. 『반야심경』 마지막 부분에, "아제아제 바라아제 바라승아제 모제사바하"라는 주문(呪文)이 있는데, 이 주문은, "갑시다 갑시다 피안으로 갑시다. 피안으로 모두 갑시다. 깨달음의 세계로 속히 갑시다(度 度 彼岸度 彼岸總度 覺速疾)"로 풀이된다.

어떤 동물로써 공간 성격을 나타내는 수법은 아주 오래전부터 있었다. 예컨대 중국 한나라 무덤 출토 화상전(畫像塼) 중에 사람들이 배를 타고 어디론가 가는 장면을 묘사한 것이 있는데, 화면 위쪽에 새, 아래쪽에 물고기가 그려져 있다. 이것을 본 사람들은 자연스럽게 새가 그려진 부분을 하늘, 물고기가 그려져 있는 부분을 물로 인지하게 된다. 이것은 물고기는 물에서 헤엄치고, 새는 하늘을 난다는 고정관념에 응한 것이다. 화상전을 만든 이의 입장에서는 화면 위쪽은 하늘, 아래쪽은 물이라는 것을 나타내기 위해 새와 물고기를 동원한 것이다. 미황사 대웅보전 주춧돌의 거북, 게, 새우는 모두 바다생물이다. 화상전의 경우와 마찬가지로 불자들은 이들을 보고 불전 밑을 바다로 인지하는 것이다. 결론적으로 말해서 이들 주춧돌의 바다생물들은 불전, 즉 불자들을 태운 반야용선이 극락정토를 향해 떠가는 불성(佛性)의 바다를 상징적으로 표현한 것이다.

수륙재에 나타난 부처님과 용왕 용녀

괘불이란 절에서 큰 법회나 의식을 행하기 위해 법당 앞뜰에 걸어놓고 예배드리는 대형 족자형 불화를 말한다. 해남은 임진왜란 때 명량해전이 벌어졌던 곳이다. 미황사에서는 전사한 원혼들을 달래기 위한 수륙재를 오랫동안 시행해왔다. 최근에 이름을 미황사 괘불재로 고쳐 부르고 재의 식을 계속해 오고 있는데, 매월 10월 4주 토요일이 재가 열리는 날이다.

미황사 괘불탱은 조선 영조 3년(1727)에 탁행·설심·희심·임한·민휘·취상·명현 등 금어 스님이 그렸다. 높이 약 12미터, 폭 약 5미터로, 세계적으로 보기 드문 규모의 괘불이다. 화면 중앙에 입상의 본존불을 배치한 독존도 형식의 불화다. 두광 좌우에 시방 화불이 나타나 있고, 화면 하단 좌우에 용왕과 용녀가 본존불을 향해 서 있다. 용왕은 남순동자와 함께 관세음보살의 좌우보처이고, 관세음보살은 아미타여래의 좌보처라는 점에서 볼 때 본존불은 아미타여래로 추정된다. 독존도 형식 불화에 용왕과 용녀를 동시에 배치한 도상은 매우 특이한 것으로, 미황사 괘불도가 기

미황사 괘불탱
(보물 제1342호)

미황사 부도전

우제에 영험이 있다고 알려진 것과 무관하지 않을 것이다. 용은 물과 관련
된 절대적 신성을 가졌기 때문에 가뭄 해소, 안전 항해, 또는 풍어를 비는
대상이 되기도 한다. 실제로 1992년에는 이 괘불이 30년 만의 가뭄에 신
통력을 발휘하여 기우제를 지내는 도중에 비가 내렸다는 이야기가 전한
다. 용녀는 용왕의 비, 혹은 딸이다. 용녀가 부처님의 신력을 입어 홀연히
남자의 몸으로 변신하여 부처가 되었다는 이야기가『법화경』「제바달다품」
에 나온다.

전등(傳燈)의 역사 — 부도전

부도는 선승의 분골을 봉안하는 묘탑(廟塔)인 동시에 후학들이 법등을
전해준 선사를 기리는 현창의 결과물이다. 그러므로 경내에 부도의 수가
많다는 것은 그만큼 선풍이 강하고 전등(傳燈)의 역사가 긴 사찰이라는 것
을 의미한다. 미황사 부도전은 약 300여 년의 역사를 가지고 있다. 부도

부도 기단부의 게, 물고기 장식

군은 두 영역으로 나뉘는데, 한 곳에는 26기의 부도와 설봉당 · 송파 · 금하 · 낭암 · 벽하 등 대사의 비 5기가 있다. 다른 한 곳에도 여러 기의 부도가 있지만 대부분 도굴돼 흩어져 있다.

미황사 부도에서 우리의 관심을 끄는 것은 부도 기단부에 새겨진 장식 문양이다. 새, 두꺼비 등 동물 문양이 몇 개 눈에 띄기도 하지만 대웅보전 주춧돌의 것과 같은 거북, 게, 물고기, 연꽃 종류가 주류를 이룬다. 대웅보전 주춧돌 장식처럼 이들 문양 역시 불성 바다를 상징하는 것으로 믿어진다.

해남 즐기기

천일식당 떡갈비 한정식

천일식당은 맛집의 전설로 '국민 맛집'
이 된 지 오래이다. 소문의 핵은 우선 떡
갈비, 그리고 전라도 한정식의 그 '떡 벌어
진' 한상이다. 떡갈비는 아주 좋다. '떡벌어
진 한상'은 옛날만 못해 보이지만 먹을만
한 한상이다.

떡갈비

전남 해남군 해남읍 읍내길 20-8
061-536-4001/ 535-1001
주요메뉴 : (떡갈비)한정식

전형적인 집밥 냄새가 난다. 대부분 자
주 만나는 일상적인 식재료들로 집에서 먹
는 익숙한 맛이 난다. 주인공 떡갈비, 명성
의 핵심이다. 과연 맛이 명성에 부합한다
싶다. 달근하고 쫄깃거리면서 부드럽다. 해
파리는 아주 좋다. 상큼하고 오도독 씹히

는 식감도 일품이다. 간도 세지 않다. 뭣보
다도 싱싱해 보인다. 고등어도 간이 썩 잘
맞고 싱싱한 식감이 난다. 겉절이 김치. 좋
다. 맛도 시원하고 양념 맛도 편해서 좋다.
배추도 사근거린다.

낙지볶음도 아주 좋다. 우선 낙지가 싱
싱하고 탱글거려 식감이 좋다. 혀에서 통
통 튀는 맛이 그대로 감지된다. 오랜 명성
을 제대로 보여준다. 달걀찜은 누구나 하
는 흔한 음식이지만 폼과 맛이 함께 나게
하기는 어렵다. 두 마리를 다 잡았다. 게다
가 간도 맞다. 달걀 비린내도 없다. 오래

상차림

묵은 솜씨다. 상에 오른 찬 중에는 뭔가 부족한 것들도 있다. 찬 종류도 10년 전과 비교하니 부실해진 느낌이 든다. 명성이 높은 만큼 기대가 커서 그렇게 느껴지는지도 모른다.

1924년에 열었다니 100년이 되어가는 집이다. 근대 식당이 1900년대에야 시작되었으니 거의 근대 식당사를 역사로 가지고 있다고 할 수 있다. 서울 종로의 이문설렁탕(1904)을 비롯하여, 나주 하얀집(1910) 등 초창기 식당 대부분은 주요 메뉴가 국밥류다. 국밥을 주로하는 주막의 전통을 이었기 때문이다. 다른 식당도 국밥이 아니면 냉면이나 비빔밥이 주 메뉴. 국밥만은 못해도 메뉴 준비가 비교적 간단한 일품 요리들이다.

주막은 대개 교통의 요지나 시장통에 자리하는 경우가 대부분이다. 이 식당도 시장통 중심에 있다. 식당을 중심으로 시장의 블럭이 1자로 이어져 있다. 시장에서 성공한 것은 주막 전통과 연관이 있을 수 있다. 그러나 메뉴로 보면 이전과 조금 다르다. 떡갈비는 일품 요리가 아니다. 거기

다 본격적인 한정식을 메뉴로 삼고 있다. 생계형 일품 요리 아닌 문화형 외식 요리로는 처음 성공한 것이니 식당의 진화가 일어난 셈이다.

남도의 수준 높은 음식 전문가들이 지지자가 되어 일으킨 진화였다. 남도민의 보증 아래 외식의 시대, 여행의 시대가 되자 전국구가 되었다. 전국민이 만들어온 100년 외식 식당이 되었다. 잠시 코로나로 힘들다 해도 오랜 전통과 국민식당의 명성을 이어나가려는 노력이 결실을 거둘 것이라 믿는다.

화순

和順

백아산 ▲
백아면

무등산 ▲

이서면

동복면

화순읍

동면

모후산 ▲

도곡면

능주면

사평면
● 임대정

운주사 ●
도암면

춘양면

한천면

화악산 ▲
청풍면

이양면

화순 고인돌 유적지

전남 중앙에 있다. 무등산(無等山), 백아산(白雅山), 모후산(母后山), 화학산(華鶴山) 등의 산이 있다. 동복천(同福川), 능주천(綾州川) 등의 하천 유역에 평야가 있다. 하천은 물이 많고 깨끗하기로 유명하며, 상류에서 잡히는 은어는 복천어(福川魚)라는 명품이다. 운주사(雲住寺)가 오래되고 특이한 절이다.

화순 알기

한시로 읊은 화순의 명승지

적벽(赤壁)　　　　　　　　　　　　　　김창협(金昌協)

이어진 봉우리들 무수히 하늘로 치솟고,	連峯無數上靑天
그 아래 푸른 물결 한 줄기 흐른다.	下有滄浪一道川
깎아지른 험한 바위 귀신 모습이고,	削出層巖類神鬼
푸르게 맺힌 산색 구름 안개 흡사하다.	結爲空翠似雲煙
소나무 삼나무는 못 속에 다 비치고,	松杉盡向潭中寫
해와 달은 그야말로 돌 위에 매달린 듯.	日月疑從石上懸
그늘진 비탈에 학의 둥지 있다 하니,	見說陰厓有巢鶴
깊은 밤에 잠자면서 깃옷 신선 꿈을 꾸리.	夜深應夢羽衣仙

● 적벽은 전남 화순군(和順郡) 동복(同福) 옹성(甕城) 서쪽에 있는 명승지이다. 그 아름다움을 잘 그려내 눈으로 보는 듯하다.

물염정(勿染亭)　　　　　　　　　　　　위백규(魏伯珪)

푸른 물결 가 상서로운 돌 동쪽,	滄浪之上瑞石東

하늘이 명승지에다 조화를 더했다.	天爲名區役化工
천년 안개 빛이 푸른 물결 간직하고,	千古烟光藏碧瀨
한 해의 풍물은 단풍 붉게 물들었다.	一年風物染丹楓
새들은 가을 구름 비단 바위로 돌아오고,	鳥歸錦石秋雲裏
사람은 그림 같은 장막 속 물가에 있다.	人在江上畵幛中
온종일 청아한 유람하고 아직 부족해,	盡日淸遊猶未足
고기 잡는 불 따라가 촌옹과 함께 묵네.	更隨漁火宿村翁

● 물염정은 이서면 창랑리 물염마을 화순 적벽 상류에 있는 정자이다. "동복(同福)에 있다"는 설명을 달았는데, "동복"은 화순의 옛 이름이다. 그 근처에서 노는 즐거움을 자랑했다.

운주사에 얽힌 전설들

운주사(雲住寺)는 도암면 대초리 천불산(千佛山)에 있는 절이다. 운주사(運舟寺)라고도 한다. 대한불교조계종 제21교구 본사인 송광사(松廣寺)의 말사이다. 도선(道詵)이 창건하였다는 설과 운주(雲住)가 세웠다는 설, 마고(麻姑)할미가 세웠다는 설이 전하여지고 있다. 이 중 도선 창건설이 가장 널리 알려져 있다.

영암 출신인 도선이 우리나라의 지형을 배로 보고, 선복(船腹)에 해당하는 호남 땅이 영남보다 산이 적어 배가 한쪽으로 기울 것을 염려한 나머지 이곳에 천불천탑(千佛千塔)을 하루낮 하룻밤 사이에 도력(道力)으로 조성하여놓았다고 한다.

그러나 마지막 와불만은 닭이 우는 바람에 일으켜 세우지를 못했다고 한다. 커다란 바위에 새겨놓은, 누운 불상 와불(臥佛)은 특이하게도 부부

모양을 하고 있다. 이 불상이 일어서는 날 세상이 바뀐다는 말도 있다.

절에서 멀지 않은 춘양면에는 돛대봉이 있다. 돛대봉에 돛을 달고 절에서 노를 젓는 형세라 한다. 또 절을 지을 때 신들이 회의를 열었다는 중장(衆場)터(일설에는 승려들이 장터를 이룰 만큼 많았다고 하여 붙여진 이름이라고도 함.)가 멀지 않고, 신들이 해를 묶어놓고 작업하였다는 일봉암(日封巖)도 가까이에 솟아 있다.

● 운주사의 놀라운 모습을 전설이 따르지 못한다.

진각국사 혜심의 탄생

고려 명종 때 화순 향청의 말단관리로 있던 배씨(裵氏)의 딸에 관한 이야기가 있다. 아버지가 억울하게 옥에 갇히자, 배씨의 딸은 날마다 새벽이면 자치샘의 물을 길어 아버지의 석방을 신령에게 빌었다. 어느 겨울날 샘물에 떠 있는 두 개의 참외를 건져 먹고는 잉태하여 마침내 사내아이를 낳게 되었다.

배씨의 딸은 처녀의 몸으로 아이를 낳은 것이 해괴하고 부끄러워 남몰래 아이를 산속에 버렸다. 이 일이 발각되어 관아에 끌려가고 말았다. 배씨의 딸이 현감에게 일의 전말을 고하자, 현감은 배씨 딸의 효심에 감동한 신령님의 조화라고 믿고 그 아버지를 석방하였다. 낳은 사내아이는 자라서 뒤에 송광사의 2대 주지인 진각국사 혜심(慧諶)이 되었다고 한다.

● 영웅처럼 태어난 아이가 자라서 고승이 되었다는 이야기의 하나이다.

술법이 숨겨진 문바위

한천면 돗재로 가는 버스를 타고 종점에서 내려 광업소를 지나 돗재 약수터를 찾아가면, 그 옆에 성문처럼 생긴 바위가 있다. 이 바위를 성문바위 또는 문바위라 한다. 이 바위와 관련된 전설이 있다.

지금부터 사백여 년 전에 남양 홍씨 홍수천(洪秀千)이란 사람이 있었다. 조실부모하고, 남면 사평에서 권세를 잡고 고을을 뒤흔드는 배 장자 집에서 머슴살이를 하면서 학대를 받았다. 배 장자는 술객들을 좋아해, 음양술수에 능한 술객들이 사랑방에 줄을 이었다. 하루는 둔갑장신을 하는 큰 술사가 찾아와 머물게 되었다.

홍수천은 그 술사의 시중을 들면서 정성껏 잘 모셨다. 그 술사는 홍수천의 진실한 마음을 고맙게 여겨, 둔갑장신의 묘술을 가르쳐주고, 급하고 어려운 경우에 호신의 방편으로 삼으라고 했다. 어느 날 술사가 아무도 모르게 홍수천을 산중으로 데리고 갔다. "이젠 너의 공부를 시험하여보자."

둔갑법부터 시작하여 장신술까지 모두 시험하여보였으나, 아직도 진묘한의 경지에는 이르지 못해 공부를 더 하기로 했다. 그러다가 술사가 갑자기 병이 들어 죽고 말았다.

홍수천은 배 장자의 집에서 나와, 떠돌아다니면서 익힌 술법을 이용해 어려운 사람들을 도와주었다. 가난한 사람이 쌀이 없으면 부잣집 대문 안에 들어서지도 않고 창고 속에 있는 쌀가마니를 등에 업고 나와 나누어주었다. 병에 신음하는 환자가 토끼 고기가 먹고 싶다면 주문 몇 마디로 산토끼가 집으로 찾아 들도록 했다.

삽시간에 오백 리, 천 리를 내왕하는 축지법으로 모든 어려운 일을 손쉽게 풀었다. 친구들이 모여 앉아 술을 찾으면 남의 집 샘물을 술로 만들어 모든 사람들을 만족하게 먹여주었다. 길 가는 사람의 행동이 눈에 거슬리면 즉석에서 망망대해를 만들어 겁을 주어 놀라게 하여 깨우쳐주기도 했다.

홍수천은 머슴살이할 때 당한 곤욕을 분풀이하기 위해 금고의 엽전을 모두 구렁이로 만들어버렸다. 구렁이가 온 집안의 담장과 마당의 구석구석에 뒤틀고 있는 것을 보고 온 가족들은 사지를 떨면서 질겁을 했다. 구렁이들이 혀를 널름거리면서 돌아다니며 악취를 풍기니 겁에 질려 살 수가 없게 되었다.

마을 사람들은 홍수천을 불러 구렁이를 쫓게 하도록 주인에게 권하였다. 홍수천은 "가난한 집 돈을 착취하여 치부를 한 죄업으로 이렇게 되었으니, 구렁이들을 쫓아버리면 금고의 돈이 모두 없어질 것입니다"라고 말했다. 주인이 "나의 재산을 주는 한이 있더라도 저 구렁이만 쫓아주게"라고 하면서 간절히 부탁했다. 홍수천은 주문 몇 마디로 뱀들을 깨끗이 없애버렸다.

홍수천은 이와 같이 해서 사람의 마음을 깨우쳐주기도 했지만, 도술을 사욕에 이용하기도 했다. 홍수천은 어느 날 친구들을 불러 모았다. "오늘은 자네들과 같이 복내장 구경이나 가볼까?" "그렇게 하세." 십여 명이 작당해 화순 남면에서 복내로 가는 큰 고개를 넘어갔다. 홍수천이 갑자기 길가에 발을 멈추고 서서 합창을 하고 주문을 외우니 갑자기 옆에 있던 바위가 모두 소로 변했다. 홍수천은 의기양양해 큰소리쳤다.

"여보게, 자네들, 이 황소 고삐를 하나씩 잡게! 복내장에 가서 팔아가지고 자네들도 한 몫씩 하게!" 홍수천은 큰소리를 치며 친구들에게 소고삐를 주었다. 친구들은 어떤 계획도 없이 어이없는 소고삐를 잡고 따라갔다.

홍수천이 제일 먼저 소를 몰고 가 장거리에 매어놓았다. 친구들도 그 옆에 소를 매어놓아 삽시간에 그 일행들은 소를 모두 팔았다. 그들은 고갯길에서 태평가를 부르며 감쪽같이 집으로 돌아왔다. 얼마 지난 뒤에 다시 복내 장날이 되어 산에 있는 바위를 몰아다 황소로 둔갑을 시켜 또 팔아넘기고 뒤돌아서서 유유히 오는 길인데, 갑자기 어떤 사람이 뒤쫓아오면서 소리쳤다. "여보시오, 여보시오!"

홍수천이 걸음을 멈추고 뒤돌아보니 젊은이가 숨을 헐떡이면서 달려왔다. "댁에서 팔고 간 소가 갑자기 바위가 되었어요. 이게 어찌 된 일입니까?" 젊은이는 눈이 휘둥글하며 홍수천을 쳐다보았다. 홍수천은 직감적으로 집히는 것이 있었다. "아, 범 잡은 담비가 나왔구나!"

홍수천은 그 자리에서 새로 변하여 허겁지겁 도망쳤다. 그때 갑자기 뒤에서 큰 수리매가 날개를 펴고 번개처럼 쫓아왔다. 홍수천은 다시 쥐로 둔갑을 하여 큰 고목으로 들어가버렸다. 큰 수리매가 다시 구렁이가 되어 고목을 타고 굴속으로 찾아 들어가는 것이었다. 놀란 쥐는 하는 수 없이 산고개에서 사람으로 변해 무릎을 꿇고 단정히 앉아 있었다.

이윽고 구렁이로 둔갑장신을 하였던 사람도 팔십이 된 백발노인의 모습으로 나타났다. "천장지비(天藏地秘)의 신술(神術)로써 혹세무민(惑世誣民)을 하면 천형(天刑)을 받아야 마땅하나 관용으로 놔두는 바이니, 모든 것을 버리고 야인으로 돌아가거라." 홍수천은 그 말을 듣고 깊이 참회해, 돌아와서 천문지리가 비장된 모든 술서(術書)를 석문(石門) 바위 옆에 있는 큰 바위 밑에 모두 감추고 어디론지 사라져버렸다.

그 바위를 성문바위 또는 문바위라고 한다. 지금도 그 바위를 보는 사람은 무엇인지 감추어두었을 듯하다고 말하고 있다.

● 도술을 익혀 정당하게 사용하지 않고 사욕을 채우면 망한다고 경

계한다. 도술뿐만 아니라 다른 어떤 지식이나 능력에도 해당되는 교훈이다.

지성으로 얻은 양반과 갓다리 유래

갓다리(笠橋)는 화순은 물론 이웃 고을에까지도 너무나 잘 알려진 지명이다. 행정구역으로는 춘양면과 이양면 그리고 청풍면의 삼면(三面)의 경계지점이며, 교통의 중심지이기도 하다.

어느 때인지는 알 수 없으나 옛날 이곳 예성산(禮城山) 밑에 서씨 부자(혹은 문씨라고도 한다)가 살고 있었다. 이 사람은 마음씨가 고와서 많은 어려운 사람들을 자기의 가족이나 형제처럼 도왔기 때문에 세상 사람들로부터 칭찬과 존경을 받았다고 한다. 그러던 어느 날 십여 세 되어 보이는 어린아이 하나가 이 집을 찾아와 저녁끼니와 잠자리를 부탁했다. 주인은 어린아이가 너무나 불쌍해 이것저것 자세히 물었다.

"너의 성(姓)이 뭐냐?"

"예, 저는 김가올시다."

"어디 김씨?"

"안동 김가올시다."

"집은 어디 있느냐?"

"부모님과 집이 없어 이처럼 떠돌아다니며 살고 있습니다."

"부모님을 전혀 모르느냐?"

"모릅니다."

"그럼 우리 집에서 심부름도 하며 같이 사는 게 어떻겠느냐?"

"예, 그렇게 하지요."

그 아이는 그날부터 주인집의 일을 돌보게 되었다. 무척이나 착하고 부지런해 주인의 칭찬을 받았다. 어느덧 세월이 흘러 장가를 들어야 할 나이가 되었다. 서 부자는 이 총각을 남이 아니고 친척이라고 말하며 혼처를 구했다. 얌전한 규수를 골라 간략한 혼례를 올려 짝을 지어주었다. 부부가 신혼에 꿈에 젖어 살아가는 동안 세월이 흘러 슬하에 남매를 두게 되었다.

아내는 처음에 서 부자의 가까운 친척으로 알고 들어왔지만 그것이 아니었고, 몇 년을 살았으나 대소가나 일가친척이 전혀 없어 실망도 하였지만 또한 궁금하기도 짝이 없었다. 하루는 남편에게 "부모님이 일찍 돌아가셨다고 하는데 묘소는 어느 곳에 있나요?" 하고 물었다. 남편은 대답할 말이 없어 어물어물했다. 안동 김씨는 서울에 많이 산다는 말을 들은 기억이 떠올라서 "서울에 살고 있었소" 하고 대답했다.

"일가들도 모두 서울에 계십니까?"

"그렇소, 그곳에 가면 명문대가들이 수두룩하지요."

"그럼 어째서 서울로 가지 않고 여기서 천대(賤待)를 받아야 합니까? 당장 서울 일가 옆으로 이사를 갑시다."

"당숙, 재당숙께서 장안에서 큰 이름을 떨치고 계시는데 어떻게 이 모양 이 꼴로 이사를 갈 수가 있소? 아무 때나 돈 벌어 모아가지고 찾아가야지요."

이렇게 거짓말을 했다. 아내는 일가친척이 하나도 없어 혈육의 정을 나눌 수 없는 것이 뼈에 사무치게 한스러웠다. 그런데 어찌된 영문인지 남편의 얼굴에서는 고독의 빛이라곤 찾아 볼 수가 없었다. 내심으로는 울고 있었지만 아내 앞에서는 짐짓 의연한 태도를 취하고 있을 따름이었다. 참다 못해 아내가 말했다.

"주위 사람들이 모두 우리더러 떠돌이 상놈이라고 하며 아이들을 글방에도 못 들어오게 한답니다. 원통해 자식을 가르치겠습니까? 자식들 장래가 걱정입니다. 당신은 어찌 그처럼 걱정이 없습니까?"

"서울에 계신 우리 집안 어른이 만일 전라 감사나 능주 고을 원님으로 오시게 되면 우리가 한번 찾아뵙기만 해도 상놈 소릴 면하고 당당히 살 수 있겠지요."

"그럴지도 모르지만 우리처럼 미천한 사람으로 당장 무슨 방법이 있겠소? 하느님께 정성껏 기도나 드려 하늘이 불쌍히 보시고 구해주는 길이나 있다면 몰라도."

"그렇게 위해선 오늘 당장 후원에 단(壇)을 만들고 기도를 시작할까요?"

아내는 문득 기도할 생각을 하게 된 것이었다.

"기도를 해서 소원이 이루어질 바에야 이 세상에 기도 안 드릴 사람 어디 있겠소. 생각지도 말아요."

그러나 몸이 달고 목이 마른 아내는 다시 말하기를 "지성이면 감천(感天)이라 하였는데 어찌 그렇게만 생각하십니까? 정성이 지극하여 천지신명이 감동하면 안 되는 일이 없다고 합니다. 우리 같이 매일 기도를 올립시다. 우리 집안 어른이 전라 감사나 우리 고을 원님으로 오셔 우리가 배알(拜謁)을 드릴 수만 있다면 우리도 당당히 행세를 하고 살 수 있지 않겠습니까?"

아내는 굳은 결심을 한 다음 기도를 올리기 시작했다. 그러나 김씨의 마음으론 가소롭기 짝이 없는 일이었다. 서울 장안의 김씨가 어떻게 모두 일가이며 대신 집안이 무슨 사촌, 팔촌의 대소가란 말인가? 김씨의 가슴은 터질 듯 답답하기만 했다.

아내 앞에서 이제야 서울에 일가친척이 없다고 할 수도 없었기 때문에 아무 말 없이 아내의 태도만 바라보고 있을 수밖에 없었다. 그날부터 아내는 목욕재계를 한 다음 정화수를 단 앞에 올려놓고 지극한 정성으로 기도를 올리기 시작했다. 한 달, 두 달, 일 년이 지나도, 눈비가 내리고 병이 들어 시달려도 정성스러운 기도는 쉬지 않고 계속되었다.

어느 해 봄이었다. 갑자가 마을에 소문이 흘러들었다. 이번에 새로 도임한 전라 감사가 안동김씨라는 것이었다. 그 소식은 부인에게 있어서 너무나 반가운 것이었다. 뛰고 싶도록 기뻤다. 다시 뛰어나가 여러 사람들에게 확인해보아도 분명 안동 김씨라는 것이었다. "오랜만에 천지신명의 도움으로 뜻이 이루어지나 보다" 하고 생각하고 아내는 방에 누워 있던 남편을 깨워 이 말을 전했다. 그러나 남편은 귀찮다는 표정으로 "잘 알지도 못하는 소리 지껄이지 말아요"라고 했다.

그날 밤 아내는 잠자리에서 밤이 깊도록 권하기를 "우리 일가 어른이 전라 감사로 오셨으니 한번 찾아가 인사를 드리고 오면 그날부터 양반 행세를 할 수 있지 않겠어요?"라고 했다. 그러나 남편은 "천한 놈이 찾아가면 맞아주기나 하겠소?" 하고 눈을 감아버렸다. 다음 날 그리고 그 다음 날도 권했지만 남편의 뜻은 움직일 수가 없었다.

그러던 어느 날 전라감사가 이 고을 앞을 지나게 된다고 해서 마을 사람들은 길을 닦느라고 법석이었다. 아내는 또다시 그에게 권했다. 감사를 만나러 가자고 아무리 설득해도 남편은 응낙하지 않았다. 어느덧 감사행차가 가까이 오고 있다는 소식이 들려왔다. 아내는 생각다 못해 "이럴 게 아니라 내가 만나뵙고 인사를 드려야지" 하고 혼자서 용기를 냈다.

아내는 삿갓을 쓰고 얼굴을 감추고, 감사가 지나갈 돌다리 옆 큰 길가에 엎드려 있었다. 감사의 일행이 이것을 보고 길을 멈추고 "누구냐? 빨리 비키지 못할까?" 하고 호령을 했다. 아내는 머리를 들고 조용히 말하기를 "저는 장안에 살았던 안동 김씨 아내로서 가문의 고독을 참다 못해 일가의 그림자라도 보고 싶은 욕심에 이렇게 큰 죄를 저질렀습니다"라고 했다. 감사는 안동 김씨라는 말을 듣고, "지금은 갈 길이 바쁘니 억울한 사정이 있거든 삼 일 후에 관가로 찾아오너라"라고 이르고 길을 떠났다.

삼일 후에 전라 감영을 찾아간 아내는 사정을 말했다. "저는 안동 김씨 아내로서 지아비가 조실부모하고 장안에서 혈혈단신으로 이곳 능성까지 내려와 저와 예를 갖추고 살아가고 있습니다. 그러나 형제 족벌이 없어 천시를 받은 것이 너무나 원통하여 항시 장안의 우리 안동 김씨 혈족께서 전라 감사나 우리 고을 원님이 되어 우리의 욕을 벗겨주시고 제 자식들에게 공부할 길을 열어달라고 하늘에 기도를 드린 지 십여 년이 되었습니다. 그러던 차에 마침 감사님께서 능성 고을을 지나신다는 소식을 듣고 달려가 죄를 지었습니다."

이 말을 들은 감사는 놀란 듯이 눈이 휘둥글해지더니, 자리에서 벌떡 일어나 문갑 속에서 무엇을 찾아들고 나왔다. 그것을 책상 위에 펴놓고 한참 보고 있더니 "참 기이한 일이다!" 하고 무릎을 쳤다. 그것은 다름 아닌 어떤 술사가 봐준 사주였다. 그 속에 '입녀축천(笠女祝天) 소년등과(少年登科)'라는 문구가 있었다. "삿갓을 쓴 여자가 하늘에 빌어 그 정성으로 소년에 등과할 것이다"라는 뜻이다. 감사의 등과는 바로 이 부인의 기도로 말미암아 이루어진 셈이었다. "아! 오늘의 내 영화가 그대의 덕분이로다!" 감사는 반가워서 어찌할 바를 몰랐다. 그는 즉석에서 돈 쉰 냥을 부인에게 주었으며, 그 후에 고을 원님을 통해 많은 재물을 전했다.

부부는 일시에 부자가 되었을 뿐만 아니라, 양반으로 행세를 하며 일생을 행복하게 마치었다. 그 뒤부터 이 다리를 갓다리라 부르게 되었다고 한다. 그러나 그때의 돌다리는 이제 모두 헐리고 그 자리에는 시멘트 교량이 세워졌는데, 입교(笠橋)라는 이름이 반듯하게 새겨져 있다.

● 아내의 슬기로운 행동을 비약적인 전환 없이 상당한 타당성을 가지고 단계적으로 보여주어 야담이라고 할 수 있다. 야담은 전설의 한 하위 갈래이면서, 예사 전설과 상당한 차이가 있다. 역사와 연결되는 사실이라고 하면서, 예견할 수 있는 방향으로 점진적으로 전개되는 것을 특징으로 한다.

기우만의 의병장 열전

화순 출신의 기우만(奇宇萬)은 의병 투쟁을 하다가 1906년(광무 10)에 체포되어 복역한 다음에 의병전쟁을 회고해 「호남의병장열전(湖南義兵將列傳)」을 썼다. 모두 12인의 전기를 수록하면서 지체나 학식이 대단치 않은 사람들 가운데 의병으로서 크게 활약한 이들이 적지 않았음을 밝히고자 했다. 오준선(吳駿善)이 쓴 것 몇 편까지 합쳐서 모두 12인의 전이 거기 수록되어 있다.

그 가운데 전수용(全垂鏞)의 전은 특히 주목할 만하다. 전수용은 슬기로운 계책이 많아 전투를 승리로 이끌었으며, 앞일을 아는 능력까지 지녔다고 했다. 잡혀 죽은 것도 이미 예견한 일이라고 했다. 의병장을 전설적 영웅으로 숭앙한 전설이 파다하게 퍼져 있었음을 알게 했다. 죽으면서 왜적에게 "내 눈을 빼서 동해에 걸어두면, 너희 나라가 망하는 것을 보겠다"고 한 말이 일본의 멸망에 대한 정확한 예언으로 이해되었다.

신분이 미천한 의병 박경래(朴景來)의 경우는 더욱 흥미롭다. "나라의 은혜를 받지 않았는데 왜 나서느냐"고 묻는 이에게, "몸에 옷을 걸치고 곡식으로 배를 채우는 것이 모두 나라의 은혜 아님이 없다"고 대답했다. 박성래가 잡혀서 사형을 당하게 되자, 아버지는 "상놈의 자식이 방안에서 죽으면 이웃 동네에서도 모를 수 있는데 천하만국이 다 알게 죽으니 그런 경사가 어디 있느냐" 하고 태연하게 말하더라고 했다.

화순 보기

선비의 품격이 서린 임대정

임대정(臨對亭)은 전라남도 화순군 사평면 지역을 감돌아 흐르는 사평천변 언덕에 자리 잡고 있다. 명승 제89호. 임대정의 역사는 1862년에 시작된다. 조선 철종, 고종 연간의 문신이자 학자인 사애 민주현(1808~1882)이 귀향하여 고반 남언기(1535~?)의 수륜헌(垂綸軒)이 있던 고반원(考槃園) 옛터에 3칸 팔작지붕의 정자를 짓고, 임대정이라 칭했다. 남언기는 선조 때 생원이 된 후로 여러 요직을 거치는 벼슬살이를 했으나 곧 사직하고 이곳 사평촌에 들어와 별서 정원을 열고 인근 선비들과 학문을 토론하며 인생 후반을 보냈다.

임대정 주인 민주현은 헌종 2년(1836) 향시에 합격한 뒤, 44세로 경과정시(慶科庭試)에 병과로 급제했다. 권지승문원부정자로 벼슬 생활을 시작하여 성균관 전적·사간원 정언 등 요직을 거쳐 경연특진관·동지춘추관사·병조참판을 역임했다. 『여흥민씨세보』에 의하면, 민주현은 당시 안동 김씨의 세도 아래 부패한 조정에 반발하여 과거제의 폐해를 지적하는 상소를 올리고, 병조참판으로서 10만 양병설을 주장하다가 뜻을 이루지 못

| 임대정에 걸린 수륜헌 편액 | 임대정 근경 |

하자 벼슬을 버리고 낙향하여 이곳에서 학문을 강론하면서 후진 양성에
전념했다고 한다.

대산임수의 묘처 임대정

정자는 선비들에게 세속을 떠난 곳에서 살려는 취향을 만족시켜주는
은거지였다. 정신적 휴식과 재충전의 공간이자 고상한 모임의 장소였고
독서와 수신의 공간이기도 했다. 그래서 정자는 건물 자체의 규모나 구조
보다 그곳을 찾은 손님, 정자를 둘러싼 자연환경에 그 묘처(妙處)가 있다.
『정감록』에서는 사평 지역을, "일곱 개의 산이 감싸는 평야 지대로서 가히
만인이 살 만한 길지(吉地)"라고 기록하고 있다. 민주현은 그의 『사애집』
(1895) 「임대정기」에서 정자 부근의 경관을 이렇게 묘사하고 있다.

"언덕은 앞으로 먼 들에 임하고 남쪽으로 깊은 골짜기에 임하며 동북으
로는 산과 이어진다. 지세가 가파르고 높이 솟으나 사방을 바라보면 탁 트

여 있고, 또한 무성한 숲과 우거진 대숲이 좌우로 빙 둘러 있어 시원한 소리와 맑은 바람이 그 사이에서 나오니…"

그가 지금 이 자리에 임대정을 지은 이유다.

'임대(臨對)'는 물에 임하여 산을 마주한다는 '임수대산(臨水對山)'을 축약한 말이다. "동쪽 울타리 아래 국화꽃을 따 들고 유연히 남산을 바라본다(採菊東籬下 悠然見南山)"라고 한 진나라 도연명 「음주(飮酒)」 시, 송나라 성리학자 주돈이가 강서성 여산 연화봉 아래서 살면서 남긴, "아침 내내 물가에서 여산을 바라보며 지낸다(終朝臨水對廬山)"라는 구절은 모두 대산임수의 경지를 노래한 것이다. 민주현이 이곳에 정자를 짓고, 임대정이라 명명한 것은 도연명, 주돈이와 같은 옛 성현들의 행적을 회상하면서 그 의취를 스스로 즐기고자 함이다.

임대정은 한 칸 반 정도 크기의 온돌방, 반 칸 규모의 툇마루, 그리고 좌우에 통간(通間) 대청을 들인 구조이다. 정자에 앉아 앞쪽을 바라보면 흰 백사장을 낀 사평천과 저 멀리 우뚝 솟은 천운산과 높고 낮은 산들이 한눈에 들어온다. 그야말로 절묘한 임수대산의 위치에 자리한 임대정에서만 누릴 수 있는 절경이다.

소요유와 수신, 그리고 애련

임대정 경역의 나무 아래에 '沙厓先生杖屨之所(사애선생장구지소)'라고 새긴 자연석 하나가 눈에 띈다. 사애 선생이 지팡이를 짚고 자연과 하나 되어 소요유(逍遙遊)를 즐긴 곳이라는 의미다. 임대정 원림을 찾은 후학들은 이 각서를 읽고 이곳에서 생전에 이곳을 서성이며 소요를 즐기던 스승의 모습을 회상하면서 그의 고아한 행적과 사상을 다시 한번 느껴보았을 것이다.

'沙厓先生杖屨之所' 각서 　　　　　　　　　　방지와 주변의 암각서

　　정자 가까운 곳에 오죽이 자라는 작은 방지원도형(方池圓島形) 연못이
있다. 그 주변에 '洗心(세심)', 跂臨石(기임석)', '披香池(피향지)', '挹淸塘(읍
청당)' 이라고 새긴 크고 작은 바위가 놓여 있다. '세심'은 말 그대로 마음
을 깨끗이 씻는다는 말이다. 대자연의 법도에 가까이 가기 위한 선행조건
이 마음 닦는 일이므로 옛 선비들은 '세심'을 무엇보다 중요한 덕목으로
삼았다. '기임석'은 '발을 재겨 디디면서 물 가까이 다가서는 돌'이라는 의
미이고, '피향지'는 '(연꽃) 향기 퍼지는 연못'이라는 뜻이며, '읍청당'은 '맑
음을 끌어들인 연못'으로 풀이된다. 여기서 '향'과 '청'은 모두 송나라 성리
학자 주돈이가 그의 「애련설」에서, '향원익청(香遠益淸, 연꽃 향기는 멀수록 더
욱 맑다)'이라고 한 문구에서 도출한 것이다. 지금은 이 연못에서 연꽃을 볼
수 없으나 암각서 내용을 볼 때 과거에는 이 연못에도 연꽃이 심겨 있었을
것이 분명하다.

임대정 원경

정자 주변의 선계와 수목

임대정 언덕 아래에 두 큰 연못이 있다. 높낮이에 차이가 있어 높은 쪽을 상지(上池), 낮은 쪽을 하지(下池)라 부른다. 반달형 연못에는 배롱나무가 자라는 두 개의 둥근 섬이 있고, 네모꼴 연못에는 섬 하나가 있는데, 그 안에 배롱나무와 괴석 세 개가 놓여 있다. 이들 세 개의 섬과 세 개의 괴석은 상수(象數) 3을 성립시킨다. 조선 시대에 세 개의 섬을 정원에 조성한 예가 적지 않은데, 그것은 삼신선도(三神仙島), 즉 봉래, 방장, 영주를 상징한다. 임대정 원림 연못에 적용된 3이라는 상수도 신선 사상과 관련된 것으로 생각된다. 즉, 연못의 세 섬과 세 개의 괴석은 이 원림을 선계(仙界)로 탈바꿈시키는 장치인 것이다. 이곳이 선계로 탈바꿈하면 원림 주인은 지선(地仙)이 되는 셈이다.

정자 주변에는 느티나무를 비롯한 은행나무, 전나무 등 아름드리 크기로 자란 나무들 사이에 단풍나무, 소나무 등이 자리 잡아 아름답고 울창한 숲을 이루고 있다. 한여름에는 넓고 큰 두 개의 연못에 연꽃이 무성하게 자란다. 갖가지 나무 가운데서도 은행나무 고목을 기어올라 여름철 한때 주황빛 꽃을 피우는 능소화가 인상적이다. 임대정 정원의 수목 중에서 특별한 의미를 가진 것은 연꽃과 배롱나무다. 여름이면 연못의 흰 연꽃이 다투어 피고, 선도(仙島)에는 배롱나무의 황홀한 자색 꽃이 흐드러지게 핀다. 옛 선비들이 정원에 연꽃과 배롱나무를 심은 뜻은 특별하다. 배롱나무꽃을 일명 자미화(紫薇花)라고 하는데, '자미'는 하늘의 왕, 즉 옥황상제가 사는 하늘 궁전 자미원(紫薇垣)과 관련이 있다. 연못에 조성된 삼신선도와 함께 배롱나무는 정원을 별천지로 만드는 구실을 한다.

석불과 석탑의 보고 운주사

운주사(雲住寺)는 전라남도 화순군 도암면 용강리와 대초리 일대에 있다. 사적 제312호. 1984년부터 1991년까지 네 차례의 발굴조사를 시행했으나 정확한 창건 시대와 창건 세력, 조성 배경에 대한 구체적 사실을 밝혀내지 못해 여전히 신비한 사찰로 남아 있다. 문헌상 사명 표기도 '雲住寺' '運舟寺' '雲柱寺', '雲珠寺' '芸住寺' 등으로 혼란스럽다. 그런데 사지 발굴 과정에서 '雲住寺' 명문 기와가 발견되어 사명이 '雲住寺'일 확률이 더욱 높아졌다.

운주사는 10세기경 고려 시대에 창건되어 약 600년간 존속하다가 정유재란(1597) 후에 폐사된 것으로 알려져 있고, 19세기 초반 사지에 약사전이 들어선 후 세기말에 폐사되었고, 20세기 초에 지금 위치에 불전이 재건되어 오늘날에 이르고 있지만 더 자세한 내용은 밝혀져 있지 않다. 80여 기의 석불상, 20여 기의 석탑과 함께 칠성바위, 암반 와불, 원형다층석탑,

운주사 경내 석탑군   석조불상군

구형탑(球形塔) 등 일반 사찰에서는 보기 쉽지 않은 특이한 석조 조형물들이 경내에 즐비한데, 이 모든 것이 현재 '화순 운주사 석불 석탑군'이라는 이름으로 유네스코 세계유산 잠정목록에 등재되었다. 이 중에서 운주사 9층 석탑(보물 제796호), 석조불감(보물 제797호), 원형다층석탑(보물 제798호), 와불(전남유형문화재 제273호) 등은 국가 및 시도문화재로 지정되어 보호받고 있다.

의문의 석탑, 석불과 원형 탑

운주사의 수많은 불상과 불탑은 누가 언제 어떤 목적으로 조성했는가에 대한 의문은 지금도 풀리지 않고 있다. 그 이유는 간단하다. 정확한 기록이나 문헌 자료가 없기 때문이다. 그래서 여러 설이 난무하고 있는데, 도선국사(827~898)의 행주론(行舟論) 관련설도 그중 하나다. 산천비보(山川神補) 풍수사상으로 유명한 도선국사가 한반도 지형을 배로 보고, 선복(船

석조 불감(보물 제797호)과
원형다층 석탑(보물 제798호)

腹)에 해당하는 호남 땅이 영남보다 산이 적어 배가 한쪽으로 기울 것을 염려하여 도력(道力)으로 천불천탑을 일주야 간에 조성했다는 설이다(『도선국사실록』). 국토의 명당화는 국토를 사람 살기 좋은 땅으로 만드는 일이므로 불교의 차안정토 개념과 합치한다는 것이 도선국사의 지론이다. 운주사 천탑은 하늘의 별자리를 지상에 구현한 것이라는 주장도 있다. 이 밖에 몽골 침략에 대항하기 위해 팔만대장경과 같은 의도로 조성했다는 설, 미륵의 혁명사상을 믿는 노비와 천민들이 들어와 천불천탑과 사찰을 짓고 미륵 공동체 사회를 연 곳으로 추정된다는 설 등 다양한 설이 존재한다.

운주사에서만 볼 수 있는 것 중 하나가 원형다층석탑이다. 탑이라고는 하지만 돌로 만든 여섯 개의 원반을 쌓아 올린 이형 탑이다. 이것을 윤등(輪燈)을 상징하는 것으로 본 연구자도 있는데(김기용, 「운주사 원형 석탑의 시원과 의미」, 『건축역사연구』 23, 한국건축역사학회, 2014), 윤등은 팔관회 등 의식 때 부처님 전에 불을 켜 매달아두는 기구를 말한다. 이 주장은 고려 태조가, "'나라를 얻은 것은 여러 부처의 위호(衛護)를 힘입은 것'이라 하여, 연등 의식으로 부처를 섬기고, 팔관회를 베풀어 천령(天靈)·오악·산천·용신을 섬기며, 이것을 조의(朝儀)로 정해 국가의 큰 행사로 삼았다"라는 『동사강목』의 팔관회 기록과 연결해 해석한 것으로 여겨진다.

다층석탑

사엽화문

석조 불감 역시 호기심을 유발하는 운주사 석조물 중 하나다. 골짜기 중 간쯤에 있는 이 법당 형태의 불감 안에 두 불상이 등을 맞대고 앉아 있다. 『신증동국여지승람』의, "석실 안에 두 불상이 등을 맞대고 앉아 있다(有石 室二石佛相背而坐)"라고 한 기록과 일치하는 모습이다. 조각 수법은 운주 사의 다른 석불상보다는 세련된 편이지만 동시대의 다른 사찰 불상의 수 준에는 미치지 못한다. 지권인(智拳印) 수인을 결한 존상은 비로자나불로 보이지만 수인을 옷 속에 감춘 것은 희귀한 표현법이다.

석탑에 새겨진 신비의 'Ｘ' 자 문양

운주사 탑의 'Ｘ' 자 문양은 다른 석탑에서는 찾아볼 수 없는 이색적 장 식이다. 옥신에 음각된 이 'Ｘ'자 문양은 네 방향의 연장선이 옥개석 추녀 선과 연결된다. 상징적 의미에 관한 정설은 없으나 허일범의 다음과 같은 해석이 관심을 끈다.

'X'자 문양은 티베트 불교에서 '십상자재(十相自在)'와 더불어 사용되는 시륜(時輪) 상징 문양의 하나다. 시륜은 불교 5대 금강(대위덕금강, 승낙금강, 일집금강, 희금강, 시륜금강)의 하나로, 『시륜경』에서 'X'자 문양은 음양의 원리와 인간을 상징한다. 십상(十相)은 동·서·남·북·동남·서남·서북·동북·상·하의 시방을 뜻하고, 자재(自在)는 수명·원(願)·자구(自具)·업·수생(受生)·해(解)·신력·법·지(智) 등의 자재를 의미한다. 이 도형의 특징은 일곱 개의 범문자(梵文字)와 세 개의 도형을 조합한 형태로 되어 있는데, 이 문양을 새긴 물건을 지니면 길상 안녕의 기운과 증장 효과가 있다고 한다(허일범, 『한국 밀교의 상징세계』, 해인행, 2008).

운주사 석탑 중에는 이중의 마름모 도형 안에 4엽의 꽃을 새겨놓은 것도 있다. 꽃문양으로 탑을 장식한 사례를 신륵사 다층전탑 등에서 볼 수 있지만 이처럼 옥신에 단독 문양으로 시문해놓은 경우는 드물다. 확실한 의미는 알 수 없으나, 탑이 부처님의 상주처인 만큼 공양화의 의미가 있는 것으로 추정된다.

도교와 불교의 습합 — 칠성바위와 와불

운주사 북서쪽 언덕 위에 둥글넓적하게 가공된 일곱 개의 원형 바위가 산재한다. 이 지방 사람들은 오래전부터 이 바위들을 칠성바위로 불러왔다. 전남대학교 박물관에서 크기, 돌 사이 간격, 위치와 두께 등을 실측한 결과 북두칠성을 상징화한 것임이 드러났다. 칠성바위에서 멀지 않은 곳의 암반에 조성된 와불(臥佛)이 있는데, 실측 결과 칠성바위 국자 모양의 앞부분 두 별, 즉 지극성(指極星)을 직선으로 연장한 위치에 있음이 확인되었다. 이것은 와불이 북극성을 불교적으로 번안한 치성광여래라는 것을 강력히 시사하는 대목이다.

칠성바위   치성광여래 추정 와불

　그런데 칠성바위에서 주목되는 것은 국자 형태가 땅에서 하늘을 올려
다볼 때의 북두칠성 모습과 반대라는 점이다. 이런 형태의 북두칠성은 고
려 능묘 천판의 칠성도, 장례 때 시신을 올려놓는 칠성판에서도 발견된다.
이것은 땅에 발붙이고 사는 인간의 시선이 아닌 북두칠성 너머에 존재하
는 절대자의 시선으로 바라본 북두칠성 모습인 것이다. 이런 점에서 운주
사 칠성바위는 불교 신앙으로 수용된 칠성 신앙의 현주소와 고대인들의
천문 인식 방법을 보여주는 주목할 만한 유례라 할 수 있다.

승도와 속객으로 붐볐던 운주사

　운주사에 관한 자료는 『동국여지승람』 등 인문지리서에 보이는 단편적
기록을 제외하면 거의 없다시피 한데, 다행히도 폐사 전 운주사의 살아 있
는 분위기를 전해주는 기문(記文) 한 편이 눈에 띈다. 조선 중기의 문신 이
산해의 『아계유고(鵝溪遺稿)』6권의 「월야방운주사기(月夜訪雲住寺記)」가 그

것인데, 선조 33년(1600), 그러니까 임진왜란이 끝난 지 2년째 되던 해 겨울에 필자가 운주사를 방문하여 보고 느낀 바를 기록하고 있다. 내용 일부를 소개하면 다음과 같다.

> …드디어 서로 이끌고 승당(僧堂)으로 들어가니, 승당은 여덟 칸이었는데, 하나의 온돌로 통하였고 백여 명을 수용할 만했다. 불전(佛前)에 밝혀 놓은 촛불이 대낮같이 밝아서 정신도 육체도 모두 상쾌했다. 조는 듯 마는 듯하다가 일어나서 보니, 승려가 벽을 향해 가부좌를 틀고 앉은 이도 있고 불경을 외우면서 예불(禮佛)하는 자도 있고, 어떤 자는 누워 있기도 하고 또 기대어 있는 자도 있었으며, 속객은 또 승려와 장기를 두는 자도 있고 승려와 산천을 이야기하는 자도 있었으며, 불러도 반응이 없이 드르렁드르렁 코를 고는 자도 있었는데, 이것 역시 일대 특이한 광경이었다.

이 기문을 통해 적어도 17세기까지는 운주사가 승도와 불자들로 붐볐음을 알 수가 있다.

화순 즐기기

색동두부집 색동두부정식

이쁜 색동옷을 입은 두부가 나온다. 두
부탕수, 두부피, 누룽지탕 등 맛있고 화려
한 음식들이 세련된 모습으로 벌이는 잔치
다. 인근 도곡온천이 번성한다면 식당 솜
씨가 더 빛날 것이다.

색동두부정식

전남 화순군 원화리 41번지
061-375-5066
주요음식 : 두부 요리

눈과 입으로 감지하는 두부 변주 콘서
트다. 일단 얼굴마담인 색동두부, 두부피,
두부탕수 등등이 차례로 오른다. 제맛 담
은 깔끔한 찬들이 함께 상을 빛내므로 뭐
부터 먹을까, 행복한 고민을 한다. 시간적
이고 공간적인 상차림으로 오르는 다양하
고 양 많은 찬을 다 먹기가 힘들어 '배부
른' 고민을 해야 한다.

두부보쌈에는 두부피가 쌈채소와 같이
나왔다. 두부피는 중국에서는 흔하지만 한
국에서는 보기 힘들었는데, 만나게 되니
두부의 진화가 우선 반갑다. 중국 두부피
에서는 부담스럽게 느껴지던 텁텁한 맛과
냄새가 없어 보기만큼 맛도 좋다. 양념 진
한 남도식 겉절이가 담백한 두부와 잘 맞
는다. 뭣보다도 김치와 수육과 만나는 한
국식 삼합은 우리식 두부피 섭취 방식이므
로 한국식 두부 다양화가 본격화될 거 같
다는 느낌이다.

간판얼굴인 색동두부, 색상이 다양하고

두부탕수

우아하니 신기하다. 입안에서는 색동이 아니라 단색이다. 시각은 색동, 미각은 단색이다. 검정콩, 노란콩 등의 천연색상 색동 두부는 특허식품이다. 두부의 향기가 입안에 가득한 것만으로도 성공이다. 대기업 두부를 넘어설 수 있는 맛과 다양성의 손두부가 아름답고 전통적인 모습으로 태어나 두부의 세계를 넓혀준다. 남도음식의 확장이기도 하다.

두부탕수, 역시 우리의 두부 응용 요리다. 중국에도 두부탕수는 없다. 두부가 스폰지처럼 숨구멍이 크지만 먹어보면 부드럽다. 바게트처럼 거죽은 튀겨서 단단하고, 안은 말랑말랑 부드럽다. 소스의 새콤한 맛도 좋다. 누룽지탕. 우리식이다. 청경채가 들어가고 맵지는 않은데, 붉은 기운이 돈다. 맛은 개운하고 풍성하다. 깨죽이 입맛을 돋운다. 달지 않고 고소하고 향이 좋다. 머윗대는 손이 많이 가는 번거로운 찬인데, 때깔도 맛도 좋다. 콩국수는 콩물이 걸쭉하여 이것만으로도 한끼 식사 삼을 수 있을 거 같다. 구수한 콩 향기가 좋다.

허균의 『도문대작(屠門大嚼)』에 두부는 장의문(藏義門) 밖 사람들이 잘 만들고, 말할 수 없이 연하다고 했다. 장의문은 곧 자하문, 홍제천이 흐르는 곳인데, 이곳은 물이 좋아 세초를 하던 곳이다. 좋은 콩이 있고, 물이 좋아야 맛있는 두부가 된다. 한국은 제주도까지 어디나 물과 콩이 좋다. 대기업의 독점 속에서도 어디서나 손두부집이 자랄 수 있는 이유다. 창의성과 손맛의 손두부 요리 진화에는 전라도를 넘어서 두부 요리 고객인 전국민이 함께 한다.

은성가든 족발

시골에 오롯이 숨어 있지만, 현지인도 외지인도 찾아내고야 마는 맛있는 집이다. 영업시간은 오후 4시까지, 점심에만 집중한다는 말이다. 코로나 시절에는 현명한 대처이기도 한 거 같다.

전남 화순군 도암면 천태로 996
061-373-9230
주요음식 : 족발

전라도 음식이다. 족발에 이렇게 많은 찬이, 그것도 다 제맛 내는 토속적인 찬이 나오는 거 보니 말이다. 서울에서 먹어보는 장충동 족발, 상추만 나오는 족발과는 상차림의 차원이 다르다. 장충동은 단지 술안주상이고, 이곳 족발은 특별한 찬이 더해진 밥상이다. 집밥에 별식 족발이다.

족발

세련된 외양은 아니어도 푸짐하고 입맛 돋우는 모양새다. 잡내도 없고 느끼하지 않고, 약간 매콤한 맛이 돈다. 장충동 족발이나 전주 장가네 족발과는 달리 썰어주는 부위가 없이 모두 작은 족발이어서 들고 뜯어먹어야 한다. 발톱 부위와 그 바로 윗부분으로만 되어 있다. 소위 미니족발이라고 부르는 앞다리 아랫부위이다. 살코기가 거의 없이 콜라겐 위주의 육질이다. 족발은 돼지의 운동량이 집중되는 앞다리로 만들어야 맛있다.

오히려 섭섭한 것이 있다면 조금 더 삶았으면 하는 점, 뼈 부위의 살이 잘 돌아빠지지 않는다. 하지만 쫄깃거리고 달지 않다. 아마 쫄깃거리는 맛을 살리기 위해 삶는 시간을 조절했을 가능성이 크다. 이만한 족발 찾기 쉽지 않다. 가마솥에 5시간 이상 익힌 족발에 이곳에서 개발한 소스를 더해 만들었단다.

돼지감자볶음, 버섯볶음, 콩나물, 오이무침, 호박볶음, 잔멸치조림 등등 여러 찬이 밥반찬으로 제몫을 한다. 물김치가 특히 좋다. 시원한 국물에 사근사근한 열무가 돼지고기와 잘 어울린다. 먹을수록 의아하다. 이런 시골에서 어찌 이런 맛을 길러내는지. 실내 눈치를 보니 대부분 주변 마을 사람들이다. 이런 난세에는 마을 사람들의 인심을 얻어놓지 않으면 영업이 힘들다. 인심은 맛과 식재료에 대한 신뢰로 얻는 것, 지역민에게 사랑받는 음식점만이 안심하고 영업할 수 있다.

외국의 족발 요리로는 독일의 슈바인학센이 널리 알려져 있다. 슈바인학센은 간장과 맥주로 삶아 만드는데, 기름이 빠져 개운한 통고기 자체의 맛을 즐긴다. 한국의 족발은 서울 장충동의 족발이 유명하다. 북쪽에서 내려온 간장족발이다. 족발도 전주 요리가 맛있다. 앞다리족발에 깔끔한 곁반찬을 내는 장가네 왕족발과 가운데집의 고추장양념구이 미니족발이 대단하다.

여기에 화순의 가마솥미니족발을 더한다. 족발로 온전하게 차려내는 밥상에 전라도 풍미가 담겨 있다. 끊임없는 음식 탐구 현장에서 전라도 음식 명성의 한 원천을 확인한다.

전남문화
찾아가기

인쇄 · 2022년 10월 28일
발행 · 2022년 11월 8일

지은이 · 조동일, 허 균, 이은숙
펴낸이 · 한봉숙
펴낸곳 · 푸른사상사

주간 · 맹문재 | 편집 · 지순이 | 교정 · 김수란, 노현정 | 마케팅 · 한정규
등록 · 1999년 7월 8일 제2–2876호
주소 · 경기도 파주시 회동길 337–16 푸른사상사
대표전화 · 031) 955–9111(2) | 팩시밀리 · 031) 955–9114
이메일 · prun21c@hanmail.net / prunsasang@naver.com
홈페이지 · http://www.prun21c.com

ISBN 979–11–308–1966–2   03300
값 29,500원

이 도서는 한국출판문화산업진흥원의 '2022년 우수출판콘텐츠 제작 지원' 사업
선정작입니다.